신화와
함께하는 제주
당올레

신화와
함께하는 제주
        당올레

1만 8천 신들의 고향 제주에서 신들 만나러 가는 길

여연, 문무병 지음

송당 당올레 가는 길, 체오름 앞 억새밭.

책머리에

당올레 기행을 시작하며

　보통 제주도를 '절 오백, 당 오백'이라고 하는데, '절이 오백 개'라는 말은 과장된 것이 분명하지만, '당이 오백 개'라는 말은 사실에 기초한 것으로 여겨지고 있다. 2008년과 2009년에 발간된 『제주신당조사』에 의하면 행정구역상 등재된 232개 제주도 마을마다 신당이 분포하고 있는데, 어떤 마을에는 7~8개까지, 적은 마을에는 최소한 한두 개 이상은 존재하고 있는 것으로 파악되었다. 전체적으로 이름만 남아 있는 경우까지 포함하여 400여 개 정도나 되는 것이다. '당 오백'이라는 말은 그만큼 제주가 무속 신앙이 강한 지역이라는 의미이기도 한다.
　올해 신화연구소에서 '제주 당올레 기행'을 주최하면서 답사 내용을 책으로 엮게 되었다. 한 해 동안 제주 당 신앙의 성지(聖地)라고 하는 '송당' 마을을 비롯하여, 신화 마을로 지정하는 데 부족함이 없게 느껴지는 와산, 그리고 애월, 금악, 성산, 중문 등의 지역에서 30여 개의 신당을 답사하였다. 각 마을에 분포하고 있는 많은 신당들 중 비록 적은 수의 신당을 둘러본 셈이지만, 제주 신당의 특징이 잘 드러나고, 신들의 이야기인 본풀이가 풍부한 곳들이어서 의미가 적지 않다.

제주 신당에 가보면 고산의 차귀당이나 신산리 본향 범성굴왓 할망당처럼 어엿한 당집이 지어진 경우들도 있었고, 와산의 베락당처럼 만년폭낭이라고 하는 오랜 세월을 품고 있는 팽나무가 있는 신당들도 있었으며, 애월의 황달궤당처럼 커다란 바위로 이루어진 신당도 있었다. 그러나 시선을 끄는 나무나 바위도 없이 그저 오며 가며 쉽게 들를 수 있는 곳에 위치한 소박한 신당도 많았다. 애월의 바구사니우영 돗당이나 온평리 돌갯동산 돌개할망당이 그 경우다. 그런데 우리는 이렇게 소박한 신당에서 더 큰 감동을 느끼기도 했다. 기댈 만한 것이 하나도 없는 힘없는 민중이 나무 하나 돌 하나에도 신성(神聖)을 느끼고 숭배하면서 힘과 위안을 얻고자 했던 간절한 마음이 느껴져서이다.

마을의 수호신인 토지관을 모시는 신당을 본향당(本鄕堂)이라고 한다. 각 마을의 본향당에는 신이 좌정하게 된 내력을 들려주는 본풀이가 있다. 송당 본풀이나 세화 본풀이, 월정 본풀이처럼 서사구조가 잘 드러나는 본풀이도 있지만 신의 이름 정도만 알 수 있는 본풀이들도 많았다.

당본풀이인 신화가 전해지는 경우에는 자세하게 신화를 소개하려고 하였다. 신화가 제주의 역사와 문화를 반영하고 있기 때문이다. 신화의 고장 제주에 전해지는 신화는 이 책에 소개하고 있는 당신 본풀이와 함께 일반신 본풀이, 조상신 본풀이가 있다. 모두 심방에 의해 굿 제의로 구연되는 신화들이다.

일반신은 무조신, 산신, 농신, 차사 등으로 어느 가정에서나 모실 수 있는 신들이다. 일반신 본풀이는 보통 열두 본풀이를 말하는 것으로 모두 장편 서사로 되어 있다. 당신 본풀이는 각 마을의 신당에 좌정하고 있는 신들의 이야기이다. 5,6편 정도만 제외하면 대부분 단편이지만 마을의 역사와 문화를 담고 있는 소중한 자산들이라 할 수 있다. 조상신 본풀이는 가문이나 가업을 수호하는 조상신에 관한 신화이다. 풀무일이나 어업을 하는 집안에 전해지는 도깨비신 이야기 '영감 본풀이'가 대표적이다.

그런데, 당본풀이는 굿을 하는 심방에 의해 구술되는 것이기 때문에 문자로 옮겼을 때 앞뒤 내용에 두서가 없거나 생략되어 매끄럽게 이어지지 않는 경우도 많았다. 그런 경우에는 내용을 집어넣기도 하고 빼기도 하면서 자연스럽게 읽힐 수 있도록 노력하였다.

이 글이 문화적 자산인 신당을 보존하고, 그 속에 담긴 정신문화를 받아 안아 제주의 정체성을 유지·발전시키는 데 조금이나마 보탬이 되었으면 좋겠다.

덧붙여 귀한 사진 자료들을 제공해 주신 고성미 선생님과 유복희 선생님께 감사드린다.

2017년
여연, 문무병

차 례

책머리에 ◆ 당올레 기행을 시작하며 5

1. 송당 당올레
　　당신화의 성지, 송당본향당 ◆12

2. 와산 당올레
　　신화 마을 눈미 와산의 철산이도 산신당과 불돗당, 베락당 ◆58

3. 애월 당올레
　　광령에서 고내까지 숨가쁜 답사, 송씨할망의 신당들 ◆106

4. 금악 당올레
　　금오름의 신들과 차귀당 ◆142

에필로그 ◆ 312

5. 도깨비당 당올레
부의 신 도깨비, 금능과 낙천리, 비양도의 영감당 ◆ 172

6. 성산 당올레
개발 광풍에 흔들리는 전통신앙, 알뤠당과 여드렛당 ◆ 194

7. 세화·월정 당올레
신화와 함께하는 당올레, 세화와 월정 본향당 ◆ 248

8. 중문 당올레
아름다운 숲길, 신을 만나러 가는 길 ◆ 284

01
송당 당올레

당신화의 성지
송당본향당

오름의 본고장, 구좌읍 송당리

송당은 개인적으로 의미가 깊은 마을이다. 어린 시절 동생이 원인도 모르는 상태에서 크게 아픈 적이 있었는데, 송당에서 치료받고 와서는 감쪽같이 나았기 때문이다. 동생이 그때 봤던 광경들을 내게 얘기하곤 했는데, 그때마다 나는 어떤 영험한 할아버지가 사는 멀고 깊은 마을에 대해 상상해 보곤 했다.

내가 송당이라는 마을을 직접 찾아보게 된 것은 그로부터 삼십여 년도 더 지나서이다. 신화에 관심을 가지게 되면서 송당이 제주 당신화의 중요한 고장이라는 것을 알게 되었고, 제주 당신의 어머니가 좌정하고 있는 송당본향당을 찾게 되면서였다. 그리고 가을 억새가 멋있다는 체오름에 오르기 위해 송당 마을을 지나치기도 했다. 이렇게 뒤늦게 만나게 된 송당은 내가 상상했던 것처럼 '멀고 깊고' 흥미로운 마을이었다.

송당은 제주시에서 승용차로 운전해서 움직였을 때 40여 분 정도 걸리는 곳에 위치해 있다. 도로가 잘 닦여 있는 요즘을 기준으로 한 거리다. 그런데 승용차가 대중화되지 않고, 길도 지금처럼 중산간 도로가 제대로 닦이지 않았을 때는 더 많은 시간을 잡아야 송당에 도착할 수 있었을 것이다. 아픈 동생을 데리고 아침 일찍 집을 나섰던 어머니가 저녁 이슬을 밟으면서 돌아오는 장면이 보이는 듯하다.

하지만 '멀고 깊다'라는 것은 순전히 주관적인 판단이다. 중국인이 '가까운 곳에 위치해 있다'고 말하는데 알고 보면 며칠 걸리는 거리를 말하더라는 것처럼 말이다. 제주도에서는 한 시간 걸리는 거리도 아주 멀게 느끼는 것 같다. 제주시에서 모임을 여는데 서귀포에 사는 사람이 한 시간 걸리니 멀어서 못 오겠다고 하는 말을 듣기도 했었다.

송당리는 동쪽으로는 세화리, 서쪽으로는 덕천리와 교래리에 접해 있고, 북쪽으로는 평대리와 한동리, 남쪽으로는 성읍리와 종달리 일부와 접해 있는 구좌읍의 중산간 마을이다. 구좌읍의 마을들 중 한라산 정상과 가장 가까이 위치해 있는 곳이기도 하다.

송당리에는 체오름, 거친오름, 민오름, 칡오름, 아부오름, 안돌오름, 밧돌오름, 당오름 등 18개의 오름들이 자리하고 있다. 그래서 송당리를 '제주 오름의 본고장'이라 부른다. 실제로 체오름 능선을 걷다가 시선을 돌려 볼 때마다 오름들이 첩첩이 이어지고 있는 것이 마치 문명을 벗어나 아득히 먼 세계로 떠나온 것 같은 느낌이 들곤 했다.

오름과 오름 사이에는 제법 넓은 초원지대가 형성되어 있어 신비함을 더하는데, 반짝이는 초록빛에 두 눈이 그렇게 상쾌할 수가 없다. 이런 초원지대에는 풀을 뜯고 있는 말이나 소가 몇 마리 있어 아름다운 풍경화를 완성해 준다.

이 초원지대는 마소를 방목하는 목장지대이기도 한데, 이승만에 의해 대대적으로 조성되었다는 송당목장이 이 지역의 대표적인 목장이다. 체오름을 찾아갈 때 보니 '이승만 별장'이 근처에 있다는 표지판도 보였다.

강원도 고성에 갔을 때도 이승만 별장을 본 적이 있다. 울창한 송림과 아름다운 호수가 한눈에 내다보이는 곳에 지어진 아담한 별장이었다. 근처에 김일성 별장도 자리하고 있어서인지 그 아름다운 별장에서 전쟁과 분단, 그리고 독재라는 역사의 비극이 더욱 생생하게 다가왔.

4·3으로 수만 명의 제주 사람들이 학살당하고 그 시신이 채 썩기도 전에, 이승만은 제주도에서도 깊숙이 한라산 아래 위치한 송당에까지 와서 주민들의 땅을 강제로 수용해 가면서 목장을 조성하고 별장을 지었던 것이다.

송당본향당 신과세제와 송당 본풀이

송당에 있는 오름들 중에 '당오름'이 있다. 당오름은 당신(堂神)이 좌정해 있는 오름이다. 송당의 당오름 기슭에는 제주도 당신들의 원조라고 전해지는 송당본향당이 있다. 송당본향당에는 '금백주할망' 또는 '백주또'라고 부르는 여신이 마을 본향당신으로 좌정하고 있는데, 이 여신은 오곡의 종자와 송아지, 망아지를 가지고 서울에서 제주에 내려온 '농경신'이다. 송당본향당은 그 가치를 인정받아 '제주특별자치도 민속문화재 제9-1호'로 지정되었다.

송당에는 매년 정월 13일에 신과세제(神過歲祭)라는 마을제가 행해진다. '무형문화재 제5호'로 지정된 신과세제는 새해 벽두에 신께 세배를 올리는 송당의 마을제라 할 수 있다. 이렇게 송당에서 행해지는 마을 당굿이지만 관심이 있는 다른 지역 사람들도 송당의 마을 축제에 함께한다. 나 역시 작년에 이어 올해에도 신과세제에 참여하기 위해 송당으로 향했다.

작년에는 조금 늦게 가서 제대로 구경하지 못했는데, 올해는 시작할 때부터 함께하고 싶어서 아침부터 부지런을 떨었다. 그런데도 송당에 도착해 보니 벌써 굿은 진행되고 있었다. 본향당 마당은 마을의 사람들뿐 아니라 나처럼 관심 있는 이들과 취재차 온 기자들까지 모여들어 들썩들썩했다.

마을에서 준비한 메밀국수와 닭고기를 맛있게 먹으며, 이 흐뭇한 분위기를 좀 더 많은 사람들과 공유할 수 있었으면 좋겠다는 생각이 들었다. 홍보를 제대로 하고 프로그램을 보강한다면 송당의 신과세제는 마을제를 넘어 전국적인 축제로 자리매김할 수 있을 것이다.

장구며 북, 꽹과리 장단에 맞춰 춤을 추고 있는 심방을 바라보고 있노라니 내 어깨가 절로 들썩들썩했다. 나도 나이가 드니 없는 신명이 생기는가 보았다. 눈비가 흩날리는 날씨에도 불구하고 바닥에 모여 앉아 심방이 건네는 말에 장단을 맞추며 흥을 돋우는 할머니들에 비할 바는 못 되지만 말이다. 진지한 표정으로 심방을 통해 한 해의 운수를 점치고 무사안녕을 빌면서 두 손을 모으는 동네 어른들의 모습에는 새해 정월 열사흘 매서운 추위에도 자리를 지킬 수 있는 삶의 경건함이 느껴진다.

심방은 굿을 하면서 송당본향당에 얽힌 내력인 송당 본풀이를 풀어 내었다. 결코 짧지 않은 이야기인데도 심방은 막힘없이 술술 잘도 읊었다. 마을 어른들은 익히 들어 잘 알고 있을 이야기에 '참 잘 햄져!' 하고 격려하면서 호응했다. 나 또한 몇 번 읽고 정리까지 한 터라 무척 익숙한 내용이지만 귀 기울이려고 노력했다.

사실 송당 본풀이는 워낙에 잘 알려진 신화여서 송당본향당에 가보기 전에 신화 먼저 접한 사람들도 많을 것이다. 나 역시 그랬다. 송당 본풀이를 읽고 재미있어서 뒤늦게 '송당'에 다녀와야겠다고 마음먹게 된 것이다.

신화연구소 소장이자 민속학자이신 문무병 박사님은 『제주도 본향당 신앙과 본풀이』에서 당본풀이는 마을의 역사를 나타내는 것이라고 해석하신다. 본풀이를 보면, 외래신인 백주또는 한라산에서 사냥을 하며 떠돌아다니던 사냥꾼 '소로소천국'과 결혼을 하고 가족을 이룬다는 내용이 나온다. 두 신이 결혼하여 가정을 이루었다는 이야기는 마을이 시작되었다는 것을 의미한다고 말하신다. 그러니까 농경신인 백주또가 사냥신인 소천국과 결혼함으로써 '송당'이라는 마을이 형성되고, 비로소 농경 정착 생활이 시작되었다는 것이다. 소천국과 백주또는 아들 열여덟, 딸 스물여덟을 낳는데, 이들 아들딸들이 줄이 뻗고 발이 뻗어 다른 마을의 당신들이 되었다 한다.

송당본향당과 송당 마을을 제대로 답사하기 위해서는 송당 본풀이를 먼저 읽어두는 게 필요하다. 그래서 심방의 입에서 구술되는 본풀이에서 조금 다듬고 보완한 것을 소개한다.

송당 본풀이

 웃송당의 당신 금백주와 알송당의 당신 소로소천국이 부부가 되어 아들 열여덟, 딸 스물여덟을 낳고 손자가 삼백일흔여덟으로 벌어졌다. 이 자손들이 퍼져 제주 각 마을의 당신이 되었다.
 소천국은 제주섬에서 솟아나고, 아내 금백주는 강남천자국 백모래밭에서 솟아났다.
 백주또가 열다섯 살이 되자 신랑감을 찾아 천기(天機)를 짚어 보니, 조선 남방국 제주땅에 배필이 있었다. 백주또는 제주섬으로 내려와 소천국을 만나 부부가 되었다.
 백주또가 여섯째 아들을 임신했을 때의 일이다.
 소천국은 사냥을 해서 가족을 먹여 살렸는데 둘 사이에 딸, 아들이 계속 태어나니 생활이 힘들어졌다. 그래서 백주또는 편 소천국에게 농사를 짓자고 말했다.
 "낭군님아, 이렇게 사냥만 해서 살 수가 없으니 농사를 지으십서."
 송당리에는 볍씨 아홉 섬지기, 피씨 아홉 섬지기나 되는 오봉이굴왓이라는 밭이 있었다. 오봉이굴왓은 어찌나 넓은지 달이 지고 별이 지도록 밭을 갈아도 다 갈 수 없을 정도로 넓은 밭이라 하여 '달 진 밭, 별 진 밭'이라 하였다. 소천국은 부인 말을 듣고 이 넓은 밭에 가서 농사를 짓기로 했다. 그래서 소 한 마리에 쟁기까지 갖추고 아침 일찍 밭으로 향했다.

　백주또는 밭을 갈고 있는 남편을 위해 밥도 아홉 동이 국도 아홉 동이를 장만해서 오봉이굴왓으로 갔다. 과연 남편 소천국이 소를 앞세워 부지런히 밭을 갈고 있었다. 백주또는 남편이 부지런히 일하는 모습을 보니 마음이 흐뭇했다.

　"밥도 아홉 동이 국도 아홉 동이 차려서 점심 가져왔수다."

　소천국은 부지런히 밭을 갈면서 말했다.

　"거기 나무 밑에 두고 소 길마로 덮어두시오."

　백주또는 나무 아래에 점심을 놓고 길마로 덮은 뒤 집으로 돌아갔다.

　소천국이 부지런히 밭을 갈고 있노라니 때마침 지나가던 태산절 중이 다가왔다.

　"밭 가는 선관(仙官)님아, 점심 먹다 남은 것이 있으면 조금 주십서. 배가 고파 요기나 하고 가게."

　며칠 굶었는지 말하는 품이 영 힘이 없어 보였다. 소천국은 부인이 점심을 넉넉하게 싸 왔으니 조금 줘도 괜찮겠거니 하고 생각했다.

　"거 나무 밑에 소 길마를 들어보시오. 거기 점심이 있으니 조금만 먹고 갑서."

　태산절 중은 좋다구나 하면서 소 길마를 던져두고 점심밥을 먹기 시작했다. 그런데 정신없이 먹다 보니 어느새 밥도 국도 다 바닥이 드러나 버렸다. 겁이 바락 난 태산절 중은 밭 가느라 정신없는 소천국을 한 번 쳐다보고는 재빨리 도망쳐 버렸다.

　한참 밭을 갈던 소천국은 시장하여 점심을 먹으려고 나무 밑으로 갔다. 그런데 소 길마는 저쪽에 팽개쳐져 있고 밥 아홉 동이 국 아홉 동이는 간 곳 없이 빈 그릇만 이리 저리 나뒹굴고 있었다.

　"태산절 중놈이 다 먹고 가버렸구나. 아이고, 배고파라. 정말 배고파 죽겠다."

소천국이 제일 힘들어 하는 것은 배고픈 걸 참는 거였다. 주린 배를 움켜쥐고 이리 저리 둘러보던 소천국에게 밭 갈던 소가 눈에 들어왔다.
"저 소라도 잡아 먹어사주, 도저히 참을 수 없다."
소천국은 소를 주먹으로 때려잡아 쇠갈퀴 같은 손톱으로 소가죽을 벗겨냈다. 그러고는 망개낭으로 불을 살라 구어가면서 이게 익었는가 한 점, 저게 익었는가 한 점 먹다 보니 어느새 뼈다귀만 남았다.
소 한 마리를 다 먹었는데도 배는 여전히 고팠다. 어디 더 먹을 만한 게 없나 하고 주위를 둘러보는데 옆에 있는 억새풀밭에 까만 암소 한 마리가 한가로이 풀을 뜯고 있었다.
"아이고, 안 되키여. 저놈이라도 잡아 먹어사 간에 기별이라도 가주."
소천국은 까만 암소를 잡아다 불에 구어 먹으니 이제야 배가 부른 듯했다.
"이제 다시 일해 보카?"
그런데 다시 밭을 갈려고 보니 소가 없었다.
"허 참, 소는 내가 다 잡아먹어 부러싱게."
잠시 고민하던 소천국은 문득 부른 배를 내려다보았다.
"이가 없으면 잇몸으로 하는 거주. 내 이 불룩 솟아나온 배를 쟁기 삼아 갈면 되컨게."
소천국은 배때기를 쟁기 삼아 밭을 갈기 시작했다. 소천국이 한 번 기어갈 때마다 흙이 양 옆으로 갈라지면서 넓은 고랑이 생겼다.
백주또가 빈 그릇을 가져가려고 밭에 갔더니 밭담 위에 소머리도 두 개, 쇠가죽도 두 개 걸쳐져 있었다. 이게 무슨 일인가 해서 봤더니 남편이 배때기로 밭을 갈고 있었다.
"소는 어디 두고 배때기로 밭을 갈고 있수과?"
소천국이 배에 들러붙은 흙을 털어내며 너털 웃었다.
"아, 지나가던 태산절 중놈이 점심 좀 달라고 사정하기에 먹으라고 했더니 밥 아홉 동이 국 아홉 동이 다 들러먹엉 가부러서. 그래 배고팡 일할 수가 있어야주. 경허연 소 잡아먹고 배때기를 쟁기 삼아 일하고 이서."

"경헌디 어떵허연 소머리도 둘이고 소가죽도 둘이우꽈?"

백주또가 밭담에 걸쳐져 있는 소머리와 가죽을 가리키며 물었다.

"한 마리 잡아 먹어신디 간에 기별도 안 가는 거라. 마침 저 억새밭에 까만 암소 한 마리 있기에 같이 잡아먹었주."

백주또가 벌컥 화를 냈다.

"거 무슨 말도 안 되는 소리우꽈? 우리 소 잡아먹는 거야 할 수 없는 일이주마는 남의 소까지 잡아먹는 게 말이 됩니까?"

백주또는 빈 그릇들을 챙겨 가면서 모질게 말했다.

"난 소도둑놈하고 같이 살 수 없으니 땅 가르고 물 갈라 살림 분산합시다."

결국 둘은 살림을 가르고 따로 살게 되었다.

소천국은 집을 나가 아랫마을 알송당으로 거처를 옮기고 원래 하던 대로 다시 사냥하며 살아갔다.

백주또는 혼자 많은 자식들을 키우면서 살아가는데 뱃속에 막둥이를 임신하고 있어서 일하고 살림하는 게 여간 힘든 게 아니었다.

마침내 아들이 태어나고 세 살이 되자 아비를 찾아주려고 소천국을 찾아갔다. 소천국은 해낭골굴왓이라는 곳에서 고기를 구워먹고 있었다.

"당신 아들 데리고 왔수다."

소천국이 기뻐하며 막내아들을 무릎에 앉혔다. 그러자 어린 아들은 어리광을 부리며 버릇없이 아버지 수염을 잡아당기고 가슴을 마구 두드리는 게 아닌가.

소천국이 얼굴을 찌푸리며 아들을 밀쳐내자 이를 본 백주또가 한탄하며 말했다.

"이놈의 자식이 뱃속에 있을 때도 어찌나 발길질을 해대는지 몸이 부서지는 것 같아 살림을 제대로 못했는데 태어나서도 이리 버릇이 없으니 어찌 죽일 수도 없고 잡을 수도 없고, 이런 불효자식을 어떵허믄 좋으쿠과?"

백주또가 푸념을 하자 소천국은 더욱 화가 치밀어 올랐다.

"이놈의 자식을 먼 바다로 띄워 버려사주. 이리 버르작머리 없이 컸다가 뭔 일을 벌일지 알 수가 없는 일이라."

소천국은 무쇠 상자에 아들을 담아 멀리 바다로 던져버렸다.

무쇠 상자는 물 위에서 삼 년, 물 아래서 삼 년 파도 따라 떠다니다가 용왕황제국에 들어가 산호수 가지에 걸렸다.

그날부터 용왕황제국에 이상한 일들이 일어났다. 밤에도 초롱불을 밝힌 것처럼 환하고 낮에는 우렁우렁 글 읽는 소리가 용궁에 가득했다.

"이게 무슨 일인가?"

용왕황제가 큰딸을 불렀다.

"무슨 일인지 큰딸아기가 나가봐라."

큰딸이 다녀와서는 대답했다.

"아무 일도 없습니다."

용왕황제는 둘째 딸을 보냈다. 둘째 딸도 다녀와서는 아무 일도 없노라고 대답했다.

"그럼 이번에는 셋째가 나가봐라."

셋째 딸이 다녀와서는 대답했다.

"산호수 가지에 무쇠 상자가 걸려 있습니다."

용왕은 큰딸에게 무쇠 상자를 내려오라고 시켰다. 그러나 큰딸은 내리지 못하고 빈손으로 돌아왔다. 둘째를 시켜도 마찬가지였다.

"막내아기야, 네가 가서 내려가지고 와라."

셋째 딸은 무쇠 상자를 겨드랑이에 끼워서 살짝 내려놓았다. 그러고는 꽃당혜 신은 발로 툭툭 차니 무쇠 상자가 저절로 설강 열리는데 그 속에는 옥 같은 도련님이 한 아름 책을 안고 앉아 있었다.

용왕이 도령에게 물었다.

"너는 누구냐? 어느 나라에서 왔느냐?"

"저는 조선 남방국 제주에서 온 소국성 됩니다."

"제주에서 어찌하여 여기까지 왔느냐?"

"강남천자국에 큰 난리가 일어났다 하여 막으러 가는 길에 들렀습니다."

그 말을 듣고 용왕이 감탄하며 다시 한 번 도령을 훑어보았다. 두 눈이 부리부리하고 늠름한 게 보통 인물이 아니라는 생각이 들었다.

"천하 명장인 모양이구나. 내 사위 삼아야겠다. 큰딸아기야, 네 신랑감으로 어떠냐?"

큰딸은 고개를 돌렸다.

"둘째야, 너는 어떠냐?"

둘째 딸은 들은 체도 하지 않았다.

"허허, 우리 막내딸은 어떨꼬?"

막내딸은 얼굴을 붉히며 고개를 끄덕였다.

결국 백주또와 소천국의 아들 소국성은 용왕의 셋째 딸과 혼인하여 부부로 살게 되었다.

용왕국에서는 사위를 대접하느라 상다리가 부러지게 음식을 차렸다. 그러나 소국성은 음식을 거들떠보지도 않았다.

용왕황제가 왜 음식을 먹지 않는지 물어보았다.

"우리나라는 비록 작은 섬나라지만 저는 소 한 마리, 돼지 한 마리, 닭도 한 마리를 통으로 먹습니다."

그날부터 용왕국에서는 소도 잡고 돼지도 잡고 닭도 잡아 사위 대접을 시작했다. 그렇게 석 달 열흘을 사위 대접하다 보니 동쪽 창고도 비어가고 서쪽 창고도 비어갔다. 그러자 용왕국에 야단이 났다.

"어허, 사위 먹이다 나라 망하겠다."

용왕황제는 막내딸을 불러 말했다.

"이거 안 되겠다. 너로 인해 생긴 시름이니 네가 남편을 데리고 여기서 나가라."

막내딸은 눈물을 흘리면서 아버지께 부탁했다.

"아버님, 그럼 무쇠 바가지 하나, 무쇠 방석 하나, 금동 바가지 하나, 상마루에 매어둔 비루먹은 망아지 한 마리만 주십시오. 그러면 나가겠습니다."

"알았다. 그 정도는 들어주지."

용왕은 딸이 요구한 것과 함께 무쇠 상자에 사위와 딸을 담아 바다에 띄워 버렸다.

무쇠 상자는 밀물에도 홍당망당, 썰물에도 홍당망당 물결 따라 흘러다니다가 강남천자국 백모래밭에 다다랐다.

그날부터 강남천자국에서는 이상한 일들이 일어났다. 밤에는 백모래밭에 초롱불을 밝힌 듯 환하고, 낮에는 글 읽는 소리가 우렁우렁 그치지 않았다.

강남천자국 왕은 신하들에게 무슨 일인지 조사해 보도록 했다. 군사들은 백모래밭에서 무쇠 상자를 발견하고 왕에게 가져갔다.

왕은 무쇠 상자를 열어보도록 했다. 그러나 아무리 열려고 해도 상자는 열리지 않았다.

"안 되겠다. 필시 무슨 사연이 있는 듯하니 제관을 불러오너라."

제관이 와서 무쇠 상자를 둘러보고는 말했다.

"예를 갖추어 제사를 지내면 무쇠 상자가 열릴 것입니다."

제관은 예를 갖추어 제단에 음식을 올리고 제사를 지냈다. 그러자 단단히 닫혀 있던 무쇠 상자가 살강 하고 열리면서 무쇠 상자 안에서 기골이 장대한 도령과 어여쁜 여인이 나왔다.

강남천자국 왕이 공손하게 물었다.

"어느 나라에서 오신 누구신지요?"

"예, 저는 조선 남방국 제주라는 섬나라에서 왔습니다. 강남천자국에 큰 변이 일어났다 하여 그 난을 평정하고자 왔습니다."

소국성의 말을 들은 강남천자국 왕의 얼굴이 환하게 밝아졌다.

"안 그래도 못된 무리들이 난을 일으켜 나라가 어지러운데 이런 귀인이 오시다니 저의 기도가 하늘에 닿은 모양입니다!"

왕은 황급히 두 사람을 궁궐로 맞아들이고 극진히 대접했다. 그리고 무쇠 투구와 갑옷을 갖추어 주면서 적을 물리치도록 했다.

소국성이 비루먹은 망아지를 타고 전쟁터로 들어가 보니 머리 둘 달린 적장, 머리 셋 달린 적장이 칼을 휘두르며 달려오는데 아무도 막아내지 못하고 있었다. 소국성은 무쇠 방석을 빙글빙글 돌리다 머리 둘 달린 적장을 향해 휙 던졌다. 그러자 적장의 머리가 그대로 한꺼번에 떨어져 나갔다. 그걸 본 적군들이 웅성웅성하기 시작했다.

소국성은 연이어 머리 셋 달린 적장을 향해 무쇠 바가지를 던졌다. 무쇠 바가지에 가슴을 맞은 적장이 세 개의 머리에서 한꺼번에 피를 토하며 고꾸라져 버렸다. 이를 본 적군들이 비명을 지르며 삽시간에 흩어져 달아나기 시작했다.

난은 곧 평정되었고, 비루먹은 망아지를 타고 당당하게 궁으로 돌아온 소국성에게 왕이 크게 기뻐하며 그 공을 치하했다.

"이렇게 볼품없는 말을 타고도 적을 물리쳤으니 어찌 놀라지 않을 수 있겠습니까? 우리 강남천자국에는 그대같이 용맹한 장수가 없습니다. 우리나라 땅을 나눠드릴 테니 그곳을 다스리면서 사십시오."

그러나 소국성은 왕의 청을 거절하고 제주로 돌아가겠다고 했다.

"저희 부모님이 이제 연로하시니, 부모님이 계신 제주섬으로 돌아가고자 합니다."

강남천자국 왕은 섭섭해하면서 큰 배 한 척에 식량을 가득 싣고 군사들이 호위하게 하여 제주 땅으로 돌아갈 수 있게 해주었다.

마침내 배가 제주 바다에 당도하니, 마침 썰물 때라 제주 동편 소섬 진질깍으로 배를 댔다가 마음에 안 들어 종달리 갯가로 갔다가 거기도 마음에 안 들었다. 그래서 알다랑쉬오름 비자림 쪽으로 올라왔다.

소국성이 부인과 함께 군사들의 호위를 받으며 제주섬으로 올라서자 천둥번개가 치듯 땅이 들썩이고 하늘이 출렁였다.

그때 아버지 소천국은 산에서 사냥을 하고 있었다. 그런데 갑자기 땅이 들썩이고 하늘이 출렁출렁하면서 사방이 어수선해졌다. 새들이 푸드득 푸드득 날아오르고 산짐승들도 놀라 사방으로 뛰쳐나갔다.

소천국이 무슨 일이 있는가 하여 오름 위에 올라 아래를 내다보니, 마을 사람들이 무슨 구경거리를 만났는지 우르르 아래로 몰려가고 있었다. 소천국은 사냥하는 걸 그만두고 마을로 내려왔다.

마을에는 벌써 구경을 마치고 돌아온 사람들이 몰려서서 웅성웅성 얘기하고 있었다. 소천국은 사람들에게 무슨 일이 있는가 물어보았다.

사람들이 소천국을 둘러싸고 이구동성으로 말을 했다.

"이제, 큰일 났수다. 세 살 적에 무쇠 상자에 집어넣어 바닷물에 띄워 보냈던 아들 소국성이 아버지 나라를 치고자 군사들을 이끌고 섬으로 들어왔댄 햄수다. 어서 몸을 피해야 할 것 같은디……."

소천국이 버럭 화를 냈다.

"그동안에 무쇠 상자도 다 녹아 없어져실 건디, 그 아들이 살아오다니 거 무슨 헛소리라?"

사람들이 혀를 차며 뿔뿔이 흩어졌다.

그럴 리 없다고 생각하면서도 혹시나 하고 소천국이 아들이 왔다는 곳으로 내려가 보았다. 그런데, 정말로 그 아들이 기골이 장대한 사내 대장부가 되어 많은 군사들까지 거느리고 오는 게 아닌가!

아들을 죽이려고 바다에 띄워 보냈던 소천국은 겁이 바락 나서 한라산 쪽으로 도망치기 시작했다. 그런데 정신없이 달리다가 그만 바위 절벽에서 고꾸라져 아래로 떨어졌다. 그리고 그 자리에서 숨이 끊어지고 말았다. 소천국은 알송당 고부니마루로 가서 좌정했다.

어머니 백주또도 이상한 소리가 나면서 섬이 들썩들썩하니 무슨 일이 일어났는가 하고 아랫사람을 불러 물어보았다.

"무슨 일로 이리 벼락 떨어지는 소리가 남시냐? 어서 가서 무슨 일인지 알아 봥 오라."

상전의 조급한 마음이야 아랑곳하지 않고 느릿느릿 걸어가 상황을 알아본 느진덕정하님이 돌아와 말했다.

"세 살 적에 죽으라고 무쇠 상자에 담앙 바다에 띄워 버린 작은 상전님이 원수 갚으려고 들어오고 있댄 햄수다."

"그럴 리가 없다. 그 아들이 살아 돌아오다니!"

백주또도 허위허위 비자림 쪽으로 달려가 보니 아들 소국성이 어머니를 찾아 올라오고 있는 게 아닌가!

백주또는 차마 아들의 얼굴을 대할 수가 없었다.

백주또는 눈물을 흘리며 그 길로 돌아서 발길 가는 대로 헤매다가 기력이 다해 쓰러졌다. 백주또는 죽어 당오름에 좌정하였다. 그래서 백주또는 송당의 마을신이 되어 정월 열사흘날 대제일을 받아먹게 되었다.

소국성은 아버지, 어머니를 모두 잃자 몹시 슬펐다. 아버지가 좌정한 알송당 고부니마루에서 눈물 흘리던 소국성은 마을마다 연락해 사냥꾼들을 모았다.

"아버지가 살아실 제 사냥을 잘하고 고기를 좋아해시난 고기로 제사를 지내야키여."

소국성은 사냥한 고기로 아버지께 제사를 지내주었다. 이리하여 소천국은 아랫마을 송당 신당의 신이 되어 제사를 받아먹게 되었다.

　소국성은 군사들을 본국으로 돌려보내고 자신은 아내와 함께 한라산으로 들어갔다. 그들은 조천면 선흘리로, 복오름 체오름으로, 교래리 벌판으로 숲으로, 윗송당 아랫송당 지나 태역장 오리에 올랐다. 그곳에서 물을 마시고 좌우를 둘러보았다.

　"이름난 장수 날 명당이 어딘가 보자. 김녕리가 이름난 장수가 날 명당이로구나. 김녕리 입산봉은 두 우산 심은 듯, 괴살미오름은 양산 홍산 불린 듯하구나. 아끈 다랑쉬오름은 초출일산(初出日傘) 불린 듯하구나. 웃궤녜기를 들어가니 위로 든 바람 아래로 나오고, 아래로 든 바람 위로 나고 아래 길 굽어보니 별 솜솜 달 솜솜하여 좌정할 만하구나. 옥황상제 명을 받아 김녕리 신당으로 상을 받으러 좌정하옵니다."

　소국성은 알궤녜기로 좌정하였다. 심방이 물었다.

　"뭣을 잡숩네까?"

　"소도 전머리 먹고 돼지도 전머리 먹는다."

　심방이 놀라 사정을 하였다.

　"가난한 백성이 어떵 소를 잡아서 올릴 수 이시쿠과? 집집마다 돼지를 잡아 올리도록 허쿠다."

　"그럼 그리 하여라."

　그로부터 백주또와 소천국의 여섯째 아들은 김녕 알궤네기 당신이 되었다.

송당에서 당올레 기행을 시작하다

　송당에서의 신당 답사는 송당본향당을 먼저 보고 당오름에 오르고 나서 체오름 근처에 있는 사라홀당에 가는 것으로 계획을 잡았다. 본향당의 주소는 '구좌읍 송당리 산 199-1'로 되어 있는데, 송당본향당처럼 잘 알려진 신당들은 내비게이션에 이름으로 검색해도 다 나와 있어 찾아가기가 쉽다.

　제주시에서 출발한 우리들은 송당으로 가기 위하여 번영로로 접어들었다. 표선 방향으로 20분 정도 운전하고 가다가 대천동 사거리에서 평대 방향으로 좌회전했다. 양 옆으로 울창한 삼나무 숲이 이어지는 비자림로로 내려가는데, 한 10분 정도 지났을까. 왼쪽으로 백주또와 소천국의 신상(神像)이 보였다. 독특한 분위기를 연출하는 이 신상은 2003년도에 '송당마을 신화축제'가 열릴 때 제작된 것이라 한다. 마을 입구에 서 있는 백주또와 소천국의 신상을 보니 비로소 신화 마을 송당에 들어섰다는 기분이 들었다.

　백주또와 소천국 신상이 있는 곳에서 조금 더 내려가니 떠들썩한 분위기가 우리를 맞았다. 마침 송당체육공원에서 마을체육대회가 열리고 있었다. 마이크 소리가 사람들의 환호성과 함께 쉴 새 없이 이어졌다. 마을체육대회가 열린다는 것은 '송당'이 그만큼 규모가 큰 마을이라는 것을 의미하리라. 거기다가 체육대회를 통해 단합의 시간을 가질 정도로 마을 공동체의 정체성도 잘 유지되고 있고 말이다.

가을 억새가 멋있다는 체오름에 오르기 위해 송당 마을을 지나쳐 간다. 이렇게 뒤늦게 만나게 된 송당은 내가 상상했던 것처럼 '멀고 깊고 흥미로운' 마을이었다.

마을 입구에 서 있는 소천국과 백주또 신상(위). 송당본향당 표지석과 뒤쪽으로 보이는 당오름(아래).

송당이라는 마을 공동체의 정체성은 앞에서 얘기했던 것처럼 송당본향당의 신과세제에 참여했을 때 잘 느낄 수 있다. 상단골에 해당하는 어른들이 앞자리를 차지하고 앉아 심방들이 당굿을 잘 이끌어갈 수 있도록 뒷받침하고, 중·하단골에 해당하는 젊은 사람들은 손님을 대접하기 위해 국수를 삶고 커피를 끓이고 있었다. 심방들과 하나가 되어 당굿에 몰입하고 있는 어른들과 밝은 표정으로 손님들을 대접하는 젊은이들의 모습을 보면 송당은 고유 문화가 잘 유지되고 있는 마을이라는 생각이 절로 든다.

체육공원 앞 도로변에는 양 옆으로 차들이 가득 주차되어 있어 혼잡했다. 겨우 빈자리를 찾아 주차하고 동네를 둘러보며 당올레로 들어서기 전에 마음을 가다듬었다.

체육공원 맞은편을 보면 송당본향당을 안내하는 표지석이 있다. 표지석 뒤편으로는 본향당이 있는 당오름도 보인다. 송당본향당은 표지석 바로 옆으로 나 있는 골목으로 들어가면 되기 때문에 초행자도 비교적 찾아가기가 쉽다.

골목길을 조금 걸어 들어가니 하천을 가로지르는 다리가 보였다. 이름도 '본향교'라고 해서 당올레를 지나는 다리임을 알 수 있게 했다. 이 다리를 지나면 바로 당오름 기슭이고, 오른쪽으로 본향당이 보인다.

송당본향당은 와흘본향당, 수산본향당, 세미 하로산당, 월평 다라쿳당 등과 함께 제주도 민속자료로 지정된 신당이다. 그런 만큼 당올레와 신당이 잘 정비되어 있는 편이다. 당올레 길바닥은 제주석과 잔디를 깔아 잘 다듬어 놓았고, 사당을 연상시키는 기와집도 설립되어 있다.

그런데 이 번듯한 기와집은 당집이 아니다. 큰 굿이 있을 때 음식을

신목으로서의 팽나무를 보통 '만년폭낭'이라고 한다. 그만큼 오랜 세월을 품고 있는 신목이기 때문이다. 제주도에서는 팽나무를 '폭낭'이라고 하는데, '낭'은 나무를 뜻한다.
당오름 기슭에 있는 송당본향당(위). 송당본향당의 신목 팽나무와 궤(아래).

장만하는 장소로 쓰이는 건물일 뿐이다. 신과세제 때도 이 기와집에서 음식을 장만하여 사람들에게 대접하고 있었다.

보통 신당들은 당집인 건물이 있는 경우보다 신목인 나무만 있거나 큰 바위로 이루어진 궤(동굴)가 있는 경우가 많았다. 당집이 있는 경우, 건물 안에 위패, 무구, 옷 등을 모시고 있다. 그런데 송당본향당은 번듯한 기와집이 있음에도 이 건물이 당집이 아니라는 사실을 나중에야 깨닫고 고개를 갸웃거렸다.

건물 앞에는 제단과 함께 굿에 참여한 단골들이 앉는 공간이 넓게 펼쳐져 있었다. 신화연구소 소장님이신 문무병 박사님은 제단 아래 서서 신당 기행의 의미와 송당본향당에 대한 간단한 강의를 시작하셨다. 송당의 신과세제와 단골들, 송당 본풀이의 중요성, 송당본향당의 신목인 팽나무, 지전물색 등을 담아놓는 궤 등에 대하여 자세히 설명하셨다.

박사님 설명을 들으며 본향당을 둘러보았다. 건물 앞 왼쪽으로 신의 옷이나 무구 등을 놓아두는 궤(함)가 있고 신목인 팽나무가 서 있다. 큰 굿이 있을 때면 신목에 줄을 매고 지전물색을 걸어놓는다고 한다. 지전은 저승 돈으로 창호지를 오려 만든 것이고, 물색은 굿에 참여하는 단골들이 가져온 옷감이나 저고리, 치마 등을 말한다. 그리고 굿이 끝나면 지전물색과 무구, 향료 등을 이 궤에 담아놓는다고 하셨다.

신목으로서의 팽나무를 보통 '만년폭낭'이라고 한다. 그만큼 오랜 세월을 품고 있는 신목이기 때문이다. 제주도에서는 팽나무를 '폭낭'이라고 하는데, '낭'은 나무를 의미하는 제주어이다.

그런데 송당본향당의 신목을 보면 그다지 세월의 깊이를 느낄 수 없다. 신당의 원조라고 하는 본향당인데도 말이다. 하지만 송당본향당의 신목에 얽힌 역사적 사건을 듣고 나서 왜 그런지 이해하게 되었다.

일제강점기에 있었던 일이라 한다. 하루는 상단골 할머니 꿈에 하얀 옷을 입은 당신 백주또가 나타나 말을 했다 한다.

"자손들아, 필시 여기에 좋지 않은 일이 벌어질 거난 조심허라."

이 이야기를 전해들은 마을 사람들은 마을에 무슨 일이 벌어질지도 모른다고 생각하면서 불안해하고 있었다.

문제의 사건은 일본 순사에 의해 벌어졌다. 일제의 민족문화말살정책에 의해 토속 신앙이 탄압을 받던 시절, 마을 사람들이 당에 모여 신을 모시고 기도를 올리는 것을 못마땅하게 생각하고 있던 일본 순사가 그만 신목인 만년폭낭을 베어내 버렸던 것이다. 일본 순사가 신목인 팽나무를 베어내는 순간 나무에서 피가 솟아올랐다고 한다.

사실 여부를 떠나서 그만큼 마을 사람들의 심리적 저항과 타격이 컸다는 걸 의미하리라. 신목을 베어낸 순사도 며칠 지나지 않아 급사했다고 하는 말까지 같이 전하는 걸 보면 말이다.

마을 사람들은 일제의 탄압이 끝난 후 다시 이곳에 팽나무를 심었다. 그러니까 송당본향당의 신목은 일제강점기 신목이 베어진 후 마을 사람들의 정성을 모아 다시 심어진 나무인 것이다. 이런 이유로 송당본향당의 신목은 만년폭낭이라는 세월의 깊이를 품어내지 못하고 있지만, 하늘로 힘차게 뻗어 오른 가지는 일제의 탄압에도 굴하지 않고 꿋꿋하게 이어온 제주 사람들의 생명력과 저항 정신처럼 느껴졌다.

1970년대 박정희 정권의 미신타파운동이 대대적으로 벌어졌고, 서구식 제도 교육을 받은 세대들이 이어지면서 전통 신앙이 많이 약화되었지만, 송당은 지금까지도 무속 신앙이 강하게 내려오고 있는 곳이다. 그래서 송당의 본향당은 마을의 구심점으로, 정신적 고향으로, 마을의 성소로 그 역할을 다하고 있다.

1980년대 박인주 심방이 살아 있을 때만 하더라도 정월의 신과세제와 함께 음력 2월 13일에 영등제가 열렸고, 7월 13일에 마블림제가 열렸으며, 10월 13일에 추수감사제라고 할 수 있는 시만곡대제가 열렸다고 한다. 그런데 박인주 심방이 돌아가신 후에는 정월 신과세제 중심으로 큰 굿을 하고 다른 굿은 거의 사라지고 있다고 한다.

굿이 열리면 마을에 상단골, 중단골, 하단골에 해당하는 마을 주민들이 제물을 마련하여 올리는데, 마흔여덟 상단골은 맨 윗단에 제물을 올리고, 서른여덟 중단골은 두 번째 단에, 스물여덟 하단골은 맨 아랫단에 제물을 올리는 등 위계질서가 분명하다 한다.

굿에 참여하고 있는 마을 주민들도 그냥 무질서하게 앉아 있는 것이 아니라 한다. 마흔여덟 상단골에 해당하는 분들이 앞자리에 앉고, 그 뒤로 중단골과 하단골들이 앉아 있다. 마을을 대표로 해서 여신에게 음식을 올리는 도제상을 차릴 때는 상단골 할머니의 지휘 하에 이루어진단다. 그리고 굿에 참여한 사람들을 위해 음식을 마련하는 것들은 중단골들에 의해 이루어지며, 하단골들은 대체로 심부름을 한다고 한다.

'단골 조직'은 마을의 신앙 조직이다. 보통 나이에 따라 상단골과 중단골, 하단골로 나누어지는데 마을에 따라서는 성씨로 나누기도 한단다. 토산 본풀이에는 '오씨 상단골, 강씨 중단골, 한씨 하단골'로 삼았다는 내용이 나온다.

박사님의 설명이 끝난 후 간단하게 제를 올리고 나서 당오름을 오르

동백꽃은 신화에서 '생명꽃, 환생꽃, 번성꽃'을 의미한다고 한다. 그래서 심방이 굿을 할 때 아이를 낳게 하거나 아이를 건강하게 자랄 수 있게 해달라고 기원하면서 항상 동백꽃을 든다. 유난히 동백잎이 푸르게 빛나는 겨울의 끝자락에 새빨갛게 피어나는 동백꽃은 많은 생명들이 태어나 건강하게 자랄 수 있도록 하는 축제의 꽃이다.

지전물색과 제단에 올려놓은 제물들(왼쪽), 굿에 참여한 송당의 단골들(오른쪽 위), 송당본향당을 둘러싸고 있는 동백나무들(오른쪽 아래).

기 시작했다. 송당의 당오름은 동네 뒷동산처럼 부담 없이 오를 수 있는 야트막한 오름이다. 둥그스름한 산체의 오름을 오르다 보니 정말 어릴 적 무시로 올랐던 동네 뒷산이 떠오르면서 마음이 따뜻해지는 것 같았다.

그런데 재밌는 것은 오름에 오를 때마다 분명히 정상을 향해 걸어 올라갔는데, 숲길을 걷다 보면 언제 정상을 지났는지 모르게 아래로 내려와 있어 고개를 갸우뚱하게 되는 일이다. 말굽형 모양의 분화구를 가지고 있다는데, 어디가 분화구인지, 또 어디가 정상인지 알아채기도 전에 아래로 내려가고 있음을 깨닫곤 했다. 워낙에 나지막해서 정상이라는 말이 어울리지 않는 오름이기 때문이 아닐까 생각해 본다.

송당의 당오름은 이렇게 높지 않은 오름임에도 울창한 나무 숲길을 걷는 맛이 일품이다. 게다가 '당오름'은 신이 하강한 곳이라는 의미가 부여되는 성소이기도 하다. 그런 의미에서 이 호젓한 숲길을 신과 만나는 경건한 마음으로 한 걸음 한 걸음 천천히 걸어도 좋겠다는 생각이 들었다.

당오름에서 내려와 다시 한 번 당올레 주변을 둘러보는데, 아름다운 동백나무들이 눈에 들어왔다. 보통 도시에서 볼 수 있는 먼지 앉은 동백이 아니라 햇살도 미끄러질 것같이 반짝반짝 윤기 흐르는 초록 잎에 꽃송이 또한 새빨갛게 빛나는 동백나무이다. 그래서 처음 송당본향당에 왔을 때부터 이 동백나무에 먼저 시선을 빼앗겼었다.

동백꽃은 신화에서 '생명꽃, 환생꽃, 번성꽃'을 의미한다고 한다. 그래서 심방이 굿을 할 때 아이를 낳게 하거나 아이를 건강하게 자랄 수 있게 해달라고 기원하면서 항상 동백꽃을 든다. 유난히 동백잎이 푸르게 빛나는 겨울의 끝자락에 새빨갛게 피어나는 동백꽃은 많은 생명들이 태어나 건강하게 자랄 수 있도록 하는 축제의 꽃이 되는 것이다.

사라흘당과 일뤠당

　송당에는 송당본향당 외에도 사라흘당과 일뤠당이 있다. 소천국당도 있었는데, 알송당에 사람이 살지 않게 되면서 폐당이 되었다고 한다. 사냥신인 소천국을 모시는 당이 폐당되었다고 하는 것은, 마을이 농업 정착 사회로 경제 형태가 바뀌면서 사냥을 해서 먹고 사는 세력이 점차 사라져 갔다는 것을 의미하는 것이다.
　다음 답사지인 사라흘당으로 가기 전에 점심을 먹기로 했다. 송당본향당에서 나와 북쪽으로 좀 더 내려가다가 사거리 교차로에서 오른쪽으로 조금 운전해 가자 아담한 2층 집 식당이 보였다. 김치찌개를 주 메뉴로 식사를 하는데, 밑반찬이 모두 맛이 있었다. 맛있는 반찬에 막걸리를 곁들여 애기꽃을 피우다 보니 피곤이 절로 가셨다. 더구나 이 집은 2층에 찻집도 겸하고 있어 차 한 잔의 여유도 즐길 수 있었다. 신당 기행의 즐거움 중의 하나는 답사하는 마을의 동네 식당에서 맛있는 점심을 먹는 것이라는 걸 첫 기행에서 깨달아 버렸다.
　사라흘당은 마을을 한참 벗어나 오름들과 한라산으로 이어지는 산비탈에 위치해 있다. 농사의 신이 마을에서 사람들 가까이 기거하면서 풍년을 기원한다면, 산신은 사냥터이자 마소를 방목하는 그곳에 좌정하고 있는 것이다. 사라흘당의 주소는 '구좌읍 송당리 1773'로 되어 있다.

사라흘당으로 가기 위하여 다시 소천국과 백주또 신상이 있는 곳으로 갔다. 사라흘당은 신상이 있는 곳에서 서쪽 방향 체오름 근처에 위치해 있었다. 그런데 오름 쪽으로 올라가는 산비탈길이 험해서 보통 승용차로 운전해서 가기가 쉽지 않다 했다. 그래서 SUV 차량 두 대에 나눠 타고 출발했다.

소천국과 백주또 신상이 있는 곳에서 서쪽으로 난 길을 운전해 들어가자 큰길가에서는 보이지 않던 마을이 나타났다. 내가 어릴 때부터 상상했던 '깊숙이 들어간 곳에 위치한 조용한 마을'은 바로 여긴가 보다. 마을을 둘러볼 새도 없이 삼거리에서 오른쪽 길로 해서 쭉 운전해 들어가니 지대가 높아지면서 오른쪽으로 밭들이 이어지다 초지가 푸르게 펼쳐진 목장이 나타났다. 돌투성이 오솔길을 덜컹거리며 좀 더 위로 올라가자 체오름을 배경으로 아직도 남아 있는 억새들이 우리를 맞았다.

차에서 내려 둘러보다 여기는 그전에 한 번 와본 적이 있는 곳이라는 걸 깨달았다. 가을 억새가 멋있는 오름이 있다고 하여 근처에 왔는데, 오름으로 가는 길을 찾지 못해서 그냥 돌아갔던 곳이다. 비록 오름에는 오르지 못했지만 넓게 펼쳐진 억새밭이 장관이어서 그다지 아쉽지 않았던 곳이기도 했다.

따로 길이 나 있지는 않았지만 억새밭 사이 사람들이 오갔던 흔적이 있는 곳으로 걸어 들어가니 이번에는 넓은 풀밭이 펼쳐졌다. 나무도 가시덤불도 없이 부드러운 풀잎만으로 넓게 펼쳐진 들녘은 마치 푸른 돗자리를 깔아놓은 듯해서 뒹굴고 싶어졌다. 보통 사람들의 발길이 끊어진 곳은 가시덤불이 우거져 쉽게 접근하기가 어려운데, 이곳은 무성하게 자란 풀들조차 부드러웠다. 풀잎이 바람에 흩날리는 모습도 참 예뻤다. 풀숲으로 답사팀들이 걸어 다니는 모습 자체가 한 컷 작품 사진이었다.

누군가는 풀숲에 들어서서 햇살과 바람과 흔들리는 풀잎 하나하나에 감응하는 표정을 지으며 아름다운 말들을 쏟아내기도 했다. 우리들은 사라흘당 답사 목적을 잠시 잊고서 고사리를 꺾기도 하고 아름다운 풀밭에서 사진을 찍기도 하면서 여유를 즐겼다.

들판을 지나 돌무더기에 나무들이 빽빽하게 자라고 있는 곶자왈 지대로 접어들자 잡목 사이로 키 큰 팽나무가 눈에 들어왔다. 사라흘당의 신목인 만년폭낭이다. 어느덧 사라흘당에 도착한 것이다. 가까이 가보니, 신당 입구도 잘 정비되어 있고 사라흘당이라고 쓰여 있는 표지석도 보였다. 마을에서 비교적 멀리 떨어져 위치해 있고 길도 제대로 나 있지 않은 이곳에 이렇게 정갈한 모습의 신당이 있다니!

사라흘당에 들어선 사람들이 모두 탄성을 쏟아냈다. 바깥 분위기와는 다른 공간이 펼쳐진 것이다. 송당본향당이 사람에 의해서 잘 정비된 신당이라면, 이곳은 자연 그대로의 아름답고 청정한 지대였다. 잡목이 우거진 수풀지대에 이런 신당이 자리하고 있을 줄이야! 아무도 모르는 곳에 숨겨진, 그래서 더욱 예쁘게 느껴지는 신당이었다.

문무병 박사님은 이 당을 많은 사람들에게 알려주고 싶지 않은, 숨겨두고 싶은 당이라고 말씀하셨다. 그만큼 소중하게 간직하고 싶은 곳이기도 하고, 이 청정함이 망가질지도 모른다는 염려가 작용한 탓이기도 하리라.

사라흘당으로 가는 길 옆 목장지대(왼쪽 위). 사라흘당과 일뤠당으로 가는 당올레(오른쪽 위).
사라흘당의 표지석(왼쪽 가운데). 지전물색이 걸려 있는 사라흘당의 신목(오른쪽 가운데).
구지뽕나무와 돌 사이의 궤(왼쪽 아래).

무엇보다도 '만년폭낭'이라는 이름에 걸맞게 오랜 세월을 품고 있는 팽나무가 감탄을 자아냈다. 팽나무 가지가 송악 덩굴을 제 옷인 양 껴입은 채 하늘로 치솟기도 하고 옆으로 늘어지기도 하면서 부정한 것들을 막아내어 성소의 신성한 분위기를 지켜내고 있었다.

신목에는 지전물색이 걸려 있어 최근까지도 사람들이 왕래하고 있다는 것을 알 수 있었다. 만년폭낭 옆에는 구지뽕나무가 아우인 듯 다정하게 서 있고, 돌 틈에 궤도 빠꼼하게 문을 열어놓고 있었다. 신당의 궤는 신이 머물고 있는 공간으로 본다. 궤 옆에도 울타리로 쌓아올린 돌담에도 송악 덩굴이 뿌리를 뻗어 성소를 아름답게 꾸미고 있었다.

당 한쪽에는 시멘트 블록을 오각형으로 쌓은 소각로가 보였다. 제를 지내고 나서 나온 쓰레기들을 태우는 곳이다. 당 입구에는 철문도 달아져 있어 깔끔하게 잘 관리되고 있는 당이라는 것을 알 수 있었다.

사라흘당은 산신또를 모신 산신당이다. 산신또는 한라산에서 솟아난 사냥과 목축신으로, 사냥을 도와주고 가축을 잃어버렸을 때 찾아주는 기능을 가지고 있다고 한다. 오름들과 한라산을 누비며 사냥을 하던 사람들이 그들의 수호신을 이곳에 모셨으리라. 그러다가 오름과 오름 사이에 광활하게 펼쳐진 초지에서 가축을 기르게 되면서 사냥의 신은 목축의 신도 겸하게 되었을 것이다.

자연석으로 만들어진 제단에 소주잔을 올리고 간단하게 절을 하여 제를 지낸 후 산신당에 대하여 문무병 박사님의 설명을 듣고 밖으로 나왔다.

사라흘당 앞에는 서쪽으로 일뤠당이 있다고 했다. 산신과 일뤠할망은 부부신이다. 산신당의 산신이 사냥과 목축의 신이라면 일뤠당의 일뤠할망은 산육과 치병신이다. 아기를 갖게 해주고 건강하게 잘 크도록 도와주는 여신이다. 그런데 가시덤불과 나무들이 가로막고 있어 일뤠당에 찾아 들어가기가 힘들었다. 그래서 일뤠당을 찾는 것을 포기하고 돌아설 수밖에 없었다.

문무병 박사님께서는 송당본향당이 마을 전체적으로 제를 지내는 당이라면 이곳 사라흘당과 일뤠당은 마을 주민 가운데 일부만 다니는 당이라고 말씀하셨다. 주로 아까 지나쳐 온 신상 안쪽 마을 사람들이 다니는 당인 모양이다.

사라흘당에서 나오는데, 봄이라 억새밭의 장관을 볼 수 없어 영 아쉬웠다. 게다가 바로 앞에 있는 체오름에도 한 번 오르고 싶었다. 하지만 체오름은 찾아 들어가기가 쉽지 않은 오름이라고 했다. 개인 소유의 오름이라 표지판을 세워놓지 않아 입구를 찾기 어렵기 때문이다.

2016년 7월 29일《한라일보》보도에 따르면 한라산국립공원 이외의 지역에 분포하는 322개 오름 가운데, 개인이나 마을 공동, 재단 등이 소유하는 오름은 63퍼센트에 해당한다고 한다. 2007년 제주《연합뉴스》에도 국가와 제주도 소유가 164개인데, 개인 소유가 147개나 된다고 보도하고 있다. 다랑쉬오름 바로 앞에 있는 아끈다랑쉬오름도 개인 소유라고 해서 얼마나 놀랐는지 모른다. 한라산 자락에 위치한 많은 오름들이 어떻게 개인 소유가 되었는지 그 역사적 과정이 심히 궁금하다.

11월의 체오름과 사라흘당

 11월 초 가을의 끝자락에 마침 체오름을 안내해 주겠다는 사람이 있어, 친구랑 셋이서 다시 송당을 찾았다. 초겨울 추위가 고개를 내밀곤 하는 시기임에도 햇살이 유난히 밝게 내리쬐는 청정한 날씨였다.
 가을의 체오름은 멋있었다. 체오름을 오르다 문득 사방을 둘러보면 멀리 오름의 여왕이라 불리는 다랑쉬오름부터 가까이 안돌오름, 밧돌오름까지 시야에 들어와 송당이 오름의 본고장임을 실감할 수 있었다. 그리고 오름과 오름 사이에는 푸른 목장지대가 펼쳐져 가슴을 상쾌하게 했다.
 체오름은 분화구의 크기가 엄청났다. 마치 한라산 분화구 백록담을 보는 듯했다. 절벽처럼 깊이 파인 분화구였지만 한쪽은 넓게 터져 평지에 이어지고 있는 게 특징이었다. 그 모양이 마치 곡식을 거르는 체(키)와 같다 하여 체오름이라고 부른다 한다. 이렇게 분화구 한쪽이 넓게 터져 있어 입구 역할을 하는 덕분에 분화구 안으로 쉽게 들어갈 수 있었다.
 분화구로 들어가는 입구는 넓은 들판이었는데 가을 들꽃들이 장관을 이루고 있었다. 보라색 꽃향유와 용담, 하얀 물매화가 다투어 꽃을 피우면서 벌들을 불러들였는지 윙윙거리는 소리가 사방에 가득한 게 현기증을 불러일으킬 정도였다.
 분화구 안으로 들어서니 멋있게 자란 후박나무가 짠하고 그 위용을 드러냈다. 인터넷에서 소개된 사진을 보면서 감탄하기도 했지만 실제로 보니 그 풍모가 더 훌륭했다. 이 후박나무는 분화구 위 산등성이를 돌

때는 볼 수 없는, 오로지 분화구 안에 들어서야 볼 수 있는 나무이다.

체오름에서 나와 사라흘당으로 다시 찾아갔다. 처음 답사할 때처럼 소천국과 백주또 신상이 있는 곳에서 안쪽 마을을 지나는 길로 갔다. 기대했던 대로 사라흘당으로 가는 길에는 억새꽃들이 가득 피어 있었다. 봄에 그렇게 감탄했던 푸른 들녘은 누렇게 색 바랜 강아지풀로 물결을 이루고 있었다. 풀밭을 지나니 사라흘당이 쉽게 눈에 들어왔다.

신목인 만년폭낭과 그 옆에 서 있는 구지뽕나무, 신이 들어 있다는 궤 등을 찬찬히 둘러보고 나서 밖으로 나왔다. 그런데 봄에 왔을 때는 보이지 않았던 일뤠당이 우리를 기다리고 있었다는 듯 바로 모습을 드러냈다. 지전물색이 걸려 있는 상수리나무가 바로 몇 걸음 앞에 서 있었던 것이다. 이렇게 신당은 사람에 따라서, 혹은 때에 따라 쉽게 모습을 드러내기도 하는 모양이다.

산신또와 일뤠또가 함께 있는 것은 부부신인 경우다. 그런데 한쪽이 고기를 먹지 않는 미식신(米食神)인 경우는 이렇게 따로 좌정한다. 남편신이 미식신인데 여신이 임신 중에 고기가 먹고 싶어 돼지털을 그을려 냄새를 맡았다가 쫓겨나 따로 좌정하는 이야기가 많다. 대표적으로 토산일뤠당 당신인 용궁의 셋째 공주가 그렇다. 그런데 사라흘당에는 전해지는 당본풀이가 없어 자세한 내막은 모르겠다.

답사를 마치고 돌아가면서 방금 다녀온 체오름을 보았다. 한쪽이 넓게 터진 분화구 앞쪽으로 송전탑이 서 있는 체오름 풍경이 펼쳐졌다. 방금 다녀온 곳이라 분화구 안 풍경이며 가득 피었던 들꽃들과 아지랑이처럼 피어올랐던 꿀벌들의 날갯소리가 머릿속에 훤히 그려졌다. 봄의 체오름도 들꽃이 가득할까? 설레는 마음이 벌써 새해 봄을 기다리고 있다.

치유의 마을, 송당

　체오름 답사를 마치고 며칠 후 혼자서 다시 송당 마을을 찾았다. 이번에는 찬찬히 여유를 가지고 마을길을 걸어보고 싶어서였다. 송당본향당 표지석 앞에 차를 세우고, 송당초등학교가 있는 방향으로 걸어갔다. 송당초등학교는 당오름 북쪽 기슭에 있었다. 당오름 기슭의 숲에 들어선 초등학교는 '아름다운 숲 전국대회 공존상'을 받았다는 기록에 걸맞게 숲의 향기가 물씬 풍기는 교정을 가지고 있었다.

　동서로 이어지는 아스팔트 도로 양 옆으로 건물들이 들어선 송당 마을은 제법 시가지 분위기를 형성하고 있었다. 카페도 여럿 보이고, 편의점도 세 군데나 되었다. 작고 허름했지만 호텔까지 있었다. 그래도 아직은 시골 마을의 소박함까지 앗아갈 정도는 아니었다. 작은 카페도, 훤히 들여다보이는 집 마당도 이웃 간에 이야기가 오갈 수 있는 열린 공간이었다.

　최근 동생을 데리고 송당을 찾았을 때, 동생은 어린 시절 아팠을 때 여기에 와서 체험했던 일들을 기억해 내었다. 마루에 앉아 있는 자신에게 어떤 할아버지가 세게 등짝을 내리쳤는데, 같이 갔던 큰언니가 놀라 벌벌 떠는데도 자신은 아프기는커녕 뭔가가 빠져나가는 듯 시원했단다. 그 사람은 뭐라 뭐라 중얼거리다가 칼처럼 생긴 것을 마당으로 던졌다고도 했다. 그러다가 "여기로 넋 나간 사람 하나 왐져."라고 얘기했는데 정말 조금 있으니까 정신이 이상하게 보이는 사람이 마당으로 들어와서 신기했다는 말도 했다. 몇 번 다니면서 보니 그 사람이 눈에 띄게 좋아지는 것처럼 보였다는 얘기까지.

체오름은 분화구의 크기가 엄청났다. 마치 한라산 분화구 백록담을 보는 듯했다. 절벽처럼 깊이 파인 분화구였지만 한쪽은 넓게 터져 평지에 이어지고 있는 게 특징이었다. 그 모양이 마치 곡식을 거르는 체(키)와 같다 하여 체오름이라고 부른다 한다.

꽃향유와 용담꽃이 가득 핀 체오름 분화구 입구(위). 분화구 안 후박나무(아래).

얘기를 들어보니 그 영험한 할아버지는 송당의 심방이었던 것이 분명했다. 신칼을 마당으로 던지는 것은 귀신 쫓는 굿을 할 때 하는 행동이라는 얘기를 들은 적이 있기 때문이다. 나는 굿을 전통 신앙이자 민속 문화 수준에서 받아들이고 있는데, 그분의 치유 덕분에 갑자기 경기를 일으키며 쓰러지고 했던 동생은 씻은 듯이 말끔하게 나았다는 사실이 기적처럼 신기하기만 하다. 어쨌거나 우리 가족에게는 그때 송당의 심방을 만날 수 있었던 것이 천우신조에 해당하는 것이 분명하다.

송당 답사를 마무리하면서 '신화 마을 지정'에 대해 얘기하고 싶다. 1만 8천 신들의 고향 제주에 신화 마을을 지정하고 전폭적인 지원 정책이 필요하다고 생각한다. 그러면서 첫 번째로 꼽고 싶은 마을이 송당이고 두 번째는 다음 답사지인 와산이다. 송당은 마을 풍경이 여느 동네와 비슷하지만, 제주 당신의 어머니 백주또를 본향당에 모시고 있어 신화 마을로 손색이 없다. 예로부터 이곳은 아픈 사람들이 모여들어 몸과 마음을 치유하고 돌아갔던, 어머니 신(神)이 사는 마을인 것이다.

더불어 송당에 신화 마을 답사길이 열리고 활성화되었으면 좋겠다. 치유의 마을 송당! 송당본향당을 출발점으로 해서 소천국과 백주또 신상이 있는 곳으로 간 후 안쪽에 위치한 마을을 거쳐 체오름과 사라흘당이 있는 곳까지 걸어가는 답사길을 머릿속으로 그려본다. 치유의 마을 송당의 신화 체험 답사길!

문 박사의 톡톡 신화 강좌

송당 본풀이와 설촌 역사
신앙 조직 상단골·중단골·하단골

▶ 신당과 당신, 당본풀이의 의미는 무엇인가요?

'신당'은 신(神)을 모시고 있는 성소(聖所)를 말하는 것으로 줄여서 '당'이라고 합니다. 제주도에는 300여 개의 자연 마을이 있고, 마을마다 전통 신앙의 성소인 신당이 있습니다. 흔히 제주도를 '절 오백, 당 오백'이라고 하는데, 각 마을에 본향당을 비롯 두세 개 이상의 당들이 있는 것으로 봐서 '당 오백'이라는 말은 사실에 기초한 말이라는 걸 알 수 있습니다.

신당에 좌정하고 있는 신을 '당신(堂神)'이라고 합니다. 마을의 수호신이라 할 수 있지요. 마을의 당신은 '-한집' 또는 '-또'라는 존칭을 붙여 부르기도 하고, 여신인 경우 '할망', 남신인 경우 '하르방·영감'이라고 부르기도 합니다. 또 '하로산', '요왕' 등 자연을 신격화해서 부르거나 '축일, 이레, 여드레' 등 제일을 앞에 붙여 부르기도 합니다. 조상신인 경우에는 '일월'을 붙여 부릅니다. 그래서 '토산서편한집, 하로산또, 송씨하르방, 일레할망, 현씨일월' 등이 당신의 이름들입니다.

마을의 본향당에는 신이 어떻게 해서 그 마을에 좌정하게 되었는지를 풀어내는 신화가 전해집니다. 이러한 신화를 '당본풀이'라고 합니다.
원래 '본풀이'란 말은 '본'과 '풀이'가 합쳐진 말입니다. '본(本)'은 '본래, 근본' 등의 뜻으로 '신의 내력'을 의미하고, '풀이'는 '해설하다, 설명하다, 풀어내다'의 의미입니다. 따라서 '본풀이'는 '신의 근본과 내력을 설명'하는 이야기입니다. 그러니까 당본풀이는 '신의 내력담을 설명한 것'이라 할 수 있지요. 신의 내력담인 당본풀이는 마을이 형성된 역사, 즉 설촌 역사를 담고 있기도 합니다.

▶ 당본풀이를 통해 알 수 있는 설촌 역사는 어떤 것인가요?

송당 본풀이를 보면, 백주또가 오곡의 종자와 송아지, 망아지를 가지고 서울에서 제주로 내려온다는 내용이 나옵니다. 이 여신이 한라산에서 사냥을 하며 떠돌아다니던 사냥꾼 '소로소천국'과 부부의 연을 맺고 살림을 시작합니다.

신화에서 두 신이 결혼했다는 것은 가정이 성립되었다는 것을 나타냅니다. 그리고 가정의 성립은 정착 생활로 이어지지요. 사냥을 하며 돌아다니던 사람들이 정착 생활을 시작했다는 것은 마을이 형성되기 시작했다는 것을 의미합니다. 그러니까 송당 본풀이에서 소천국과 백주또가 결혼함으로써 송당이라는 마을의 역사가 시작된 것이라 볼 수 있습니다.

백주또와 소천국은 아들 열여덟, 딸 스물여덟을 낳았습니다. 이들이 낳은 아들딸들이 줄이 뻗고 발이 뻗어 삼백일흔여덟이 되었고, 이들은 다른 마을의 당신이 되었다고 합니다. 이들을 송당계 신이라고 하는데, 이들이 제주도 전역으로 뻗어나갔기 때문에 송당본향당이 제주 신당의 원조라고 하는 것입니다.

김오생 심방에 의해 구송되는 백주또와 소천국의 자식들인 신들의 계보는 다음과 같습니다.

1남 하덕천리 거멀 문국성
2남 대정읍 안덕면 사계리 광정당
3남 성산읍 신풍리 웃내끼 본향당
4남 제주시 광양당 당신
5남 제주시 내왓당 당신
6남 제주시 서낭당 당신
7남 구좌읍 한동리 궤본산국
8남 제주시 거로 당신
9남 조천읍 교래리 도리산신또
10남 조천읍 와흘리 고평동 궷드르 산신또
11남 조천읍 와흘리 한거리 하로산또
12남 제주시 동회천동 세미 하로산또
13남 제주시 도련동 산신또
14남 제주시 삼양동 가물개 시월도병서
15남 조천읍 선흘리 알선흘 산신또
16남 주좌읍 김녕리 궤노기한집
17남 표선읍 토산리 서편한집
18남 제주시 도두동 오름허릿당

'아들 열여덟, 딸 스물여덟 낳았다'는 것은 인구가 증가하고 마을이 번성했다는 것을 나타냄과 동시에 공동체 사회 형성 과정에서 토착민과 외래 이주민 간의 세력의 불균형이 심화되고 있음을 의미하기도 합니다. 아들은 토착민이면서 사냥을 해서 먹고 사는 이들로 점차 세력이 약화되는 데 비해, 외래 이주민이자 농경 정착민을 의미하는 딸은 세력이 강화되고 있습니다. 여성이 우위에 있다는 것은 농업 정착 사회로 마을의 형태가 갖추어져 가고 있다는 것을 나타냅니다.

소천국은 한라산을 떠돌아다니며 사냥하는 수렵·목축의 신입니다. 고기를 먹는 신이며 배고픈 신이기도 하지요. 소천국이 배고픔을 이기지 못해 밭 갈던 소와 남의 소까지 잡아먹어 버리자 백주또에 의해 이혼을 당합니다.

수렵 사회에서 소는 사냥감으로 배고픔을 달래주는 먹잇감입니다. 그러나 농경 사회에서는 식용 가치보다는 경작을 원활하게 할 수 있도록 해주는 동력으로서의 가치가 크지요. 그래서 '육식 금기'는 농경 사회의 관습이 되었습니다. 소를 잡아먹었기 때문에 쫓겨나는 신의 이야기는 경제 형태가 바뀌는 과도기의 역사를 대변하는 것이라 할 수 있습니다.

신들의 이혼은 마을의 분리를 의미합니다. '땅 가르고 물 갈라 살림을 분산'하는 이혼의 모티브는 마을의 분리를 나타내는 것이며 생활권의 분리를 의미하는 것입니다. 신화 속 사건의 전개는 반농·반수렵의 산간 마을과 반농·반목축의 중산간 마을, 반농·반어업의 해촌 마을로 분리되어 가는 과정을 나타내는 것으로 볼 수 있습니다.

본풀이에서 어린 아들이 아버지의 수염을 잡아당기는 등 버릇없이 굴다가 바다로 버려지는 이야기가 있습니다. 다시 말하면 부자간의 갈등으로 인해 아들이 마을을 떠난다는 이야기입니다. 이러한 이야기는 '아들 간 데 열여덟, 딸 간 데 스물여덟, 가지가지 송이송이 뻗어 나가는' 계기가 되지요.

소천국의 여섯째 아들은 함에 담겨 동해 바다에 띄워집니다. 이로 인해 아들에게 새로운 삶의 경험이 펼쳐지는 것이지요. 그리고 이역의 배우자(용왕의 셋째 딸)를 만나 결혼하는 모티브는 사냥하는 직업을 버리고 새로운 직업을 받아들이는 과정을 상징한다고 볼 수 있습니다. 바다와 관련된 체험은 새로운 기능을 가진 당신(堂神)이 등장하기 위해 필요한 것이라고 할 수 있습니다.

소천국의 아들은 '김녕'이라는 어촌에 새로 좌정하게 됩니다. 그리고 '용궁의 공주'와 결혼하는 이야기는 어촌 마을에 내려가 반농·반어업의 생활을 하였다는 어촌 마을 형성 신화라 할 수 있습니다.

이와 같이 '하로산'이란 사냥의 신들은 산간에서 중산간으로 해안으로 내려오면서 사냥의 신에서 목축과 농경의 신으로, 그리고 어업의 신으로 변하고 있음을 알 수 있습니다.

마을의 분리는 신앙권의 분리이며, 신앙권의 분리는 새로운 환경에서 새로운 삶을 시작하는 생활과 문화의 분리를 나타낸다고 볼 수 있습니다. 새로운 마을이 형성되면 그 마을에 신당을 만들고 신을 모시게 됩니다. 그렇게 해서 백주또와 소천국의 아들 열여덟, 딸 스물여덟이 각 마을의 당신으로 퍼져나가게 되는 것입니다.

따라서 '송당 본풀이'는 수렵 사회에서 농경 사회로 넘어가고 새로운 마을이 형성되는 시기의 문화와 역사를 반영한 신화라고 할 수 있습니다. 그리고 마을의 세력이 불어나서 산간 마을과 중산간 마을, 어촌 마을로 분화하는 제주 사람들의 생활사를 반영하고 있는 것이지요.

당본풀이라는 신화는 설촌의 역사이면서 동시에 민중들의 삶의 역사라고 할 수 있습니다. 마을과 마을이 갈등과 경쟁 관계에 놓이게 되면 마을 공동체가 강화되고, 당 신앙은 마을 공동체를 지탱하는 힘으로 작용합니다. 산촌 사람은 산촌 사람끼리 혼인하고, 어촌 사람은 어촌 사람끼리 혼인하는 통혼권(혼인할 수 있는 지역)이 형성되기도 했는데, 이러한 통혼권의 분리는 신화 속에서 신들 간의 갈등으로 표현됩니다. 신들의 갈등과 통혼권의 분리는 서홍·서귀당 본풀이에 잘 드러나 있습니다.

"제주땅에서 솟아난 바람운님이 배필을 찾기 위해 점을 쳐 보았다. 그러자 바다 건너 만 리 밖 비오나라 비오천리에 아름다운 처녀 '고산국'이 있음을 알고 가서 부부로 인연을 맺는다. 그런데 부인의 동생이 더 예쁘다는 것을 안 바람운은 처제를 꾀어내어 한라산으로 도망치고 만다.

남편이 동생과 같이 달아나 버린 것을 안 고산국은 그들을 쫓아 한라산으로 갔다. 고산국이 겨우 둘을 찾아내었으나 남편과 동생이 서로 사랑에 빠져 부부가 되었다는 것을 알게 된다. 고산국은 도술을 부려 그들을 죽이려 하나 오히려 동생 지산국의 도술에 위기에 빠지고 만다. 동생에게 사정하여 겨우 위기를 모면한 고산국은 너무나 억울하여 더 이상 얼굴을 마주하는 일이 없도록 하자며 이별을 고한다. 고산국은 남쪽으로 내려와 서홍리라는 마을에 좌정한다. 좌정할 곳을 찾던 바람운과 지산국이 고산국에게 원만하게 땅을 가르자고 하지만 고산국은 노여움을 풀지 않는다. 그래서 바람운과 지산국은 문섬 북쪽 서귀리와 동홍리를 차지하게 된다. 이때부터 서홍리와 동홍리는 서로 혼인을 못하고, 당을 맨 심방도 서로 왕래할 수 없게 되었다 한다."

서홍리는 서귀포에서 가장 비옥한 땅으로 논농사가 가능한 지역이라고 알려져 있습니다. 제주도는 땅이 척박하여 논농사를 지을 수 있는 지역이 많지 않습니다. 그나마 서홍리와 같은 중산간 마을은 농사짓는 땅도 비옥하고 목축도 가능하여 이곳에 거주하는 사람들이 비교적 부유했다고 볼 수 있습니다. 그래서 중산간 마을을 반촌(班村)이라 하였지요. 그런데 이곳에서 밀려난 세력들은 땅이 척박하여 농사짓기 어려운 곳이나 바닷가 쪽으로 이주할 수밖에 없었습니다. 그 과정에서 있었던 갈등이 당본풀이에 잘 표현된 것이라 생각합니다.

▶ 상단골 · 중단골 · 하단골의 역할은 무엇입니까?

심방들이 굿을 할 때, '마흔여덟 상단골, 서른여덟 중단골, 스물여덟 하단골'이란 말을 합니다. '상단골 · 중단골 · 하단골'이라는 단골 조직은 마을의 신앙 조직이라 할 수 있지요.

마흔여덟 이상의 나이로 구분되는 상단골은 보통 마을의 어른들입니다. 당굿을 할 때 제물을 마련하는 등 모든 준비를 진두지휘하지요. 그리고 평소에는 당제에 필요한 덕목을 가르치는 역할을 합니다. 마을의 매인심방이 사망 등의 이유로 대가 끊어졌을 때는 다른 심방을 모셔와서 이어지도록 하는 역할도 합니다.

서른여덟 중단골은 마을의 질서를 알아 가는 계층이라 할 수 있지요. 상단골을 잘 모시고 따르면서 하단골을 이끄는 역할을 합니다. 그에 비해 스물여덟 하단골은 마을에 시집 온 지 얼마 안 된 사람들입니다. 그들은 마을의 질서를 막 배워 가는 입장에 있습니다.

굿을 할 때, 상단골 · 중단골 · 하단골의 위계질서는 분명합니다. 신에게 제물을 올리는 제단의 맨 윗단에는 상단골들이 장만한 제물을 올립니다. 그 아래 제단에는 중단골이 장만한 제물을 올리며, 하단골이 장만한 제물은 맨 아래 제단에 올리도록 하지요.

집안에 무슨 일이 있어 개인적으로 굿을 할 때도 사람들은 상단골을 찾아가서 의논을 했다 합니다. 그러면 상단골 어른은 언제 어떻게 굿을 해야 좋을지, 제물을 어떻게 준비해야 좋을지 등에 대해 조언해 주지요. 마을의 매인심방 역시 무슨 일이 있을 때는 상단골과 의논해서 결정한다고 합니다. 그래서 마을의 상단골은 심방과 단골들을 잘 연결하는 역할을 했다고 할 수 있습니다.

집안에 따라 상단골과 중단골, 하단골로 나뉘기도 합니다. 토산본향당 신화에 의하면 오씨와 강씨, 한씨를 차례대로 상단골과 중단골, 하단골로 삼았다는 얘기가 전해지지요. 고씨와 양씨가 주로 굿을 하는 와산에는 현재 고씨가 상단골이라고 합니다.

상단골과 중단골, 하단골은 마을의 신당을 중심으로 정해진 위계질서이지만, 자연스럽게 마을의 질서 유지를 위한 지도 체계가 되지 않았나 생각합니다. 그러니까 상단골은 마을의 어른들로서 공동체를 이끌어나가는 지도자의 역할을 했을 것입니다. 마을의 대소사(大小事)를 처리하는데, 마흔여덟 상단골인 마을 어른들이 앞장서서 젊은이들을 이끌었었다고 볼 수 있지요. 그러면 그 가르침에 따라 젊은 사람들이 배우고 그들도 또한 상단골이 되었을 때 다음 세대들을 가르치게 되는 마을의 전통이 되었을 것입니다.

'당 오백, 절 오백'이라는 말이 있는 것처럼 제주의 각 마을에는 2~3개의 당들이 있고, 많게는 7개 정도의 당이 있기도 합니다. 그리고 마을의 수호신을 모신 본향당이 있어 해마다 마을 전체의 주민들이 모여 당제를 지내며 관계를 돈독하게 했습니다. 이러한 문화 속에서 마을의 신앙 조직인 '상단골·중단골·하단골' 체제는 당신(堂神)을 중심으로 혈연·지연적 결속을 강화하며 공동체의 일탈을 예방하였다고 볼 수 있습니다.

02 와산 당올레

신화 마을 눈미 와산

조천읍 와산리

와산! 와산 하면 먼저 아름다운 길이 떠오른다. 제주 들녘의 매력을 오롯이 느낄 수 있는 길이다. 그리고 그 길은 당으로 가는 길, 그러니까 당올레이기도 하다.

와산은 아직도 이 작은 마을에 신당이 여섯 곳이나 남아 있고, 해마다 마을 사람들이 모여 당굿을 한다. 본향당 웃당인 불도당을 비롯, 알당 하르방당 베락당, 당새미 토광물 산신당, 골왓술 산신당, 엄낭굴왓 철산이도 산신당, 웃질왓 감낭밧 한씨조상당이 남아 있다. 그리고 해마다 본향당인 불돗당에서는 음력 3월 13일에 당굿이 열린다.

게다가 본향당에는 재미있는 당본풀이가 전해지고 있고, 비극미가 돋보이는 조상 본풀이도 굿을 할 때 심방에게서 들을 수 있다. 그래서 와산은 송당에 이어 제주의 대표적인 신화 마을이라고 불려질 만하다.

사실 와산은 당올레 기행에 참여하기 전까지 한 번도 가본 적이 없는 마을이다. 비자림에 가기 위해 와산 마을을 가로지르는 중산간동로를 몇 번 이용하긴 했지만, 마을길을 직접 걸어보고 집 마당을 들여다본 것은 처음이었다. 하지만 두 번의 답사로 와산은 내게 '당올레가 아름답고 재미있는 이야기가 전해지는 신화 마을'로 각인되었다.

'제주 사람들은 이웃 마을도 잘 안 간다'는 말을 누군가에게 들었을 때 많이 공감했다. 특히 내 경우에 해당되는 말이어서이다. 제주도는 서울의 3배 정도 되는 면적이어서 작은 지역은 아니지만 먹고 살기 힘들었던 역사 때문인지 구경 삼아 이곳저곳 둘러보는 문화는 아니었던 것 같다.

자라면서 많이 들었던 얘기 중에는, 제주 사람들은 주냥 정신(절약 정신)이 뛰어난 데 비해 육지 사람들은 돈을 아끼지 않고 잘 놀러 다닌다는 것이었다. 그런 얘기를 들으면서 은근히 제주 사람으로서 자부심을 느끼기도 했다. 그런데 이런 문화가 내게 지리적 감각을 발달시키지 못하는 데 일조했다는 것을 어른이 되어서야 깨달았다. 결혼하고 부산에 나와 살게 되면서 나의 부족함을 더욱 실감하게 되었다.

신당 답사는 그동안 가까이 있는데도 둘러보지 못했던 마을들을 걸어볼 수 있는 기회라는 면에서도 의미가 크다. 마을길을 걷고, 담장 안을 기웃거리며 화단에 심어놓은 수선화나 동백꽃을 보는 즐거움을 맛볼 수 있는 소중한 기회인 것이다. 이런 기회가 아니면 내가 어찌 '와산'이라는 정겹고 아름다운 마을길을 걸어볼 수 있겠는가.

와산(臥山)은 제주시와 성읍리의 중간 정도에 위치하는 마을로 많은 오름들에 둘러싸여 있는 곳이기도 하다. 이 지역에는 알밤오름, 윗밤오름, 꾀꼬리오름, 새미오름 등 해발 400미터가 넘는 봉우리들이 병풍 치듯 둘러 있고, 그 가운데 나지막한 '당오름'이 자리 잡고 있다. 와산은 이 당오름에서 남쪽으로 40미터 정도 내려온 곳에 위치해 있는 작은 마을이다.

와산이라는 지명은 '누워 있는 산'이란 의미로, 순 우리말로 '눈미' 혹은 '눌미'라고 불렀다 한다. 당본풀이를 읽어보면 실제로 '눈미 와산'이라는 말이 나온다. 호랑이가 산 사이에 잠자고 있는 형국이라고 해서 '와호산'이라 했는데, 사람들이 거칠어지고 많은 사건 사고가 일어나서 가운데 '호' 자를 빼버렸다고 하는 이야기도 있다.

예전에 와산 지역은 제주목(현 제주시)과 정의현의 중간 지점에 위치하여 정의현으로 가는 관리들이 쉬어가는 원마을이었다 한다. 원(院)은 공적인 임무를 띠고 지방에 파견되는 관리나 상인 등 여행자에게 숙식과 편의를 제공하던 공공 여관이라 할 수 있다.

와산은 당오름과 당샘을 중심으로 형성된 마을로, 이곳을 지나는 이들은 신당에 절을 해야 무사히 지나갈 수 있었다는 말이 전해진다. 아무리 높은 목사라 해도 말에서 내려 신당에 절을 하지 않으면 말이 발을 절며 제대로 걷지 못했다 한다. 이곳을 지나는 보부상들도 옷감이며 과일을 당에 올리고 정성을 다하지 않으면 장사가 제대로 되지 않았다는 말도 전해지고 있었다.

와산 엄낭굴왓 철산이도 산신당

    와산 지역 신당을 답사하는 날은 아침부터 비가 내렸다. 번영로로 운전해서 가는데 짙게 깔린 안개로 앞이 제대로 보이지 않아 앞차의 비상등을 신호 삼아 가야 할 정도였다. 와산의 첫 답사지는 '조천읍 와산리 4번지'에 위치한 '엄낭굴왓 철산이도 산신당'이다. 철산이도 산신당은 사냥과 목축신인 '눈미 철산이도 산신또'를 모시는 당이라 한다.
    우산을 쓰고 비옷을 입고 걷는 당올레! 힘든 답사길이 될 거라는 예상을 깨고 화창한 날보다 더 상쾌하고 아늑한 분위기를 즐길 수 있었다. 안개비에 씻긴 오월의 들녘은 참으로 싱그러웠다. 차 한 대 지나가지 않는 오솔길을 걸으며 길 양 옆에 피어 있는 들꽃을 구경하고, 나무에 대해서 박학다식한 회원의 설명을 듣는 행운도 누렸다. 걷는 것이 어찌나 즐겁고 상쾌한지 목적지에 도착했는지도 모를 정도였다.
    앞서 걷던 답사팀장이 이제 다 왔다고 신당으로 들어가는 당올레를 가리켰는데, 그냥 잡목이 우거진 숲으로 보여 신당으로 들어가는 입구인지 아닌지 잘 구분이 되지 않았다. 그런데 신화연구소 부소장님이기도 한 답사팀장님은 주변 경관이나 분위기를 보면 그곳에 신당이 있다는 것을 알 수 있다고 했다. 예민한 감각이 남다른 분이라는 생각이 들었다.
    제주에서는 그런 사람에게 '태웠다'고 말한다. 타고났다는 의미이다. 뒤에 소개되는 '양씨아미 본풀이'에서 친구들이 양씨아미에게 "넌 심방 태웠져."라고 말하는 대목이 있다. 심방(무당)이 될 수 있는 자질을 타

호미로 나뭇가지를 쳐내며 길을 다듬고 안으로 들어가자 지전물색이 걸린 나무와 돌무더기가 있는 철산이도 산신당이 나타났다. 당울타리도 없고 제단도 따로 마련하지 않은 소박한 당이었다. 지전물색이 있어 신당임을 알 수 있는 정도랄까. 신목은 쥐똥나무인데 그다지 크거나 우람하지는 않았다. 오히려 이곳은 궤가 더 시선을 사로잡았다.

산신당의 궤와 지전물색.

고났다고 하는 말이다.

호미로 나뭇가지를 쳐내며 길을 다듬고 안으로 들어가자 지전물색이 걸린 나무와 돌무더기가 있는 철산이도 산신당이 나타났다. 당울타리도 없고 제단도 따로 마련하지 않은 소박한 당이었다. 지전물색이 있어 신당임을 알 수 있는 정도랄까. 신목은 쥐똥나무인데 그다지 크거나 우람하지는 않았다. 오히려 이곳은 궤가 더 시선을 사로잡았다.

'궤'는 제주도에서 세 가지 의미로 쓰인다. 큰 동굴을 말하기도 하고, 바위 아래 작은 구멍을 뜻하기도 하며, 신의 옷이나 무점구 등을 담아 보관하는 '함'을 의미하기도 한다. 문무병 박사님은, 제주 사람들이 궤에 신(神)이 머문다고 생각해서 제를 지내고 난 뒤 이곳에 음식을 집어넣기도 한다고 설명하셨다. 얘기를 듣고 보니 이곳은 신목보다는 궤가 더 숭배의 대상이 되지 않았나 하는 생각이 들었다.

쥐똥나무에 걸린 지전물색의 빛깔이 선명한 것으로 보아 아직도 사람들이 계속 드나들며 신을 모시는 산신당이라는 걸 알 수 있었다. 본향당이 마을 전체적으로 굿을 하고 신을 모시는 당이라면, 사냥이나 목축을 하는 개인이나 한 집안에서 모시는 당이 산신당이다. 그러니까 철산이도 산신당은 마을의 일부 세력이 드나드는 신당인 셈이다.

철산이도 산신당에서 나와 다음 답사지인 와산 웃당 불돗당으로 향했다. 불돗당으로 가는 당올레 역시 산신당 올레 못지않게 아름다웠다.

와산 본향당 웃당 불돗당

　와산리 본향당인 불돗당의 주소지는 '조천읍 와산리 26'으로 되어 있다. 마을에서 선인동 쪽으로 방향을 튼 뒤 오른쪽 골목으로 올라가는 방향이었다. 불돗당으로 가는 길은 사방이 푸르른 들길이었다. 길 한쪽에는 밭들이 이어지고, 다른 한쪽에는 초원지대가 펼쳐졌다. 마을에서 벗어난 지 얼마 되지 않은 것 같은데, 계속해서 이어지는 드넓은 벌판을 보며 제주도가 이렇게 넓은 곳인가 하는 생각이 절로 들었다.

　펼쳐진 풀밭도 예뻤지만 가운데 서 있는 나무가 어찌나 모양이 예쁘던지 그냥 지나칠 수 없었다. 가까이서 보고 싶은 충동에 돌담을 뛰어넘어 푸른 풀밭을 가로질렀다. 가까이 가서 본 나무는 정말 훌륭했다. 밭 한가운데 쌓아놓은 돌무더기를 제주에서는 '머들'이라고 하는데, 머들처럼 돌들을 쌓아놓은 곳 중심에 나무가 이렇게 아름답게 잘 자라다니! 이건 자연의 작품일까 아니면 누군가 일부러 이렇게 다듬은 예술일까? 우리는 멋있는 나무를 배경으로 사진도 찍고, 푸른 풀밭을 거닐어 보기도 했다.

　와산에 있는 당 가운데 불돗당과 베락당이 본향당이라 한다. 본향당은 마을 사람들의 태를 묻은 땅을 지켜주는 신(神)이 사는 곳이다. 이 신을 토주관(土主官) 또는 본향당신이라고 하는데, 제주 사람들은 본향당신을 땅을 인연으로 한 조상 즉 지연조상(地緣祖上)이라 여긴다. 또한 본향당신은 마을의 수호신으로 마을 주민의 생산 활동과 삶과 죽음, 질병과 재난을 관장한다.

불돗당으로 가는 길.

　원래 불돗당은 와산리 이장님이 안내해 주기로 했다. 왜냐하면 평소 본향당의 문을 잠가 놓고 있기 때문이다. 그런데 아침부터 비가 내리자 답사가 취소될 거라고 생각하셨는지 이장님은 다른 곳으로 출타하시고 없었다. 그래도 그냥 돌아갈 수 없어 울타리를 빙빙 돌다가 낮은 담장을 넘어 안으로 들어가 문을 열었다. 그래서 마침내 거대한 신목을 볼 수 있었다. 그러나 불도할망을 나타내는 미륵돌은 끝내 보지 못했다. 미륵돌이 들어 있는 건물에 다시 튼튼한 자물쇠를 채워놓았기 때문이다.

　문무병 박사님은 신목을 우주목이라고 한다고 말씀하셨다. 신이 이 나무를 타고 하늘에서 내려온다는 의미를 지니기 때문이란다. 불돗당 신목을 보니 정말 우주로 연결된 것처럼 그 위용이 대단했다. 철재 기둥으로 가지를 받쳐야 할 정도로 세월의 무게가 엄청난 만녕폭낭이었다.

불돗당은 아이를 점지해 주고 건강하게 자라도록 보살펴주는 불도할망을 모신 당이다. 주로 7일에 가는 이레당인데, 사람들은 초이레, 열이레, 스무이레날 당에 가서 정성을 올린다고 한다. 보통은 초이레(7일)에 당에 가는데, 일이 있어서 못 가게 되면 열이레(17일)에 간다. 그리고 두 날짜에도 부득이한 일이 있을 때만 스무이레(27일)에 간다고 한다.

신도 인간을 기다린다는 말이 있었다. 심방의 입을 통해서 드러난 신의 마음은 이렇다.

"불도할망은 초일뤠에 자손들이 당연히 올 줄 알고 정좌해서 기다리주. 경헌디 초일뤠가 넘어가도 자손들이 오지 않으면 이제나 저제나 하면서 일어서서 담 밖을 내다보는 거라. 열일뤠가 넘어가고 스무일뤠가 다 와가도 자손들이 오지 않으면 당신(堂神)은 화가 나서 탁 드러누워 부러. 당신이 '이것들 봐라. 어디 두고 보자!' 하면서 벼른단 말이주."

불돗당의 당신은 별공주아기씨이다. 처음 불돗당 본풀이를 접했을 때 제주 토박이인 나조차도 읽는 내내 뜻풀이를 봐야 할 정도로 낯선 말들이 많았다. 그래서 내 나름대로 고치고 다듬은 본풀이를 소개해 보려고 한다. 요즘 쓰는 말로 고치느라 우리 할머니들이 쓰는 구수한 말들이 많이 사라졌지만 대화만큼은 제주어의 맛을 살려보려고 했다.

불돗당 본풀이

　옥황상제 셋째 딸 별공주님은 인간 세상으로 내려오는 걸 좋아했다. 하루는 인간 세상으로 내려와 이곳저곳 구경하고 다니다가 나락(벼)이 잘 여물어 있는 논밭을 지나게 되었다.

　옥황상제는 하늘의 신들에게 인간의 음식을 먹지 못하도록 금했다. 그러나 옥황상제의 막내 딸은 아버지의 말을 거역하고 나락을 한 줌 뜯어 맛을 보고 말았다. 이를 안 옥황상제가 크게 노하여 셋째 딸을 인간 세상으로 귀양을 보내라고 명령했다.

　하늘옥황에서 쫓겨난 별공주님은 진녹색 저고리에 연반물 치마를 입고 외코 접은 백복버선, 새 그려 새참빗, 용 그려 용얼레기로 쉰흔 다섯 자 머리를 허울허울 빗어놓고 꽃댕기 드리워 인간 땅에 내려왔다. 인간 세상 눈미 와산 당오름으로 내려선 별공주님은 사방을 둘러보았다. 단풍이 곱게 물든 나무들이 볼 만했고 아래쪽 샘물도 맑아 마음에 들었다.

　별공주님은 이곳에 좌정하기로 결정하고는 어느 자손을 상단골을 삼아 섬김을 받아볼까 하고 짚어 보았다.

　저 내생이(와산리) 묵은가름(마을 이름)에 사는
　김향장 집 따님이 출가하여 이십이 넘고

삼십 서른이 넘고, 사십 마흔이 넘어가도
남녀 간의 대를 이을 아이가 없구나.
논밭도 많고 마소도 많고
남부러울 것 없이 유복하게 살암져마는
후세를 이을 자손이 없어 탄식햄구나.

별공주님은 김향장 집 따님의 꿈에 나타나 계시를 주었다.
"너는 열다섯 십오세 넘고 출가를 해서 넓은 밭에 마소도 많다마는 부부 사이에 아기가 없어 탄식햄구나. 너 내일 아침에 저 당오름 중허리에 올라가 보라. 거기에 석상 미륵이 이실거난 쌀로 밥을 쪄 마련허고, 백시루 떡에 계란 안주, 미나리 채소, 청감주를 차려 와서 수륙재(아이 낳기를 비는 제) 올리라. 경허민 석 달 열흘 백일이 되기 전에 알아볼 도리가 이실 거여."

슬하에 아기가 없어 하루하루 탄식하며 지내던 김향장 집 따님은 꿈에서 깨자마자 이건 예사 꿈이 아니라는 생각이 들었다. 그래서 서둘러 음식을 장만하기 시작했다. 꿈에서 들은 대로 백시루떡, 미나리 청근채, 계란 안주 청감주를 정성으로 장만하고 당오름으로 갔다. 당오름 중허리를 돌다 보니 정말로 난데없는 석상보살 미륵이 있었다. 김향장 따님은 마음을 가다듬고 정성을 다해 음식을 올려 제를 지냈다.

그렇게 제를 지내고 돌아온 지 석 달 열흘이 못 되어 정말로 아기가 들어섰다. 한 달 두 달 넘고, 아홉 달 열 달이 되어 해산일이 다가오니 고마운 마음을 전하고 싶어졌다. 그래서 또다시 음식을 정성으로 장만하여 당오름으로 올라갔다.

제물을 구덕에 담아 등에 지고 당오름으로 오르려 하니 앞동산은 높고 뒷동산은 얕아서 만삭의 몸이라 여간 힘든 게 아니었다. 그래서 두 손 두 발로 간신히 기어 올라가야 했다.

김향장 따님은 제를 지내고 내려오면서 별공주님께 청을 드렸다.

"한집님아, 올라오젠 허난 앞동산은 높아 뵈고 뒷동산은 얕아 보여 간신히 기다시피 올라와수다. 영 올라오기가 힘드난 요만큼만 내려왕 좌정해 줍서. 경허민 우리 자손들도 다니는 데 못 견디지 않을 게 아니우꽈?"

그날 밤, 벼락천둥이 치며 굵은 빗발이 쏟아지기 시작했다. 하늘과 땅이 맞붙게 억수같이 비가 내리더니 우르릉 쿵쾅 무시무시한 소리가 마을을 흔들었다.

다음날 아침, 언제 그랬느냐 싶게 날이 맑게 개었다. 김향장 따님은 무슨 일이 있었나 싶어 부지런히 당오름으로 가보았다. 가서 보니 미륵돌이 아래로 내려와 있었다.

"한집님아, 소원을 들어줘 고맙수다. 고맙수다."

거듭 고맙다고 머리를 조아린 후 집으로 돌아왔다.

부인은 얼마 후 생남을 했다. 하도 기쁘고 고마운 김에 또 제물을 차려서 치제하러 올라갔다. 이번엔 꼭대기까지 올라가지 않아 퍽 수월했다. 그래도 한집님이 마을 가까이 더 내려오시면 좋을 것 같았다.

제를 지내고 나서 다시 간청을 했다.

"한집님, 이왕이면 더 평평한 데로 내려와 좌정해 줍서. 경허민 일만 자손이 조상님으로 위하도록 허쿠다."

이렇게 축원을 드리고 내려왔다. 뒷날 다시 가보았더니, 바위는 마을 가까이 고장남밭 팽나무 아래로 내려와 좌정해 있었다.

"아이고, 한집님, 고맙수다. 앞으로 제가 단골이 되어 정성으로 모시쿠다."

김향장 따님은 눈미 와산의 상단골이 되었고, 3월 13일 대제일로 하여, 마을 사람들이 정성을 올렸다. 이렇게 정성을 드리면 귀한 집안에 자손들도 자식을 점지해 주고 태어난 자식 별 탈 없이 잘 클 수 있게 해주었다.

와산리 본향당 불돗당 미륵돌.

불도땅은 어머니의 태에서 나온 아기가 15세 될 때까지 삼승할망(불도할망)이 키워주는 곳이다. 그래서 불도땅은 이승과 저승의 경계점에 있다고 한다. 15세가 지나야 완전히 산목숨이라 할 수 있기 때문이다.

같은 본향당이지만 알당 베락당이 차츰 사람들 발길이 끊어졌음에 비해 웃당 불돗당은 지금도 해마다 당굿이 행해질 뿐만 아니라, 여성들이 자손 번성을 위해 자주 찾아 제를 지낸다고 한다. 해마다 웃당 불돗당에서 음력 3월 13일과 7월 7일에는 마을제인 당굿이 행해지는데, 베락당에서는 당굿이 따로 열리지 않는 것이다. 와산의 매인심방은, 불돗당에서 당굿을 할 때 심방이 알당 베락당에 대해 언급하는 것으로 대신한다고 말했다.

하늘에서 떨어졌다는 와산리 불돗당의 미륵돌은 여자의 자궁을 의미하는 음석(陰石)이라고 한다. 곡식을 먹는 미식신(米食神)이며 아이를 점지해 주고 잘 크도록 보살펴주는 역할을 한다고 한다. 미륵돌은 가로 2미터, 높이 1.5미터, 두께 2미터 정도 되는 크기의 반석이라 하는데, 아쉽게도 들여다 볼 수 없어 사진 자료를 참고할 수밖에 없었다.

불돗당에서 나와 당오름 바로 아래 있다는 당샘으로 갔다. 당으로 들어갈 때 지나친 곳이었지만 샘이라는 걸 알아차리지 못할 만큼 물이 말라 있었다. 그래도 이곳이 당샘인 만큼 주변 정리를 잘해서 샘물이 솟아나는 곳이라는 걸 알 수 있게 했으면 좋겠다는 생각이 들었다.

본향당 알당 베락당

세 번째 답사지는 '와산리 694-1'에 위치한 와산본향당 베락당이다. 이름도 무시무시한 베락당! 이 베락당에 전해지는 당신화인 베락당 본풀이는 그 내용이 참으로 기발하고 재미있었다. 벼락장군을 모신 당은 어떤 모습일까 하는 기대로 마음을 설레게 하는 이야기이다.

베락당 본풀이

 옛날 송씨 할머니가 큰딸을 데리고 '거믄땅밭'에 검질(잡초)을 매러 갔다. 송씨 할머니는 점심 때가 되어 먹쿠실나무 아래서 점심밥을 먹다가 딸에게 말했다.
 "큰년아, 나 귓속 좀 보라. 가랑니가 기어감신디사 근질근질허다."
 딸이 어머니의 귓속을 들여다보니 가랑니는 없고 귓밥이 가득했다.
 "어머니, 귓속에 귓밥이 소빡 들어차수다."
 "경허냐? 귓밥을 내어보라."
 딸이 가는 나뭇가지 꺾어 귓밥을 빼내려다 그만 귀청을 건드려버렸다. 송씨 할머니가 발칵 화를 냈다.
 "이년 난 것, 저년 난 것, 도둑년 같은 년, 지 어멍 죽으라고 귀청 쑤시는 년이 어디 이시냐? 이 베락 맞아 죽을 년!"
 송씨가 발칵 화를 내며 소리를 바락 질렀는데, 어느 사이에 벼락장군이 내려와 벼락을 쳐버렸다. 그러자 순식간에 큰딸이 까맣게 타버렸다.
 송씨 할머니가 놀라 까무러쳤다.
 "아이고, 아이고. 이거 무신 일이라. 백두 대낮에 이거 무신 일이라!"
 송씨 할머니는 두 이레 열나흘을 대성통곡 하면서 하늘을 원망했다.
 "맹천 같은 하늘님아! 그만씩 말한 것에 죄 없는 백성을 벼락 쳐 죽이는 법이 어디 이수과? 빨리 우리 딸 살려냅서!"
 송씨 할머니가 땅을 치며 대성통곡 하니 그 소리가 옥황상제의 귀에까지 올라갔다.
 옥황상제가 무슨 일인가 하고 인간 땅을 굽어보았는데 정말로 벼락장군이 죄 없는 백성을 죽여 이 사단을 만들었다는 걸 알게 되었다. 옥황상제는 화가 나서 벼락장군한테서 벼락 몽둥이도 걷어 가고, 벼락줄도 걷어 가고, 벼락방석도 걷어 가버렸다.
 그러자 벼락장군, 벼락사자는 하늘옥황으로 올라가지 못하는 신세가 되고 말았다. 그래서 이리 가서 허위 둘러보고 저리 가서 허위 둘러보며 인간 세상에 좌정할 곳을 찾아 헤매고 다녔다. 그런데 벼락장군이 지나가는 자리마다 우르릉 쾅쾅 소리가 나면서 불이 확확 일어났다. 이쪽으로 우르르 지나가면 불이 훽 일어나고, 저쪽으로 우르르 달려가면 또 거기에 불이 훽훽 일어나니 사방이 온통 불바다가 된 것이다.
 눈미 와산 마을 자손들은 야단이 났다.
 "아이고, 큰일 났져. 빨리 벼락장군님을 모셔다가 어디든 좌정시켜 사주 이거 잘못허민 마을이 몽땅 불타 없어지키여!"
 "우선 한집님 옆으로 모셔오게 마씸."
 마을 자손들이 벼락장군님을 한집님 옆에 좌정하게 했다.
 그러자 마을에는 더 큰일이 벌어졌다. 하루도 상을 치르지 않는 날이 없을 정도로 마을 어른들이 탕탕 쓰러져 죽어갔던 것이다. 자손들은 이게 무슨 일인가 하고 신당에 와서 굿을 하며 신을 위로했다.
 "무슨 연유인지는 모르쿠다마는 노여움 푸시고 용서해 주십서."
 굿하고 돌아간 날 밤에 상단골 마을 어른의 꿈에 별공주님인 한집님이 나타나 말을 했다.

인간 사이에도 남녀 간의 구별이 있고
비록 귀신일지라도 남녀 간에 구별이 이신디
어찌 나영 벼락장군을 한 좌석에 놓았느냐?
끄을음 내가 탕천하여 견딜 수가 없구나!
어서 벼락장군을 다른 곳으로 내치라!

그제야 마을 사람들은 벼락장군을 마을 동쪽 만년폭낭 아래로 좌정케 했다. 그리고 정월 초여드레를 과세문안 대제일(신에게 세배 드리는 의식)로 하고, 칠월 초여드레에 마불림제(말의 번성을 기원하는 제)를 올리게 되었다.

불돗당과 철산이도 산신당으로 가는 당올레를 걸으며 시간을 지체한 나머지 베락당에는 근처까지 차로 이동하기로 했다. 베락당으로 가는 당올레를 찾지 못해 골목길을 한 바퀴 더 돈 끝에 베락당 바로 앞에 다다를 수 있었다. 차에서 내리는 순간 베락당의 위압적인 풍경에 다들 놀랐는지 탄성이 여기저기서 터져 나왔다. 우람하게 하늘로 뻗어 오른 나뭇가지는 정말 만년폭낭의 위엄 그 자체였다.

안으로 들어가 본 신목의 모습은 더 어마어마했다. 불끈불끈 힘이 넘치는 폭낭의 가지들이 위로 뻗어 올라 하늘을 가리고 있었다. 얼마나 오랜 세월을 저렇게 버티고 서 있었을까. 신목의 몸통에는 덩굴들과 가녀린 나무들이 달라붙어 있었는데, 같이 하늘로 오르고 싶다는 간절함에 꿈틀거리며 기어오르고, 만년폭낭은 그 간절함을 모두 받아 안고 있었다. 그 어마어마한 모습에 압도당한 우리들은 감탄사를 연발하는 것 외에 다른 말을 쉬 꺼내지 못했다.

그런데 다른 신당과는 달리 이곳에는 제단도 없었고 지전물색도 없었다. 일행 중 한 분이 이곳이 신당이라고 할 수 있는 표지가 하나도 없는데 신당이라고 할 수 있냐고 고개를 갸우뚱거릴 정도였다. 하긴 신당 주변에 당올레도 따로 없이 밭으로 둘러싸여 있는 것만 봐도 신당으로서의 기능이 거의 상실된 것 같기도 했다.

문무병 박사님은, 이곳이 무서운 벼락장군을 모신 당이어서 사람들의 발길이 차츰 끊어졌을 거라고 하신다. 잘못하면 벌을 주는 베락당이기 때문에 두려움을 갖게 되어 쉽게 찾지 못한다는 것이다.

불돗당이 자손 번성과 관련 있는 당이어서 여성들이 자주 발걸음을 했던 것에 비해 이곳은 수렵과 목축신이 좌정한 곳이어서 사냥꾼이 오고 가며 가끔 들렀던 당이다. 사냥을 많이 하던 시절에는 사냥꾼들이 자주 들렀겠지만 사람들이 농사를 지으며 정착 생활을 하게 되면서 수렵신을 모신 당을 찾지 않게 된 것도 차츰 발길이 끊어진 이유가 되었다는 것이다.

베락당을 마지막으로 와산 당올레 기행을 마무리했다. 그런데 베락당 올레를 제대로 걷지 못한 것이 못내 아쉬웠다. 철산이도 산신당 올레와 불돗당 올레에서 맛보았던 감흥을 이곳에서도 느끼고 싶었기 때문이다. 베락당을 나오면서 기회를 만들어 꼭 다시 와보리라 마음먹었다.

다시 찾은 와산리

아침부터 겨울을 앞당기는 비가 제법 세차게 내리던 날 다시 와산을 찾았다. 혼자서 베락당 올레와 마을길을 걸어보기 위해서였다. 다 같이 답사하는 날에는 목적지로 바로 직행하기 때문에 신당의 풍경은 마을과 따로 놀았다. 마치 수학여행으로 경주를 다녀왔지만 불국사만 떠오르지 경주라는 도시는 도무지 그려지지 않는 것처럼 말이다.

중산간동로로 운전하고 가다가 와산리 사무소에서 우회전하자 마을길과 함께 베락당으로 가는 당올레가 나왔다. 베락당의 위치를 확인한 다음 큰길가에 차를 주차했다. 베락당은 와산리 사무소에서도 얼마 떨어지지 않은 곳에 위치하고 있었다.

집들 사이 좁은 골목길로 들어서니 몇 걸음 걷지도 않았는데 곧 인가가 끊어지고 푸르른 풍경이 펼쳐졌다. 베락당으로 가는 올레길은 노란 귤들이 가득 달려 있는 과수원길이기도 했다. 방풍림으로 조성된 삼나무에는 새들이 지저귀는 소리가 가득했다. 비를 피해 나뭇가지 속에 깃들어 있던 새들이 개어가는 하늘을 보며 날갯짓을 하고 싶어 조바심이 나는 모양이다.

노랗게 빛나는 귤들을 바라보며 천천히 걸어가는데 불쑥 베락당의 팽나무가 모습을 드러냈다. 여전히 위용을 뽐내며 단번에 시선을 사로잡는 무시무시한 모습으로 그렇게 나의 발길을 지켜보고 있었던 것이다.

11월 베락당의 풍경은 확실히 봄에 봤던 풍경과는 많이 달랐다. 그때는 수풀 속에 반쯤은 가려진 모습이었는데, 지금은 신목의 몸체가 길에서도 그대로 드러나 보였다. 초겨울 찬바람에 무성하던 덩굴들도 다 말라버렸는지 가려줄 울타리 하나 없이 서 있는 모습은 조금 스산해 보였다. 그래도 벼락장군의 기개만은 여전하다는 듯 가지마다 불끈불끈 힘을 싣고 있었다.

베락당에서 나와 걸어가는데, 내 눈길은 길 양 옆에 널려 있는 돌들에 꽂힌다. 가까이 화산지대에 형성된 숲인 '곶자왈 동백동산'이 있는지라 길가에 있는 돌들도 모양이 예사롭지 않다. 하나같이 생긴 모습들이 개성이 넘치고 멋있었다.

문득 황현산의 산문집 『밤이 선생이다』에서 본 구절이 떠올랐다. "그 무심한 돌들은 거기에 지긋하게 눈길을 주는 사람을 만나면 그 마음을 타고 물이 되어 흘러나온다." 아무렇게나 쌓여 있던 돌들은 누군가의

밭으로 둘러싸인 베락당(왼쪽 위). 베락당의 신목 만년폭낭(오른쪽 위). 베락당으로 가는 당올레(왼쪽 가운데). 초겨울의 베락당 만년폭낭(오른쪽 가운데). 박물관에서나 볼 수 있는 화산탄을 울타리 위로 올려놓았다(왼쪽 아래).

눈길을 받으면 물이 되고, 이야기가 되고, 예술이 되기도 하는 것이다. 제주의 돌들이 딱 그렇다.

이런 화산석들을 이용해서 멋있게 마당을 꾸며놓은 집들이 눈에 띄었다. 박물관 마당에 가져다 놓아도 될 정도로 훌륭한 화산석들이 가정집 마당을 장식하고 있는 것이다.

불돗당을 차로라도 한 번 둘러보리라 생각하면서 오솔길을 올라가는데, 어쩐지 풍경이 많이 삭막해졌다는 느낌이 들었다. 그러고 보니 초원지대는 찬바람에 누렇게 말라버렸고, 우리를 매혹시켰던 예쁜 나무는 지난 태풍에 옆으로 넘어져 있었다.

무엇보다도 풍경을 삭막하게 만든 것은 공사 현장이었다. 당오름 근처의 너른 밭에서는 '타운하우스'를 건설한다는 안내 표지판과 함께 터 고르기를 하고 있었던 것이다. 어떻게 마을에서도 한참 올라온 중산간 오름 근처에 건축 허가가 난단 말인가. 공사 표지판을 보면서 내 마음은 상처 입은 것처럼 어두워졌다.

제주도의 신당들은 주로 은밀하고 청정한 곳에 위치해 있는 것이 특징이다. 그래서 고요하고 한적한 당올레를 천천히 걸어가면서 찌들었던 마음을 가다듬을 수 있는 것이 매력이다. 그런 당올레가 주택가가 되게 생겼다. 땅값 상승, 개발 열풍, 몰려드는 관광객들……. 이런 문제들이 조용한 마을 와산에까지 밀려들고 있다. 제주도 전통 문화 보전을 위하여 와산을 신화 마을로 지정하고, 본향당 일대를 보호하는 시책을 마련하는 게 절실하다는 생각이 들었다.

와산의 조상 본풀이

고전적 조상 본풀이

옛날 고전적 할아버지는 어려서부터 그렇게 영특할 수가 없었다 한다. 이목구비 또렷하고, 눈에 총기가 서려 있는 게 얼굴은 관옥이요 노는 것은 글발이라 모두들 한 인물 났다고 입을 모았다. 일곱 살이 되면서 서당에 글 공부를 하러 갔는데, 선생님이 하늘 천을 읽으면 고전적은 땅 지를 먼저 읽는 것이, 읽는 것도 장원이요 쓰는 것도 장원이라 했다.

고전적 나이 열다섯이 지나고 스물이 가까워지면서 혼인을 하여 곱디고운 딸아기를 하나 얻었다.

어느 날 서울 상시관에서 과거 보러 오라는 방이 붙었다. 고전적은 과거 시험을 보기 위해 한양으로 올라가야 했다. 그래서 예촌 양좌수 댁과 딸아기를 구덕혼사(요람인 아기 구덕에 눕혀 흔들던 아기 때 부모끼리 사돈을 맺어 혼인을 시키는 것)를 시켜놓고 한양으로 길을 떠났다.

과거 등당 올라간다. 삼천 선비 모여든다.
동헌 앞에 모여앉아 과거 시험 글제 받아
일필휘지 장원 글발에 이름 석 자 부르는구나.

고전적은 당당히 과거 급제를 하고 벼슬을 살게 되었다. 첫 벼슬은 내직(內職), 두 번째는 외직(外職), 세 번째는 참의참관, 네 번째는 전적(典籍) 벼슬, 다섯째는 현감(縣監) 벼슬을 살았다.

고전적이 장의현감을 다 살고 나서는 제주섬으로 내려오려고 채비를 했다. 그런데, 벼슬을 하면서 선덕을 베풀었는지라 백성들이 고전적을 붙들고 놔주지 않았다. 하나뿐인 딸아기도 보고 싶고 해서 서둘러 제주섬으로 내려가려 했으나 백성들의 간청을 뿌리칠 수 없어 삼 년을 더 살아야 했다.

그렇게 벼슬을 마치고 나서 떠나려 하니 이번에는 고전적을 연모하던 한양일월이 붙들었다.

"나으리, 가지 마옵소서. 한양에서 나영 백년해로 합시다."

"안 될 말이여. 고향에 부모님 연로하시고, 부인이영 단딸아기도 나 하나만 기다리는데 어찌 한양에 눌러앉아 살 수 이시커냐?"

한양일월이 고전적의 소매를 붙들고 눈물을 흘렸다.

"나으리, 그러면 이 몸도 데려가 주소서."

고전적이 냉정하게 뿌리쳤다.

"그건 더욱 안 될 말이여. 제주절도가 어디라고 쫓아오젠 햄시냐?"

고전적이 뒤도 안 돌아보고 그렇게 떠나버리자 한양일월은 가슴에 한을 품은 채 쓰러지고 말았다.

고전적은 하루라도 빨리 단딸아기도 보고 싶고 고향땅도 그리워 제주섬으로 발길을 재촉했다.

와라차라 내려간다. 영암 덕진 다와간다.
제주절도 무사귀환 정성으로 제올린다.
산신당에 제올리고 해신당에 제올려라.
높이 떴다 청일산이여 높이 떴다 흑일산이여
삼만관속 거느리고 제주절도 돌아간다

고전적 일행이 영암 덕진다리에 다가왔을 때이다. 열일고여덟쯤으로 보이는 어여쁜 아기씨가 머리에 오색 상자를 이고 앞을 가로막았다.

고전적이 얼굴을 찌푸리며 호령을 했다.

"웬 여자가 남자 행차하는데 길카름햄시냐(길을 막느냐)? 여자라고 하는 것은 꿈에만 보여도 재수가 없거늘, 속히 심어(잡아) 드리라!"

머슴들이 잡으러 달려가자 아기씨가 고전적을 힐끗 쳐다보고는 소나무 밭으로 호로록 기어 들어가 버렸다. 순간 고전적은 한양일월을 본 것 같아 가슴이 철렁했다.

'한양일월이 여기까지 쫓아올 리 없는디. 거참 이상한 일이로고……'

머슴들이 소나무밭으로 쫓아 들어가 보니 아기씨는 강간무레 간 데 없고 오색 상자만 덩그러니 놓여 있었다.

"이거 뭔 상자고? 높은 집 아기씨 패물 같은디."

"아무도 보는 사람 없는디, 살짝 열어봅주."

머슴들이 상자를 열어보니, 진녹색 저고리에 연반물 치마, 은비녀 녹비녀, 은가락지 녹가락지, 주홍빛 벌모작(매듭)이 놓여 있었다.

"아이고, 이것들 꽤 값나가는 것들이여."

욕심이 난 머슴들이 눈을 빛내며 소곤소곤 입을 맞추었다.

"야, 이거 우리 현감님 모르게 제주에 가져가면 한 재산 이루겠키여."

"이거 곱졍(숨겨서) 가져가서 나중에 나눠가지주. 경허난 현감님이 알믄 안 되여. 알았지?"

머슴들은 오색 상자를 장옷 속에 숨겨놓고는 고전적한테 돌아왔다. 머슴들은 시치미를 떼고 태연하게 아뢰었다.

"현감님, 소낭밭에 잡으러 가보난 온데 간데 흔적도 어십디다."

"거참, 이상한 일이로고. 분명히 저기 소낭밭으로 들어가신디, 샅샅이 찾아봤겠다?"

"예, 아무리 뒤져봐도 흔적조차 없으니 귀신이 곡할 노릇이우다."
"경허민 할 수 없고, 어서 가자!"

고전적이 포구로 내려와서 배를 띄우려 하니 바람이 거세게 불면서 파도가 뒤집어졌다. 그렇게 거친 바람이 석 달 열흘 그치지 않고 불어대니 파도가 거칠어 도저히 배를 띄울 수 없었다.

고전적은 하도 답답하여 동네에 이름난 장님을 찾아가 점을 쳐 보았다. 점을 치던 맹인이 고개를 저으며 말했다.

"현감님, 입으로 지은 죄가 이수다. 배 아래를 보십서. 배 아래를 뜯어보면 뭔가 놓여 있을 거우다. 그걸 바닥에 띄워 북 장구를 울리면서 제를 지내면 거친 바람 잦아들고 실바람이 불 거우다."

고전적이 포구로 돌아와 친히 배 아래를 뜯어보니, 거기에 오색 상자가 놓여 있는 게 아닌가. 고전적은 오색 상자를 바다에 띄우면서 말했다.

"나영 인연 있는 조상이건 어서 같이 제주절도로 가게 마씸. 경허난 실바람 솔솔 불게 해주십서."

고전적이 닭을 잡아 제물로 올리면서 북과 장구를 치게 했다. 그러자 거친 파도 잦아들고 명주바다에 실바람이 일어났다. 깃발을 올리고 어영차 노를 저으니 배가 쑥쑥 물길을 가르며 제주섬을 향하여 달렸다.

명주바당에 솔솔 실바람 일어난다
깃발을 올려라 제주절도 내려가자
영차 어영차 영차 어영차
닻 올려라 노 저어라
와령 와령(서둘러) 제주절도 내려가자

한편 제주에서는, 아기씨 몸종인 악생이가 대바구니에 빨랫감을 들고 화북포구로 나왔다.

화북 바닷가 금돈지에는 용천수가 흘러나와 물도 마시고 빨래도 하는 그런 곳이 있었다. 악생이가 빨랫감을 바위 위에 놓아두고 먼 바다를 휘둘러보는데 알록달록 예쁜 오색 상자가 두둥실 떠다니고 있었다.

"아이구야, 저건 뭔고 이? 알록달록 곱기도 허다."

악생이는 반짝이는 그 상자를 잡아보려고 팔을 뻗었다. 파도 따라 둥실둥실 밀려나는 바람에 팔이 짧아 상자를 잡을 수가 없었다.

"나영 인연 있는 조상이건 요 앞으로 옵서."

그 말이 끝나기 무섭게 상자가 악생이 앞으로 쑥 밀려오는 게 아닌가. 악생이는 얼른 상자를 잡아 올렸다.

"참말로 알록달록 곱구나! 근디 속에 뭐가 들어 있는고?"

악생이는 얼른 뚜껑을 열어보았다. 진녹색 저고리 연반물 치마가 보였다.

"아유, 곱기도 고와라. 우리 아기씨 입으면 곱닥허키여."

악생이는 빨랫감도 내버려둔 채 치마저고리를 들고 아기씨가 있는 별당으로 달려갔다.

"아기씨, 영 곱닥헌 저고리 치마를 본 적이 어수다. 어서 입어봅서."

아기씨도 예쁜 치마저고리를 보자 좋아서 입이 허우덩싹 벌어졌다. 아기씨는 악생이가 거들어주는 대로 치마저고리를 갈아입었다. 옷을 다 입고 거울에 한 번 비춰보고는 어디 자랑할 데 없나 하면서 밖으로 나가려 하니 갑자기 몸이 오소소 떨려 왔다.

아기씨는 와들와들 몸을 떨면서 이를 닥닥 부딪혔다.

"악생아, 어깨에 청지네가 기어감져. 아이고 등짝으로 흑지네가 기어가는 거 닮다."

아기씨의 눈이 뒤집어지고 입에서는 거품이 뿜어져 나오더니 비명을 지르면서 어디론가 달려나갔다.

"아기씨, 아기씨!"

악생이가 소리를 지르며 아기씨를 찾아 달려갔으나 이내 온 데 간데 없이 행방을 감추었다.

"아이고, 아기씨! 이 무슨 일인고! 어떡허믄 좋아!"

악생이는 혹시나 하고 화북 금돈지로 달려가 보았다. 그런데 화북 금돈지에는 고전적 나으리가 하인 관속을 거느리고 내려와 있는 것이 아닌가.

"아니고, 나으리 오셨구나! 나으리, 제가 죽을 죄를 지어수다."

고전적은 악생이를 보자 반가워 달려왔다.

"악생이 아니냐? 그래 아기씨는 잘 있느냐?"

"나으리, 죽을 죄를 지어수다. 이를 어쩌면 좋으쿠과"

"도대체 무슨 일이냐?"

"다름이 아니오라 아기씨 상전님이 온 데 간 데 없어져수다."

고전적이 펄쩍 뛰었다.

"거 무슨 말이고? 우리 딸아기한테 무슨 일이 이시냐? 혼저(서둘러) 말해 보라."

악생이가 엉엉 울면서 자초지종 아뢰었다.

"게난예, 제가 저기 바당에서 오색 상자 그러니까 그 속에 있는 치마 저고리를 봉가당(주워서) 그걸 아기씨한테 입혀드려신디 그만 아기씨가 실언광증 되어수다."

"이런 죽일 년이 이시냐. 당장 아기씨를 찾아오라. 아니 찾아오면 청댓잎에 목 걸려 죽을 줄 알라."

악생이는 비새(悲鳥)처럼 울면서 아기씨 상전을 찾아 돌아다니기 시작했다. 그러다가 문득 시댁에나 갔는가 하여 예촌 양좌수 댁으로 달려갔다.

마침 같이 한 방 썼던 하녀 느진덕정하님이 문 밖으로 나서고 있었다.

"혹시 여기 우리 아기씨 상전님이 안 와서냐?"

느진덕정하님이 고개를 휘휘 저으면서 대답했다.
"아이고, 말도 말라 야. 어둑어둑 노을이 진 후에 올레에 있는 늙은 동백낭 아래로 피리 소리 구슬프게 흘러나오는 거라. 경허연 그 소리를 좇아 가보난 아기씨가 옷은 갈기갈기 다 찢어지고 온몸에 피가 낭자하니 흘러내리는 채 서 있는데 난 귀신이 나온 줄 알고 심장이 떨어지는 줄 알았져. 경허연 아기씨를 붙들어다가 목욕시키고 옷을 갈아입혀시녜. 경헌디 머슴들이 밭에 일하러 가는데 그만 좇아가부렀져."
악생이의 입이 바짝바짝 타들어갔다.
"아이고, 어떵허코? 어느 밭으로 가신지 골아줘(말해줘). 아기씨 못 찾으면 난 죽은 목숨이여."
"경허난 요기로 해서 저리 가보면 있어. 혼저(어서) 가보라."
거의 실성한 모양으로 허둥대며 악생이는 느진덕정하님이 가르쳐준 곳으로 달려갔다.
악생이가 상전집 논밭으로 달려가 보니, 아닌 게 아니라 아기씨가 거기 있었다. 그런데 아기씨는 정말로 미쳤는지 은결같이 고운 팔뚝을 걷어 올리고 정강이를 내놓은 채 이리 참방 저리 참방 물장난을 치며 헤헤 웃고 있는 것이 아닌가.
"아이고, 아기씨. 영 허지 맙서. 어서 가게 마씸. 아기씨가 그렇게 기다리고 기다리던 아버님이 와수다."
아기씨는 실실 웃으면서 투정을 했다.
"헤헤, 청가마도 안 보염져. 백가마도 안 보염져. 내가 타고 갈 가마가 안 보염져."
"아기씨, 영 허지 맙서. 제가 업엉 가쿠다. 어서 업읍서."
싫다고 뿌리치는 아기씨를 억지로 업고 끌고 하면서 집으로 데려갔다.
실성한 딸아기를 본 고전적은 억장이 무너졌다. 아기씨는 아버지 보고서도 헛것이 앞을 가리는지 자꾸만 밖으로 내달아나려고 했다. 하는 수 없이 딸을 방 안에 가두고 문을 잠갔다.

　방 안에 갇힌 아기씨는 밥을 주어도 아니 먹고 물을 주어도 먹지 않았다. 하루 이틀 그렇게 지내다 보니 시들시들 말라 갔다.

　고전적의 속도 바짝바짝 타들어 갔다. 참다 못한 고전적이 가물개에 소문난 심방을 찾아가 점을 쳐 보았다. 그러자 점을 치던 심방은 말했다.

　"말하기 죄송허우다마는, 냉정하게 거절해 두고 온 죄 때문이우다. 물거품에 떠 내려온 넉매물색(귀신이 붙은 치마저고리) 입은 탓이우다. 그러니 두 이레 열나흘 굿을 해야 병이 나을 수 이십주."

　고전적이 펄쩍 뛰었다.

　"양반집에 굿이 웬 말이냐?"

　고전적이 굿은 안 된다고 거절하고는 집으로 돌아왔다.

　소문을 들은 일가친척들이 몰려와 고전적을 설득하기 시작했다.

　"현감님아, 어찌 죽음과 삶이 맞설 수 있수과. 우선 사람이 살려야주 마씸. 어서 굿이라도 해서 딸아기를 살립서."

　일가친척이 모두 나서 설득하자 고전적도 마음을 돌렸다. 그래서 가물개 심방 이원신을 불러 굿을 하기 시작했다.

　이원신이 나서서 열나흘 큰 굿을 하기 시작했다. 정성으로 굿을 하던 심방이 말을 했다.

　"굿은 끝나수다만, 현감님아, 제가 죽어도 할 말을 해야쿠다."

　"무슨 말이냐? 해보라."

　"아기씨 상전님이 마당에 내려서 춤을 추어야 병이 나으쿠다."

　고전적이 안 된다고 고개를 홰홰 저었다.

　"양반집 애기한테 춤이 무슨 말이고? 안 될 말이여."

　"경 안허믄 아기씨는 죽습니다."

　고전적이 안 된다고 버티니 다시 일가친척이 나서서 좋은 방안이 있다고 설득하기 시작했다.

"대신 악생이한테 딸아기 옷을 입혀서 춤을 추도록 하면 어떵허코?"
"거 좋은 생각이우다. 경 해봅주마씸."
듣고 섰던 악생이가 비척비척 울기 시작했다.
"아이고, 나가 어떵 심방춤을 춥니까?"
"이년아, 이 사단이 다 너로 인해 생긴 거 아니가? 경허난 너가 대신 짊어질 일이여. 네 년이 살고자 허믄 어서 옷 갈아 입으라."
마지못해 악생이가 심방 옷을 입고 춤을 추기 시작했다.

니나난니 난니야, 니나난니 난니야,
니나난니 난니야 에헤 니나난니를 춤을 춘다.

심방 이원신이 말을 했다.
"현감님아 이 기도가 하늘에 올라 삼일 사일 오일 닷새 칠일 일뤠가 되어 동네 사방 팔방으로 초혼(招魂) 소리가 나건 애기씨 끊어지듯 살아날 줄 알고 초혼 소리가 아니 나건 방문을 열어봅서. 알 도리가 있을 거우다."
심방 이원신이 굿을 끝내고 돌아가고 하루 이틀 칠일 일뤠가 되어도 초혼 소리가 나지 않았다. 기다리던 악생이가 아기씨 방문을 열어보니 아기씨가 새파랗게 죽어 있었다.
악생이가 달려들어 아기씨를 감싸 안았다.

아이구 설운 우리 아기씨
그만 죽어부렀구나
불쌍하게도 죽었구나
아이고 적막하다

악생이가 울부짖다 쓰러지더니 그만 숨이 끊어지고 말았다. 고전적도 죽은 아기씨를 하염없이 바라보다 방으로 들어와 쓰러지듯 눕는다는 게 다시는 일어서지 못했다.

아기씨도 악생이도 고전적도 모두 숨이 끊어졌다는 소식을 들은 심방 이원신은 탄식하며 몸을 부르르 떨더니 그 또한 쓰러져 죽고 말았다.

한 목숨 살리려다 네 목숨 죽었구나
명도암 안테왓 고장난밭에
전생에 팔자 궂은 형제 자손(심방, 즉 무당)은
이 마을 본향(본향당)으로 놀고
장자엣 자손은 일월(조상신)로도 모십네다
큰 굿 하면 큰 밭 사고
작은 굿 하면 작은 밭 사고
일월조상 난산국 신풀어 올렸습니다.

양씨아미 조상 본풀이

양씨아미는 눈미 와산에서 아들 삼형제 아래 막내딸로 태어났다. 양씨아미는 얼굴도 천하일색이요 소리는 명창으로, 얼굴이 곱기도 고왔지만 구성지게 노래도 잘 불렀다.

일고여덟 살이 넘어가면서 동네 아낙들이 모여 망건을 만드는 양태청에 나가 어른들이 노래를 부르라 하면 노래를 부르고 춤을 추라 하면 춤을 추며 놀았다. 배우지 않은 춤과 노래를 어찌나 잘하는지 동네사람들은 손으로는 일하면서도 절로 어깨춤이 나서 시간 가는 줄 몰랐다.

그리 놀다가 양씨아미가 같이 놀던 벗들에게 한 마디씩 했다.

"넌 오늘 집에 가민 아버지한테 욕 들으켜."

"넌 물 길러 강 물대바지 벌르키여(깨지겠네)."

그러면 신기하게도 양씨아미가 말하는 대로 일이 벌어지곤 했다. 그래서 친구들이 이구동성으로 양씨아미한테 말했다.

"야, 넌 소리도 잘하고 점치는 재주도 있으니 심방질 허믄 좋으켜."

"맞아, 우리 어멍이 넌 심방 태웠댄 해라."

양씨아미는 펄쩍 뛰었다.

"말도 말고 어디 강 이르지도 말라. 우리 큰오라버니 알민 큰일 난다."

양씨아미에게는 세 명의 오라비가 있었는데, 아래 두 오라비는 양씨아미의 재주를 아까워하고 사랑했지만 큰오라비는 강단이 세어 누이가 춤추고 노래하는 것을 질색 팔색 싫어했다.

사실 양씨아미는 자꾸만 굿하는 데 가보고 싶고, 심방처럼 춤도 추고 싶었다. 그래서 심방 흉내 내어 타령도 하고 춤도 춰보다가 큰오라버니한테 들켜서 매타작을 받기도 했다.

"양반 집안에 심방이 무슨 말이고? 다시 나 앞에서 심방질 했다간 목 떨어질 줄 알라."

그래도 자꾸만 소리도 하고 싶고 춤도 추고 싶고 해서 마음속에서 확확 불길이 일었다. 하루는 새벽에 당샘에 물 길러 가서 아무도 없는 걸 확인하고는 물허벅을 내려놓고 심방이 추던 춤을 흉내 내며 춤을 추었다. 억새꽃을 꺾어 신칼 삼아 춤을 추다가 물허벅을 두드리고 장단 맞추며 노래도 불렀다. 그랬더니 속에 응어리져 있는 것이 풀리면서 시원했다.

양씨아미가 열다섯이 다 되어갈 즈음 어머니가 세상을 하직하게 되었다. 큰오라비가 무섭게 야단을 치려 할 때마다 감싸주던 어머니였다. 양씨아미는 하늘이 무너지는 듯하고 세상 천하에 고아가 된 듯 무서워 같이 저승으로 따라가고 싶었다. 어머니의 관을 땅 속에 묻으려 하니 양씨아미가 가로막고 몸부림치며 울부짖었다.

"우리 어머니 땅 속에 들어가민 나도 같이 들어가쿠다."

그 모양을 보고 모두들 눈시울을 붉히는데 큰 오라비가 화를 내며 누이동생을 붙잡아 땅바닥으로 밀쳐버렸다.

어머니 집관을 하관해가난
양씨아미 몸부림친다
큰오라방 강단 세어
이년 저년 욕을 허멍
거려밀어불고
어머니 감장을 시켰드라.

어머니 장례가 끝난 후 노늘 김씨 심방을 모셔다가 시왕맞이굿을 하면서 한 맺힌 혼을 위로했다. 굿을 하는데 양씨아미는 심방이 노래하면 노래하는 곳을 쳐다보면서 속으로 따라 부르고, 심방이 춤을 추면 마음속으로 같이 춤을 추면서 어머니의 혼을 위로했다.

굿이 끝나고 심방이 북이며 장구며 무구들을 챙기고 떠나가는데, 양씨 아미도 오라버니 모르게 옷가지를 챙겨가지고 심방들을 따라갔다.

"삼춘, 삼춘. 나도 심방질 배우쿠다. 나한티 심방질 배워줍서."

심방 김씨 선생이 화들짝 놀라면서 양씨아미를 달랬다.

"양씨아미야, 너한테 심방질 시켰다가 네 큰오라방이 알면 우릴 죽이젠 헐거여. 경허난 그냥 돌아가라. 어서!"

김씨 심방이 양씨아미가 따라올까 봐 서둘러 떠나버렸다. 양씨아미는 멍하니 섰다가 발길 닿는 대로 걷기 시작했다. 물장오리 오름으로 태역장오리 오름으로 정신없이 헤매다가 머리카락 풀어헤치고 어욱뻥이(억새꽃) 꺾어 신칼 삼아 시왕맞이굿 열두 다리를 놓으며 질치기 흉내를 내었다.

양씨아미 집에서는 야단이 났다. 갑자기 누이동생이 온 데 간 데 없이 행방을 감추었기 때문이다. 삼형제는 방방곡곡 다니며 동생을 찾아 헤매었다. 그러다가 누군가 오름 쪽으로 가는 걸 봤다는 소리를 듣고 물장오리 태역장오리 쪽으로 올라갔다.

삼형제는 거기서 누이동생을 발견했는데 놀라 자빠질 지경이었다. 양씨아미가 귀신도 아니고 산사람도 아닌 것이 머리 풀어헤친 채 춤을 추고 있었던 것이다. 그걸 본 큰오라비는 화가 솟구쳐 올라 손을 부들부들 떨었다.

작은오라비가 양씨아미를 붙들고 달래며 말했다.

"아이고, 설운 동생아, 혼저(어서) 집에 글라."

큰오라비는 생각 같아서는 당장 요절을 내고 싶었지만 혹시 달아날까 해서 일단 살살 달래기로 했다.

"집에 글라. 경허민 너 소원 들어주마. 혼저 가자."

이렇게 양씨아미를 살살 달래서 집으로 데려갔는데, 집에 도착하자마자 큰오라비는 누이동생을 방 안에 가두고는 통쇠로 문을 잠가 버렸다. 그러고는 식구들을 모두 불러 모으고 선언했다.

"이제부턴 저년한테 물 한 적 밥 한 적 주민 안 된다. 내 말 어기고 지 맘대로 허믄 같이 굶어 죽을 거여!"

큰오라비의 얼굴이 어찌나 무서운지 아무도 입을 열 수 없었다.

어느 누가 물 한 적 밥 한 적 아니 주고
오뉴월 조작볕에 과랑과랑 말라 죽어간다.
콜콜 말라 죽어간다
아이고, 어머님아 날 살려줍서

그러나 둘째 오라비와 셋째 오라비는 사랑하는 누이동생을 그냥 죽게 놔둘 수 없었다. 그래서 큰형님 모르게 대접에 물 떠다가 보리낭께기(보릿대)를 창구멍으로 구멍 뚫어 찔러넣고 물을 한 방울씩 흘려 넣어 주었다.

"설운 동생아, 이 물이라도 빨아 먹엉 목이나 축이라."

방울방울 떨어지는 물에 눈물 섞어 받아먹으면서 양씨아미는 울었다. 두 형제는 소와 말을 보러 들에 나갔다가 산딸기를 따서는 옷 속에 숨에 가지고 와서 몰래 넣어 주기도 했다.

"설운 동생아, 한탈(산딸기)이라도 먹엉 살아나라."

양씨아미는 창문 구멍으로 산딸기를 받아 눈물로 밥을 지어 먹으면서 목숨을 부지했다.

그렇게 방 안에 갇힌 채 목숨을 근근이 이어가고 있는데, 늘 못마땅한 얼굴로 누이가 갇혀 있는 방문을 쳐다보던 큰오라비가 하루는 개 한 마리 잡아 삶아서는 도구리(함지박)에 쏟아부었다. 누군가 개장국을 먹으면 몸이 부정 타서 더 이상 심방질을 하지 못한다는 말을 했기 때문이다.

양씨아미가 동이처럼 웅크리고 앉아 있는데 갑자기 문이 열렸다. 그러자 햇살이 방 안으로 쏟아져 들어왔다. 눈이 부셔 두 손으로 눈을 가렸다.
"이제 그만 밖으로 나오거라."
큰오라비 목소리였다. 양씨아미는 오라비가 살려주는가 하고 기쁜 마음에 휘청이며 마루로 나왔다. 그런데 마당에 있는 도구리가 눈에 들어왔다. 무슨 고기를 삶았는지 김이 모락모락 오르고 있었다. 그걸 보는 순간 숨이 턱 막히는 듯해서 절로 뒷걸음질 쳐졌다.
그러자 큰오라비가 말했다.
"이년아, 이게 네가 먹을 물이여."
양씨아미가 벌벌 떨면서 물었다.
"큰오라버니 이게 무슨 물이우꽈?"
"무슨 물이든 알 것 없고 어서 먹어라."
역한 냄새에 토기가 올라오고 현기증이 나서 쓰러질 것 같았다.
"큰오라버니, 죽으면 죽었지 못 먹으쿠다."
"경허민 이 물로 머리라도 감으라."
양씨아미가 도망치려 몸을 돌리는데 큰오라비가 동생의 머리채를 휘어잡았다. 그러고는 개 삶은 물을 온몸에 들이부어 버리고는 방 안으로 밀쳐 버렸다.

아이고 쉬흔 대자 갑 머리 갈산질산 풀어두고
새파랗게 죽어간다 신오월 스무나흘 날
아이고 어머니 이내 몸은 살려놉서

개장물 벼락을 맞은 양씨아미는 그만 몸을 바들바들 떨면서 몸을 동이처럼 웅크렸다. 둘째와 셋째 오빠가 달려들어 양씨아미를 붙잡았다.

"정신 차리라. 무사 영 햄시냐?"

누이동생을 살려보려고 냉수도 뿌려보고 손발을 주물러보았지만 소용이 없었다. 숨이 끊어진 누이동생을 붙들고 눈물 흘리던 둘째와 셋째는 시신을 방에 눕혀놓고 큰형님께 달려갔다.

"형님, 어떵하난 영 모질게 햄수과? 누이 숨이 끊어져수다."

큰형님이 발칵 화를 냈다.

"그년이 죽은 게 억울하다고 나한테 와서 따졈시냐? 심방질 하는 것보다 차라리 죽는 게 낫다. 썩 물러서지 않으면 너희 놈들도 한 칼에 죽여불키여."

부엌칼을 들고 달려오는 형님이 무서워 둘째와 셋째는 더 이상 말도 못 붙이고 밖으로 도망쳐 나왔다.

큰오라비가 방문을 열어보니 양씨아미가 동이처럼 웅크린 채 죽어 있었다.

문 앞에 누이동생의 치마가 걸려 있었다. 큰오라비는 그 치마를 내려서 열두 폭으로 찢어 누이동생의 시신을 열두 마디로 묶었다. 그러고는 지게에 지어서 눈미 와산 절연이왓에 갔다. 땅을 파서 관에 뚜껑도 닫는 듯 마는 듯 하고는 흙으로 덮었다. 큰오라비는 봉토도 하는 듯 마는 듯 가시덤불로 덮어버리고는 뒤도 안 돌아보고 집으로 내려갔다.

숨어서 보고 있던 둘째와 셋째는 큰형님이 집으로 돌아간 걸 확인한 후에 누이가 묻혀 있는 곳으로 달려갔다.

아이고 설운 동생아, 불쌍도 허다.
어여쁜 얼굴도 썩어가고
구성진 소리도 썩어감구나.
설운 동생아 관이라도 제대로 행
봉토를 올려주마 설운 동생아

부디 좋은 곳으로 먼저 강 이시라.

숨이 끊어진 양씨아미는 저승의 서천꽃밭으로 들어갔다. 서천꽃밭은 마음씨 착한 처녀들이 죽어서 선녀로 태어나 꽃밭에 물을 주는 아름다운 낙원으로, 부정한 사람은 꽃을 키울 수 없는 저승이다.

꽃에 물을 주던 선녀들이 양씨아미를 보고 반가이 맞아주었다.

"아이고, 인간 세상에서 온 처자가 얼굴이 곱기도 곱다."

선녀들은 양씨아미 손을 잡고 꽃밭으로 인도했다. 양씨아미에게 금동이 은동이 내어주고, 꽃을 심은 후 물을 주도록 했다.

하루는 서천꽃밭 꽃감관이 꽃밭을 살펴보는데 양씨아미가 물을 준 꽃밭의 꽃들은 시들어 죽어가고 있었다.

꽃감관은 노발대발 화가 나서 양씨아미를 불러들였다. 양씨아미를 본 꽃감관이 야단을 쳤다.

"어떵허연 너한테서 개고기 노랑내가 남시냐? 그리 부정한 몸으로 서천꽃밭에 함부로 들어왔단 말이냐?"

양씨아미가 울면서 말했다.

"큰오라비가 개장물을 제게 억지로 먹이고 뒤집어 씌워부난 영 돼수다. 제발 용서해 줍서."

"서천꽃밭은 부정한 사람이 와서는 안 될 곳이여. 너는 어서 인간 세상으로 돌아가라."

양씨아미는 삼승할망 지팡이 은주낭 철죽대를 타고 인간 세상으로 통하는 우물로 떨어졌다. 그러나 인간 세상으로 와보니 이미 시체를 파묻어버린 상태였다.

이승도 못 가고 저승도 못 가고
이내 팔자 무사 이축 서러운고

용등머리 동산에 앉아 비새같이 울엄수다

　그때 고전적이 자손들의 조상을 위해 펼치는 굿밭에 대접을 받으러 내려오다가 양씨아미와 마주쳤다.
　양씨아미가 고전적에게 물었다.
　"어디로 가는 현감님이우꽈?"
　"나는 고전적인디 우리 자손들이 굿을 펼치고 있어 대접을 받으러 가는 중이여."
　양씨아미가 고전적을 붙들고 애원했다.
　"저도 같이 따라가면 안 되쿠과? 저는 누구 하나 불러주는 자손도 없이 외로운 몸이우다."
　고전적이 양씨아미를 보며 얼굴을 찌푸렸다.
　"네 몸에서 부정한 냄새가 나는 거 닮안 같이 못 가키여."
　"현감님, 인간 세상에 저의 오라버니 삼형제가 이신디, 저의 큰오라버니가 제게 개장물을 쏟아부어부난 부정 타는 바람에 서천꽃밭에서 쫓겨나 저승도 못 가고 이승도 못 간 영 허염수다."
　고전적은 비새처럼 눈물 흘리는 양씨아미가 측은했다.
　"경허민 팥죽을 먹어서 부정을 씻어내리도록 허자."
　눈미 와산 상단골 고씨 할머니 큰따님이 언뜻 잠이 들었는데, 고전적이 꿈에 나타나 말했다.
　"어진 내 자손아, 너는 얼른 팥죽을 쒀서 당오름 아래로 가지고 오너라. 당샘 옆에 진설해 놓고 정성을 드리면 큰 복을 받을 거여."
　꿈에서 깬 큰딸아기는 서둘러 팥죽을 쒀서 당오름 아래로 갔다. 큰딸아기는 팥죽을 당샘 옆 넓적한 돌 위에 올려놓고 절을 했다. 그러고는 굿하는 곳으로 달려갔다.
　양씨아미는 팥죽을 받아먹고 부정을 씻어내리면서 고씨 할머니 큰

딸아기에게 복을 내려주었다.

　고전적과 양씨아미가 굿청으로 내려왔는데, 고전적은 자손들이 청하여 대접하는데, 양씨아미는 아무도 청하는 자손이 없었다. 양씨아미는 잘 차려진 제상을 보면서도 대접 하나 받을 수 없어 안타까이 서성이다 마침 굿 구경 온 양씨 집 조카를 발견했다. 양씨아미는 잠시 조카의 몸을 빌리기로 했다.

　굿을 구경하던 조카가 갑자기 미친 듯 입에서 거품이 나면서 몸을 바들바들 떨었다. 사람들이 무슨 일일까 주위로 몰려들었다. 양씨아미는 조카의 입을 빌려 가슴에 품은 한을 눈물로 하소연하기 시작했다.

　"나는 양씨아민디 큰오라비가 개장물로 몸목욕을 시켜버려부난 서천꽃밭에서도 쫓겨나고 이승도 못 왐져."

　누군가 달려가 둘째와 셋째 오라비를 불러왔다.

　"내가 큰오라방 자손은 씨멸족을 시킬 것이고, 둘째 셋째 오라비는 큰 굿 하면 큰 밭 사고 작은 굿 하면 작은 밭 사게 허키여."

　두 오라비는 양씨아미의 넋이 든 조카를 부둥켜안고 눈물을 흘렸다.

문 박사의 톡톡 신화 강좌

와산의 대표적인 조상 본풀이

▶ 와산의 조상 본풀이와 관련해서 동이풀이춤이 전해지고 있는데 어떤 내용인가요?

와산은 고씨와 양씨 집성촌입니다. 이곳에서는 조상을 위해 '큰 굿 하면 큰 밭 사고, 작은 굿 하면 작은 밭 산다'는 말이 전해지고 있지요. 그러니까 조상을 위하는 굿을 하면 조상신은 자손들이 잘살 수 있게 도와준다는 의미라고 할 수 있습니다. 그래서 고씨나 양씨 집안에서 조상을 위한 굿을 꾸준히 실시하고 있습니다.

심방이 굿을 시작할 때 굿청 한가운데 초석을 깔아놓고 굿을 하는데, 이를 '신자리(席)'라 합니다. 그래서 굿의 한 마당을 제주굿에서는 한 석(席)이라 하지요. 그리고 '맞이굿'이나 '놀이굿'이 끝날 때 '석살림'굿을 합니다. '석살림'은 굿 한자리가 끝날 때마다 신들을 한바탕 신명나게 놀리는 굿입니다.

심방이 석살림굿을 할 때 그곳 조상의 본(내력)을 풀어냅니다. 이를 조상 본풀이라고 하는데, 와산에 전해지는 조상 본풀이는 대표적으로 '고전적 조상 본풀이'와 '양씨아미 조상 본풀이'입니다.

고전적 본풀이와 양씨아미 본풀이의 내용은 비극적입니다. 고전적이 한양일월을 거절한 것으로 인해 하나뿐인 딸아기를 죽게 했을 뿐만

고전적 하르방 상차림(위). 양씨아미 형상과 상차림(아래).

아니라 몸종 악생이와 유명한 심방 이원신을 죽게 했고 자신도 생을 마감해야 했지요. 참으로 어처구니없는 네 사람의 죽음인 것입니다.

양씨아미의 죽음은 더욱 처참하고 안타깝습니다. 노래하고 춤추는 재능을 타고난 양씨아미! 미색까지 갖추었으니 요즘으로 치면 팔방미인인 연예인으로 성공할 자질을 타고났다고 할 수 있지요. 그러나 그러한 끼를 못마땅하게 생각하는 오라비, 특히 양반 집안에 심방은 절대 안 된다고 생각하는 오라비의 잔인함 때문에 비참하게 죽어야만 했습니다.

눈미 와산 자손들은 고전적과 양씨아미 조상을 모시고 굿을 하면서 넋을 위로하고 한을 풀어줍니다. 그러면 조상들도 큰 굿 하면 큰 밭 사고 작은 굿 하면 작은 밭 사게 해준다고 하는 믿음이 전해지고 있습니다.

고전적 본풀이에 나오는 고전적의 본명은 고홍진(高弘進)으로 현종 때 전적 벼슬을 했으며, 풍수가로 유명했다 합니다. 전적은 성균관에 속한 관직인데, 지금으로 치면 서기관에 해당하는 벼슬이지요.

굿청의 고전적 조상의 제상을 보면, 사진에서 보는 것처럼 고전적은 닭을 삶아 장군 형상으로 만들어 권위를 나타냈습니다. 날개를 펼친 모습을 하고 입에는 담뱃대를 물게 했습니다. 위엄 있는 모습을 희극적으로 잘 형상화한 모습이라 하겠습니다.

고전적 하르방 상차림 앞에 따로 마련한 상이 있습니다. 바로 고전적의 딸, 혹은 양씨아미에게 올리는 상입니다. 고전적 하르방 상차림처럼 풍성하게 진설하지는 않지만 정성과 배려가 느껴지는 작은 제상입니다. 생전의 아기씨가 좋아했을 만한 과일과 떡을 작은 상 위에 올리지요.

치마저고리를 갖추어 입은 아기씨가 상 앞에 앉아 있습니다. 동이처럼 웅크리고 죽은 가련한 모습을 쌀동이로 형상화했지요. 항아리에 쌀을 담아 놓고 예쁜 색동저고리에 치마를 입힌 모습입니다. 상을 받아

앉은 아기씨가 곱고 앙증맞게 느껴집니다. 미색이 뛰어났던 생전의 모습을 충분히 느낄 수 있게 합니다.

심방은 비극적으로 죽은 아기씨를 위해 '동이풀이' 춤을 춥니다. 동이풀이 춤을 추면서 아기씨의 넋을 위로하고 한을 풀어주는 것이지요. 그런데 쌀이 가득 든 항아리 입을 천으로 감아 입에 물고 양손을 펼치고서 추는 춤은 여간 어려운 것이 아닙니다. 보통 사람이 그렇게 하면 이가 나가거나 턱이 빠질 것입니다. 동이풀이 춤은 아무나 출 수 없을 정도로 내공이 필요합니다. 그래서 이러한 장면을 구경할 수 있는 기회도 드뭅니다.

동이풀이 춤을 추는 사진 속 심방은 인간문화재 김윤수 씨로 현재 칠머리당 영등굿 보존회 회장직을 맡고 있습니다. 칠머리당 영등굿은 국가무형문화재이기도 하고 유네스코 인류무형문화유산으로 지정되기도 했습니다. 그리고 김윤수 씨의 부인은 와산본향당 매인심방입니다.

동이춤을 추는 김윤수 심방.

03
애월 당올레

광령에서 고내까지
숨가쁜 답사

제주시 서부 애월 지역

'애월'이라는 지명은 내게 무척 친근하다. 애월읍 상귀리에 이십여 년 가까이 친정집이 있었고, 납읍리에도 지인이 있어 많이 찾았기 때문이다. 그런데 애월 당올레 기행에 참여하고 애월 지역을 소개하는 자료를 정리하면서 애월읍이 '26개'의 행정리를 포함하는 넓은 지역임을 비로소 알게 되었다. 실제로 애월읍은 제주시 서부에 있는, '제주도 읍면 단위'에서 가장 넓은 지역이라 한다.

애월이라는 지명에 대해서도 막연히 물가에 달이 뜬 풍경이 아름다운가 보다고 생각했었다. 그런데 애월(涯月)의 '애(涯)'는 '물가'의 의미와 함께 '벼랑 애(崖)'의 뜻도 있다 한다. '애월'은 해안 지형에 낭떠러지가 많은 데서 붙여진 이름이라는 것이다. 이 지역은 해안선을 따라 해벽이 발달하고 수심이 깊어 항구로 적당하다고 한다. 그래서 애월읍 애월리에 해월항이 있는데, 이 항구는 1921년부터 부두 역할을 했다는 기록이 있었다.

애월읍에서 비교적 잘 알려진 유적지는 항파두리 항몽유적지이다. 고려시대에 삼별초군이 최후까지 항전하였던 항몽유적지는 1970년대 군사정권에 의해 대대적으로 조성되었고, 한때 사람들이 많이 찾던 관광지였다. 하지만 지금은 한두 사람 보일까 말까 할 정도로 거의 잊힌 유적지가 되고 말았다. 이렇게 한적한 곳이 되었기 때문에 조용히 산책하기에 딱 좋은 곳이 되었다.

항몽유적지는 친정집에 갈 때마다 산책 삼아 많이 걸어 다녔다. 계곡 낀 소나무 숲길과 길게 이어지는 토성, 향기가 강렬한 겨울의 수선화 등이 인상적이고, 주차장 쪽에 조성된 하귤나무가 제법 크게 자라 초여름까지 탐스러운 귤을 주렁주렁 달고 있어서 시선을 즐겁게 한다.

애월읍에 있는 오름 중에 가장 잘 알려진 오름은 새별오름이다. 매년 정월대보름에 새별오름에서 제주들불축제가 개최되고 있기 때문이다. 이 오름은 말굽형 분화구가 여러 개 겹쳐 봉우리가 마치 별처럼 보인다고 해서 '새별오름'이라 했다.

나는 들불축제에 한 번도 참여한 적이 없다. 그런데도 오름의 억새를 활활 태우기 위하여 인위적으로 석유까지 뿌리고 주변 도로에는 사람들과 차량이 넘쳐난다는 이야기들을 들을 때면, 사람들 극성에 오름이 해마다 수난을 당하는 것 같아 참 안쓰럽다. 이렇게 수난을 당하면서도 봄이면 다시 억새들이 싹을 틔우고 무성하게 자라 물결을 이루니 그나마 다행이지만 말이다.

새별오름에 오르면 멀리 바다와 비양도까지 시야에 들어오는 장쾌

한 광경이 인상적이다. 오름 바로 앞에 펼쳐진 너른 들판은 고려 말 '목호의 난'이 일어났을 때 목호들과 관군들이 전투를 치른 격전지이기도 하다. 목호는 말을 키우던 몽고인들을 말한다.

한라산 기슭에 있는 노꼬메오름도 소개할 만하다. 동부 지역에는 다랑쉬오름, 서부 지역에는 노꼬메오름을 최고로 꼽는다 한다. 나로선 노꼬메오름에 단 한 번 올랐지만 강렬한 인상이 최고였다. 노꼬메오름은 해발 834미터 높이의 규모가 큰 화산체로 산등성이에 오르자 '제주의 허파'에 해당하는 곶자왈 숲지대가 한눈에 다 들어왔다.

노꼬메오름 등성이에 앉아 곶자왈 숲지대를 바라보고 있노라니, 왜 중산간 지역을 함부로 개발하면 안 되는지 그냥 그대로 느껴졌다. 밭으로 개간할 수 없는 돌투성이 가시덤불 지대여서 아직까지 녹지대를 유지할 수 있었던 곳, 제주도민들의 식수인 명품 화산암반수를 품어주고 있는 곳도 바로 곶자왈 숲지대인 것이다.

애월 지역의 신당들

애월 지역에는 '송씨할망당'들이 많이 분포하고 있는 것이 특징이다. 이곳에서는 아이를 낳게 하고 건강하게 클 수 있도록 해주는 '산육(産育)·치병(治病)신'의 당을 '송씨할망당'이라고 한다. 애월 지역에 분포한 송씨할망당들을 정리하면 다음과 같다.

광령1리 자운당 송씨할망

광령2리 이숭굴당 송씨할망

수산리 서목당 송씨할망

신엄리 큰당 보름웃도 송씨할망

금덕리 검은대기 남당밧 송씨할망

금덕리 유수암 당아진밧 송씨할망

동귀리 베신당 송씨할망

하귀리 도코릿당 송씨할망

상귀리 황다리궤웃당 송씨할망

하가리 오당빌레 송씨할망

납읍리 돗당 바구사니우영 송씨할망

어음리 비메닛당 송씨할망

소길리 당팟 송씨할망

곽지리 과오름 일뤠당 송씨할망

봉성리 구머릿당 송씨할망

송씨할망당은 애월 지역 외에도 제주시의 오라, 노형, 연동, 광평, 해안, 도평, 도두에서 볼 수 있고, 한림읍 귀덕리까지 분포하고 있다 한다.

보통 송당의 백주또와 소천국 사이에서 낳은 아들 열여덟 명, 딸 스물여덟 명 그리고 그 손자 손녀 삼백일흔여덟 명이 흩어져 제주도 각 지역의 당신이 되었다고 한다. 그런데 서부 지역에 있는 당들은 백주또와 소천국의 자식이라는 계보가 나타나고 있지 않다. 그래서 송당의 백주또가 제주 당신의 어머니라고 말하기에는 무리가 있다고 지적하는 사람도 있다.

그러나 신화연구소 소장인 문무병 박사님은 애월 지역의 송씨할망당도 소천국의 딸을 의미한다고 주장하고 계시다. 성씨가 쓰이지 않던 시절 '소천국의 딸'이라고 하던 것이 고려시대로 넘어오면서 차츰 성씨를 쓰게 되자 '송씨'로 바꿔 사용했을 것이라고 얘기하시다.

애월 지역의 여신 '송씨할망'은 고기를 먹는 육식의 남편신들을 부정하다고 내쫓는다. 이는 다른 지역 신화와 반대되는 현상이다. 보통 다른 지역의 신화에는 여신들이 임신을 한 후 고기가 먹고 싶어 돼지털을 그을려 냄새라도 맡는다든지, 돼지 발자국에 고인 물을 빨아먹는다든지 하는 행동을 하고 남편신에 의해 부정하다고 바람 아래로 쫓겨나는 모습을 보였다. 그런데 애월 지역의 송씨할망은 고기를 먹는 남편신이 부정하다고 내쫓는 것이다.

쫓겨난 남편신들은 '바람 아래'로 좌정한다. 사냥과 목축을 관장하는 산신(山神)인 남편신과 농사와 산육을 맡은 여신 '송씨할망'의 갈등으로 살림을 가르게 되면 신당은 하르방당과 할망당으로 갈리게 된다. 이러한 본풀이는 송당 본풀이와 마찬가지로 마을의 설촌과 분리라는 변천 과정을 말해 주는 것이다.

애월 당올레 기행의 시작, 마씨 미륵당

푸르름이 더욱 깊어지고 햇살도 강해지던 6월, 비교적 넓은 지역을 답사해야 했던 애월 당올레 기행은 지치기도 했지만 마음이 뿌듯하기도 했다. 한라산 기슭에서 바닷가 마을 고내리까지 평소 밟아보지 못한 마을들을 두루 돌아볼 수 있었기 때문이다.

첫 답사지는 광령리에 있는 마씨미륵당이다. 마씨미륵당은 '애월읍 광령리 597번지'로 주소지가 되어 있지만 가서 보니 한라산 기슭에 자리하고 있는 당이었다. 제주시에서 한라산 1100도로를 따라 가다가 어승생 한밝 저수지에서 서쪽으로 뚫린 산록도로로 방향을 바꾸면 무수천 상류에 다리 하나가 보인다. 무수천을 경계로 동쪽은 제주시, 서쪽은 애월읍 광령리이다. 무수천 다리를 지나자마자 오른쪽으로 난 오솔길로 접어들어 10분쯤 걸어가면 목장지대가 나오는데 그곳에 마씨미륵당이 있었다.

무수천 다리 근처에 차를 주차하고 호젓한 오솔길로 걸어가며 보니 길가에 들꽃들이 화려한 빛깔을 뿜어내고 있었다. 원색으로 반짝이는 들꽃들에서 시선을 떼지 못하고 있는데, 일행 중 한 사람이 저쪽에 신당이 있는 것 같다고 말했다. 가리키는 곳은 말을 방목하는 목장이었다. 그리고 목장의 초원 너머로 한라산이 장쾌하게 펼쳐져 보였다. 특히 한라산 어승생악을 배경으로 늠름하게 서 있는 소나무가 시선을 사로잡았는데, 마씨미륵당은 그 잘생긴 소나무 옆에 있었다.

마씨미륵당은 당 이름처럼 미륵돌을 당신으로 모시고 있는 당이다. 작은 방 크기 정도로 돌담이 둘러진 신당 안에는 사람 형상의 미륵돌이 세워져 있었다. 사람처럼 생긴 돌에 음각으로 눈, 코, 입을 깎아 만든 미륵돌이다. 문무병 박사님은 원래 세 개의 미륵돌이 있었는데 두 개는 없어졌다고 하신다.

제주 돌은 조경 가치가 높아 인기가 있는데, 특히 무덤가에 서 있던 동자석은 수백만 원을 호가한다고 한다. 무덤들이 주로 인가와 멀리 떨어진 중산간에 있기 때문에 동자석들을 많이 도난당하는 모양이다. 그래서 동자석들을 보려면 돌문화공원에 가야 한단다. 이곳에 있던 미륵돌도 누군가의 집 정원에 조경석으로 팔려나갔을 가능성이 높다. 마씨미륵당이 한라산 기슭 외진 곳에 위치해 있고 사람들의 발길도 많지 않다 보니 이런 일이 생겨난 것이다. 나머지 미륵돌만이라도 무사하게 자리를 지킬 수 있기를 기도해 본다.

마씨미륵당은 음력 초이레(7일), 열이레(17일), 스무이렛날(27일)에 다니는 당이라고 한다. '산육·치병'과 관련이 있는 일뤠당(이렛당)으로 아이를 갖지 못하는 여인이 이곳에 와서 아이를 낳게 해달라고 빌기도 하고, 아이가 아팠을 때도 와서 치성을 드리는 당이다.

예전에는 이 당에 갔다 오면 '사내아이'를 낳을 수 있다고 하는 말이 은밀하게 퍼져 있었다. 그래서 많은 부인들이 소문을 듣고 찾아왔다고 하는데, 그런 효험은 당 이름에 나와 있는 '마씨'와 관련이 있다.

이 마씨에 대해 전해 내려오는 전설 같은 이야기들이 있다. 마씨는 이곳에 작은 집을 짓고 살면서 당을 관리하는 사람이었다. 사람들은 마씨를 도사라고 불렀는데, 그는 키가 6척(180센티미터)으로 기골이 장대하고 힘도 장사였다 한다.

마씨가 촐(꼴)을 등짐으로 져 나를 때 보면 그 양이 얼마나 많은지 작은 산 하나 둘러멘 것 같았다 한다. 방목하는 소를 잃어버렸을 때도 마씨에게 가서 얘기하면 귀신같이 찾아줄 뿐만 아니라, 아무리 거칠게 구는 소일지라도 마씨가 양 뿔을 잡고 힘을 주면 금세 얌전해졌다. 그러면 쇠줄로 꽁꽁 묶어 주인에게 넘겨주었다는 것이다. 사람들은 마씨를

한라산 어승생악을 배경으로 아담하게 서 있는 신당에는 향불을 피웠던 흔적도 있고, 지전물색도 걸려 있다. 아직도 찾아와서 신께 제물을 올리고 빌고 가는 사람이 있다는 증거이다. 어느 여인이 찾아와 아이를 갖게 해달라고 간절하게 빌고 갔을지도 모르겠다.

한라산 배경의 마씨미륵당(왼쪽). 소나무 옆에 신방을 차린 것처럼 아담한 당의 모습(오른쪽 위). 마씨미륵당의 미륵돌(오른쪽 아래).

살아 있는 한라산신령이라고도 했다. 왜냐하면 한라산의 산신은 테우리(목동)들이 소를 잃어버렸을 때 찾아주는 신이기 때문이다.

하여튼 이곳에 다녀오면 아들을 낳지 못하는 여자는 누구나 아들을 낳게 된다는 소문이 파다했다. 육지에서도 찾아와 기도를 할 정도였고, 그러면 정말로 아들을 낳게 되었다는 말들이 신화처럼 전해졌다.

마씨는 나이 일흔 정도가 되었을 때 술을 먹고 자다가 초가집에 불이 나서 타 죽었다고 한다. 그 이후로 사람들은 마씨하르방을 사내아이를 낳게 해주는 조상미륵으로 모시게 된 것이다.

한라산 어승생악을 배경으로 아담하게 서 있는 신당에는 향불을 피웠던 흔적도 있고, 지전물색도 걸려 있다. 아직도 찾아와서 신께 제물을 올리고 빌고 가는 사람이 있다는 증거이다. 어느 여인이 찾아와 아이를 갖게 해달라고 간절하게 빌고 갔을지도 모르겠다.

우리들은 제단에 소주 한 잔 올리고 나서 절을 한 후 밖으로 나왔다. 당울타리 돌담 옆에는 보랏빛 산수국이 예쁘게 피어 있어 내 눈길을 끌었다. 누군가 신께 헌화하는 마음으로 심어 가꾼 것일지도 모른다.

주변에 말들이 한가롭게 풀을 뜯고 있는데 목장 한쪽에서는 땅을 파고 있는 포크레인이 보였다. 혹시 이곳에 집이라도 짓는 게 아닌가 걱정이 되었다. 제주의 중산간 지역에 건물을 짓는 일이 요즘 들어 잦아지고 있기 때문이다. 제대로 알아보려고 일하고 있는 사람들에게 갔더니 오히려 우리들에게 역정을 냈다. 목장 가장자리로 돌아가며 쳐놓은 가시울타리를 답사 온 사람들이 자꾸 위로 들어올려 버려 말들이 밖으로 나간다는 것이다. 우리 말고도 신당 답사를 오는 일들이 종종 있는가 보았다.

죄송하다고, 다음부터는 입구로 다니겠다고 사과하면서 혹시 집을 지으려고 하느냐고 여쭤봤더니 그렇지 않다고 했다. 듣고 서 있던 일행 한 분이 여기는 개발제한구역이어서 건축물이 들어서기는 쉽지 않을 거라고 얘기했다. 안도하는 마음으로, 어승생악을 배경으로 늠름한 소나무를 호위무사처럼 거느리고 있는 미륵신께서 오래도록 그렇게 좌정하고 있기를 기원해 보았다.

오누이가 좌정해 있는 자운당

마씨미륵당이 한라산 기슭에 있다면 광령1리 자운당은 주택가, 아파트 단지 뒤쪽에 위치해 있다. 마씨미륵당에서 운전해서 자운당으로 내려가는데 잡목들 사이로 나 있는 산 비탈길이 꼬불꼬불 이어지는 게 참 아름다웠다. 천천히 걸어가면서 키만큼 자란 풀 향기도 맡고 나무 그늘에 앉아 쉬면서 낮게 깔려 있는 들꽃을 들여다보면 좋을 것 같았다. 하지만 하루 동안 잡아놓은 일정이 빡빡해서 와산 마을처럼 천천히 걸어갈 수 없었다.

광령1리 자운당은 평화로에서 광령리 방향으로 우회전하자마자 있는 영도빌라 뒤편에 있었다. 이 당에는 '송씨아미'와 '송씨도령' 오누이가 좌정하고 있다. 아미는 결혼 전의 아가씨를 의미하는 말이다.

오누이처럼 나란히 서 있는 팽나무 두 그루 밑에는 두 개의 화강암

송씨 오누이가 좌정해 있는 자운당.

석판이 연이어 놓여 있는데, 바로 이 석판이 신당의 제단이다. 동쪽 굵은 팽나무 밑이 '송씨아미'의 제단이고, 서쪽의 것이 '송씨도령'의 제단이라 한다.

대부분의 신당은 남녀 따로 구분되어 있는데, 이 당은 남녀가 같이 좌정하고 있는 '남녀합좌형'의 당이다. 이 두 오누이 신은 사랑의 신으로, 결혼할 수 없는 오누이가 산육신의 역할을 하고 있는 것이다. 송씨아미는 아이를 낳게 하는 능력을 지니고, 송씨도령은 아이를 키우는 능력을 지니고 있다 한다.

제법 가구 수가 많은 빌라 주차장 뒤에 용케 살아남은 자운당 신목은 만년폭낭이라는 이름만큼 아직도 위엄을 잃지 않고 신성한 성소로서의 품위를 지켜내고 있었다. 비록 늘어진 가지를 대지 위에 내려놓고

서 간신히 세월의 무게를 지탱하고 있었지만 말이다.

　빌라 신축공사를 하면서 자칫 훼손되거나 사라졌을 수도 있는 당이 이렇게 살아남았다는 사실에 감동이 느껴졌다. 빌라라고 했지만 아파트 단지라고 해도 좋을 만큼 가구 수가 제법 많아 보이는 곳이기 때문이다. 그러나 개발 못지않게 무서운 것은 관심에서 멀어져 절로 폐당이 되는 것이다.

　송당이나 와흘에서는 해마다 신년과세제 굿을 하면서 신께 제물을 올리고, 음식을 준비해서 손님들에게 대접도 한다. 마을 사람이 아니더라도 관심 있는 사람들은 먼 길 마다 않고 구경 올 뿐만 아니라 기자들까지 취재차 올 정도이니 마을의 행사를 넘어 제주 지역의 축제라 해도 될 정도가 되었다.

　이곳 자운당에서도 공동체 문화의 보전 차원에서라도, 빌라 주민이나 광령리 주민들이 모여 일 년에 한 번 정도 제도 지내고 음식을 나눠 먹는 축제의 시간을 가졌으면 좋겠다.

　송씨 오누이에 대한 새로운 신화도 만들어지고 전해질 수 있었으면 좋을 것 같다. 다른 지역의 신당에는 재미있는 신들의 이야기, 당본풀이가 전해지는 데 비해 이곳 자운당에는 송씨 오누이가 당신이라는 것 외에 달리 전해지는 이야기가 없기 때문이다. 문득 아이들을 상대로 백일장이라도 열면 재미있는 이야기들이 쏟아질 것이란 생각도 들었다.

상귀리 황달궤당

애월읍 상귀리 638-1번지에 위치하고 있는 황달궤당은 소앵동 서쪽 300미터 지점, 냇가 낀 밭 쪽에 있는 당이다. 항파두리 사거리에서 상귀 쪽으로 우회전해서 내려가다가 소앵동 버스정류소에서 서쪽 길로 접어들어 2분 정도 더 들어간 곳에 위치해 있다.

냇가를 가로지르는 다리 근처에 차를 주차하는데 땡볕을 피해 조금이라도 그늘에 주차하려고 용을 쓰다가 밑으로 바위가 솟아나온 걸 못 보고 액셀러레이터를 밟는 바람에 그만 범퍼가 파손되고 말았다. 새 차인지라 어찌나 속이 쓰린지 몰랐다. 네 번의 신당 답사에 두 번이나 접촉사고를 내다니, 당신(堂神)께서 정성이 부족하다고 화를 내는가 보다고 하면서 투덜댔다.

박사님께서는 신당 답사가 험한 지형까지 누벼야 하기 때문에 운전 실력이 좋아야 한다고 말씀하셨다. 그런 의미에서 답사팀장님이신 연구소 부소장님과, 같이 사전답사를 다니는 풍경출판사 대표가 주변 지형을 관찰하면서 운전하는 능력이 뛰어나다고 칭찬을 하셨다.

결국 접촉사고는 답사 초보의 미숙함이 원인인 모양이다. 하여튼 이것이 더 큰 사고를 막아주는 액땜이 되었을 것이라고 내심 위로하면서, 다음부터는 답사 오는 날 아침부터 마음 정성을 제대로 가다듬어야겠다고 다짐했다.

황달궤당은 다리 바로 옆 쪽 수풀 속에 위치하고 있었다. 그러나 당으로 가는 길이 따로 없어 어쩔 수 없이 경작된 밭으로 들어가야 했다.

최대한 밭의 가장자리를 걸어 내창 쪽으로 다가가니 아래로 내려가는 오솔길이 나타났다. 계단으로 된 당올레의 시작이다.

계단을 내려가사마자 떡 하니 커다란 바위 궤(동굴)가 모습을 드러냈다. 상상 이상의 굉장한 광경에 모두들 '와' 하고 감탄의 소리를 뱉어냈다. 아마 지금까지 본 궤 중 가장 규모가 큰 것이리라.

바위 아래로 내려가는 순간 서늘하고 청량한 기운이 6월의 태양 아래 적당히 지쳐 있는 우리의 심신을 단박에 식혀주었다. 누군가는 "여기에 돗자리 깔아놓고 놀아도 되겠네."라고 말하며 흐뭇한 표정을 지었다. 정말 이곳은 여름에 피서지로도 괜찮겠다 싶을 정도로 넓고 깊고 서늘했다.

사실 이 동네는 부모님이 20년 가까이 살았던 마을이다. 해마다 방학 때는 이곳 상귀에 와 지내면서 산책 삼아 근처를 걸어 다니곤 했는데, 산책길 바로 옆에 이런 곳이 있으리라곤 상상도 못했다. 마을 토박이가 아니어서 그렇게 깜깜 몰랐으리라. 그야말로 아는 사람만 다닐 수 있는 곳이었다. 앞으로 마을의 어른들이 다 돌아가시고 나면 이 황달궤당도 잊히고 말리라. 우리의 교육이 민간 신앙이나 전통 문화에 대해서 미래 세대에 제대로 전수하고 있지 않기 때문이다.

황달궤당은 계곡 아래에 위치해 있고 나무에 가려 밖에서는 전혀 그 존재를 알아챌 수 없는 신당이다. 그런 의미에서 문무병 박사님의 신당 조사 작업은 정말 중요한 업적이라 생각한다. 2008년과 2009년에 조사 결과를 책으로 발간하셨는데, 제주에 400여 개의 신당이 남아 있음을 밝혀내셨다.

황달궤당의 안쪽에 큰 바위 궤는 여신을 모신 할망당이고, 당 입구

작은 바위 아래는 하르방당이라 한다. 여신과 남신을 모신 경계에 담을 에워싸 신의 영역을 구분하고 있는데, 같은 당 안에 따로 두 신을 모신 형태이다.

여신은 맑고 깨끗하기 때문에 하늬바람(북서풍)이 부는 쪽에 좌정하고, 남신은 고기를 먹는 부정한 신이기 때문에 여신에게 쫓겨나 마파람(남풍) 부는 쪽에 좌정하고 있었다. 당과 당 사이에 울타리를 두른 것은 여신이 부정한 남편과는 같이 살지 않겠다는 강력한 별거 의지를 드러내는 것이라 한다.

황달궤당과 관련하여 심방의 입을 통해서 나오는 본풀이를 보면 다음과 같다.

서소문(西小門) 밖을 나서면
하귀리가 되고
위쪽으로 올라가면 중산촌입니다.
상귀리는 천하 대촌 마을 양촌(良村)으로
만민 자손 단골들이
이 당신으로 모시게 된 것은
송씨할망이 소국에서 귀양을 와서
이곳에 당신으로 좌정하게 돼서입니다.
옛날 이형상 목사 시절
당 오백 절 오백을 부술 때
흰 비둘기 한 쌍이 내려와
황다리궤 천 년 묵은 팽나무 아래

계단으로 된 당올레의 시작이다. 계단을 내려가자마자 떡 하니 커다란 바위 퀘(동굴)가 모습을 드러냈다. 상상 이상의 굉장한 광경에 모두들 '와' 하고 감탄의 소리를 뱉어냈다. 아마 지금까지 본 퀘 중 가장 규모가 큰 것이리라.

당과 당 사이에 울타리를 둘러 부부신이 따로 좌정한 모습(위). 황달퀘당에 걸려 있는 지전물색(아래).

만 년 묵은 팽나무 아래
좌정했다 합니다.
이 당의 상궤(안쪽의 굴) 아래는
송씨할마님이 좌정하고,
아래쪽(바깥쪽)에는 강씨하르바님이
삼천백마(三千白馬) 일만깃발(一萬旗幟)을 거느리고
좌정하시던 신도본향 한집(신당)님입니다.

 본풀이는 서사구조가 뚜렷하지 않아서 이 당이 설립된 내력을 자세히 알 수는 없었다. 조선시대 이형상 목사 시절 많은 신당들이 파괴될 때 이곳으로 숨어들어 다시 당을 설립한 것이 아닐까 짐작할 뿐이다. 하기는 이곳 황달궤당은 길가에서는 그 존재를 짐작할 수 없을 정도로 감쪽같이 숨겨져 있어 아는 사람만 출입할 수 있는 것이 특징이다. 게다가 거대한 바위가 신체(神體)이니 태울 수도 자를 수도 없지 않은가.

소박한 바구사니우영 돗당

 애월읍 납읍리 1693-2번지에 위치하고 있는 '바구사니우영 돗당'은 동네 한가운데 조성된 감귤과수원 밭담 틈에 있었다. 이곳은 '신당으로 가는 길'이 잣담 옆으로 이어져 원래의 당올레가 뚜렷이 남아 있는 당

중의 하나이다.

바구사니우영 돗당의 신(神)은 소길리와 장전리의 정씨 나라 정씨 부인으로부터 가지 갈라온 송씨할망이며 제일은 '돗날〔亥日〕'이라 한다. 아마도 돼지날에 제를 지낸다고 하여 '돗당'이라고 하지 않았나 생각된다. 주로 명절 제사를 지내고 그 음식을 가지고 가서 신께 올리며 제를 지낸다고 한다. '가지 갈라왔다'는 것은 같은 신을 모시는 신당을 이곳에도 만들었다는 의미이다.

'바구사니우영'이란 용어가 좀 애매했는데, 문무병 박사님은 '박우산이네 우영에 있는'이라는 의미가 연결되어서 '바구사니우영'으로 변했을 것이라 추측하셨다. 우영은 제주에서 집 옆에 있는 공간을 의미하는데, '우영밭' 하면 집에 붙어 있는 작은 밭을 말한다. '바구사니우영 돗당'이 집 옆에 있던 신당이라면, 한 집안 사람들이 모셨던 신당일 것이다.

집 가까이에 두고 신을 모시던 신당인 바구사니우영 돗당! 한 해를 시작하는 시기에는 한 해의 무사안녕을 빌기 위해 제를 지내고, 집안에 변고가 있거나 누가 아프거나 하면 가서 신께 정성으로 빌었던 당이라 생각된다. 우영밭에 당을 두고 있으니, 결국 신과 함께 생활하는 것이나 마찬가지이다. 그러니 삶 자체가 경건해질 수밖에 없지 않을까······.

애월읍 납읍리는 예로부터 유교가 많이 전파된 지역으로 해마다 마을 어른들이 모여 금산공원에서 '포제'를 지낸다 한다. 금산공원의 포제는 입춘을 지나 첫 정일(丁日)이나 해일(亥日)에 남성들이 주관하여 유교식으로 거행하는 마을제이다. 금산공원은 규모가 그리 크지는 않으나 나무가 울창해서 그늘이 짙게 드리워지는 게 인상적인 곳이다. 이곳 금산공원에서 행해지는 납읍리의 포제는 1986년에 제주도 무형문화재 제6호로 지정되었다.

유교가 많이 전파된 이곳 납읍은 무속 신앙에 대한 탄압이 심했을 것이고 신당도 대부분 파괴되었을 것이다. 그래서 2008년 신당 조사 당시에도 처음에는 납읍에 신당이 없는 것으로 판단했다가 한 할아버지의 증언에 의해 하나 남아 있음을 알게 되었다 한다.

마을 사람들 중에 이곳에 신당이 있다는 것을 모르는 사람이 많을 것이다. 왜냐하면 바구사니우영 돗당은 마을사람보다는 이곳에 살다가 다른 곳으로 이사 간 사람들이 와서 제를 지내는 당이기 때문이다. 다른 곳으로 이사 갔어도 자신의 '태를 묻은 땅'인 고향의 당을 잊지 않고 해마다 찾아와 신께 정성을 올리는 것이다.

당올레가 잘 남아 있는 바구사니우영 돗당! 그러나 한두 달만 사람 발길이 끊겨도 잡초가 우거져 길 흔적이 희미해진다. 이곳이 그런 느낌이 드는 곳이었다. 큰길가에서 보니 입구에 풀이 무성해 당올레가 잘 드러나지 않았다. 그런데 풀을 헤치고 과수원으로 들어가 귤나무 사이로 걸어 들어가니 신당까지 이어진 돌담이 보였다. 소박하고 아름다운 당올레 길이었다.

바구사니우영 돗당 역시 참으로 소박한 당이었다. 신목은 후박나무와 팽나무라고 하는데, 만년폭낭의 위엄은커녕 길가에 그냥 그렇게 서 있는 나무보다도 존재감이 없었다. 게다가 큰 궤도 없고 인위적으로 만들어진 제단이나 신위도 없었다. 그런데 이런 소박함이 더 감동으로 다가왔다. 와산의 베락당과 상귀리의 황달궤당에서 예상을 뛰어넘는 풍경에 놀라움의 탄성을 질렀다면 이곳에서는 다들 그냥 묵묵히 바라보며 서서 생각에 잠겨드는 것 같았다.

당올레가 잘 남아 있는 바구사니우영 돗당! 그러나 한두 달만 사람 발길이 끊겨도 잡초가 우거져 길 흔적이 희미해진다. 이곳이 그런 느낌이 드는 곳이었다.
잣담으로 이어진 당올렛길(위). 바구사니우영 돗당의 지전물색(아래).

이 소박한 신당에서 제주 사람들의 생명과 우주에 대한 경건한 마음가짐이 느껴졌다. 척박한 자연환경 속에서 삶을 일구고 목숨을 이어온 제주 사람들의 고단한 삶이 그들처럼 소박한 나무와 돌무더기에 그대로 담겨 있었다. 돌 하나 나무 한 그루에도 신성을 느끼고 정성으로 모셨던 제주 사람들의 삶인 것이다. 태풍의 길목 제주에서, 척박한 땅을 일구며 의지할 것이라고는 하늘과 땅과 나무와 돌뿐이었던 민초들의 삶은 그만큼 절박할 수밖에 없었을 것이다.

조선시대『동국여지승람』에, 제주 사람들이 "풍속이 음사(淫祀)를 숭상해 산, 숲, 내와 못, 언덕, 나무와 돌에 모두 신의 제사를 지낸다."라는 표현이 있다. 조선시대 양반의 입장에서는 음사라고 생각할지 모르지만, 이러한 소박하고 경건한 신앙심이 척박한 환경과 수난의 역사를 이겨내는 데 큰 힘이 되었으리라는 생각이 들었다. 자연에 의지하면서 사는 사람들은 나무 하나 돌 하나에도 경건한 마음을 가지고 대할 수밖에 없고, 그 신앙심으로 살아갈 힘과 용기를 얻는 것이다.

바닷가 마을 고내리에 자리한 장군당

고내리 장군당의 당본풀이는 김통정 전설과 많은 내용이 겹친다. 고려시대 삼별초를 이끌고 제주에 들어왔던 김통정 이야기가 전설로, 신화로 형성되었다고 볼 수 있다.

고내리 장군당 당본풀이

옛날, 초나라 화양땅 명월당에서 일어난 세 장수 황서, 을서, 병서가 삼별초난을 일으킨 김통정을 잡으러 제주에 입도하였다.

그때 김통정은 고성 항파두리에 성을 쌓고 여몽연합군에 최후의 항전을 준비하고 있었다. 김통정은 세 장수의 군대를 피하려고 애월읍 항파두리에 만리토성을 쌓고 철문을 달았다.

김통정은 백성들에게 재 닷 되, 빗자루 한 자루를 받아 재를 토성 바닥에 깔았다. 그리고 빗자루를 말꼬리에 달아 말을 타고 만리 성 안을 달렸다. 그러자 성 위에 재가 일어나 자욱하니 앞을 가늠하기 어려웠다. 황서, 을서, 병서 세 장수는 몇 번 물러나기를 반복하다가 겨우 성을 찾아내었다.

그렇게 항파두리성에 도착했지만 토성 안으로 들어갈 수 없었다. 토성은 높았고, 토성의 무쇠 문은 큰 자물쇠로 단단하게 잠겨 있었기 때문이다.

세 장수는 뾰족한 대책이 생각나지 않아 토성 주위를 빙빙 돌기만 했다. 그런데 주변에 서서 구경하고 있던 아기업개 계집아이가 깔깔 웃었다.

"참말로 어리석기 짝이 없네!"

세 장수는 발칵 화를 냈다.

"이년, 저리 가지 못할까!"

아기업개는 겁을 내기는커녕 당돌하게 말을 했다.

"내가 말허는 대로만 허문 알 도리가 있을 거우다. 무쇠 문에 석 달 열흘 백일 동안 불을 놓아 풀무질을 해봅서."

듣고 보니 그럴 듯했다. 세 장수는 아기업개가 말한 대로 석 달 열흘 풀무질을 하였더니 정말로 무쇠 문이 녹아 내렸다. 세 장수는 항파두리 토성 안에 들어갈 수 있었고 김통정은 도망가게 되었다.

그 즈음 김통정의 부인은 임신 중이었다. 김통정은 도망을 가며 부인에게 말했다.

"내가 없으면 당신은 죽을 것이오. 그럴 바엔 내 손으로 당신을 죽이고 떠나는 게 낫겠소."

김통정은 아내의 가랑이를 두 손으로 잡아 찢어발겨 죽이고 들판에 던져버렸다. 그러고는 무쇠 방석을 추자 관탈섬 근처의 물마루에 던졌다. 김통정은 무쇠 방석에 앉았다.

황서땅의 황서님은 제비로 변하여 날아가서는 김통정의 머리 위를 빙빙 돌았다. 김통정은 무엇이 귀찮게 하고 있는지 보려고 고개를 들었다. 이때, 국서땅의 국서님이 은장도를 들고 김통정의 모가지를 베었다.

국서는 김통정의 목을 들고 천자국 황제에게 바치기 위해 천자국으로 떠났다. 황서와 을서도 떠나려고 하다가 우연히 고내봉 쪽을 바라보니 용왕국 막내딸아기 별공주님이 만년폭낭 아래 앉아 있었다. 별공주님은 부모님 말을 거역한 죄로 제주에 귀양 와 있었다.

황서와 을서는 별공주님의 아름다움에 반하여 청혼을 하였다. 별공주님은 활을 쏘아 가장 멀리 쏜 사람에게 시집을 가겠다고 했다. 두 장수는 한라산 꼭대기에 올라 활을 쏘았다. 황서가 쏜 화살이 제일 멀리 날아갔는데, 고내봉 허리에 떨어졌다. 용왕국 따님은 황서와 혼인을 하였고 오름 아래 좌정하였다.

황서와 을서 두 장수는 제주를 떠나지 않고 고내리 사람들과 나무와 물을 차지하여 토지관(당신)이 되었다. 황서와 을서를 모신 당이 바로 고내리 장군당이다. 이 당의 제일은 정월 초하루와 팔월 보름날로 1년에 두 번 제를 지낸다.

고내리 장군당은 '애월읍 고내리 1114번지'로 바닷가 쪽에 자리하고 있었다. 일반 가정집처럼 기와집이 한 채 있고, 넓은 마당에 울타리까지 쳐져 있었다. 철문을 열고 마당으로 들어서니 풀이 무성하게 자라 있어 사람이 거주하는 집과는 분위기부터 달랐다.

당집 안은 시멘트로 2단 제단을 만들어 놓은 것이 전부였는데, '本鄕之神位'라고 적힌 위패가 세워져 있었다. 한쪽 구석에 당굿을 할 때 쓰는 카펫과 작은 상, 초석, 향로, 촛대 등이 놓여 있었다. 그런데 평소 사람이 살지 않은 집이라 퀴퀴한 냄새가 가득했다.

이 당은 장군들을 모시고 있는 당이어서 말 탄 장군이 그려져 있는 깃발이 있다고 한다. 정월과 팔월 명절에 이 기를 세워두고 당굿을 한다는 것이다.

마당 한쪽에는 고씨를 기리는 비석이 서 있었다. 고씨는 실존했던 인물이라 한다. 그를 신처럼 모시게 된 것과 관련된 일화가 전해지고 있다.

옛날 힘이 장사인 고씨하르방이 고내리에 살았다. 당시 관에서 백성들에게 세금을 거둬들이는데 먹고 살기가 힘들 정도로 혹독하여 원성이 자자했다.

고씨는 더 이상 낼 세금이 없으니 집안의 유일한 재산인 배 한 척을 세금으로 내겠다며 번쩍 들어 등에 짊어졌다. 그러고는 제주 성안으로 들어가려 하는데, 배를 짊어진 채 들어가려 하니 배가 너무 커서 성안에 들어갈 수 없었다. 사람들이 희한한 구경거리가 났다고 몰려들었다.

문지기가 이런 사실을 목사에게 알렸다. 고내리 어부가 더 이상 세금 낼 것이 없어 전 재산인 배를 통째로 내려고 짊어지고 왔다는 것이다. 목사는

고내봉으로 가보니 잡풀과 나무가 우거져 오름허릿당을 찾을 수 없었다. 호미로 잡풀을 베어내며 고내봉 기슭을 헤매고 다녔지만 제대로 된 길조차 찾기 어려웠다. 그래서 오름 초입에서 답사 기념 단체사진을 찍고 오는 것으로 만족해야 했다.

고내리 장군당(위). 당집 안 모습(아래).

그 강단에 감탄하였다. 그래서 부하들에게 '더 이상 고내리 어부들에게 세금을 거두지 말라.'고 명령했다.

　소식을 들은 고내리 어부들과 해녀들은 크게 기뻐하며 고씨하르방도 장군당에 모시게 되었다고 한다.

고내리 장군당에서 나와 고내봉으로 갔다. 고내봉에 있는 오름허릿당을 보기 위해서이다. 오름허릿당은 용궁의 별공주를 모신 당으로, 좌우로 시어머니와 별공주인 며느리를 같이 모시고 있다고 한다.

용왕의 딸이 제주에 와서 좌정한 경우에는 주로 '산육과 피부병신'으로 섬김을 받는다. 이 당은 한 달에 여섯 번 다니는데, 7일, 17일, 27일 이렛날 당에 다니는 이레중저 한집이고, 3일, 13일, 23일에 당에 다니는 사흘중저 한집이다. 오름허릿당 당신은 건강하게 장수할 수 있도록 해주고 운수 대통하게 보살펴주는 신이다.

그런데 막상 고내봉으로 가보니 잡풀과 나무가 우거져 오름허릿당을 찾을 수 없었다. 호미로 잡풀을 베어내며 고내봉 기슭을 헤매고 다녔지만 제대로 된 길조차 찾기 어려웠다. 그래서 오름 초입에서 답사 기념 단체사진을 찍고 오는 것으로 만족해야 했다. 풀들이 잦아지는 겨울쯤에 다시 와서 고내봉도 오르고 신당도 찾아봐야겠다고 생각하며 아쉬움을 달랬다.

고내봉 큰신머들 하르방당

고내봉 허리에 있는 별공주님의 오름허릿당을 찾아보기 위하여 초겨울에 접어든 12월 어느 날 혼자 길을 나섰다. 잡풀들이 잦아드는 겨울에는 당이 모습을 드러낼 것 같아서이다. 고내봉으로 오르는 길 초입에 위치해 있을 거라는 짐작만을 가지고 무작정 나선 길이기도 했다. 그런데 그간 다섯 달이 채 지나지 않은 것 같은데 주변 풍경부터 많이 달라져 있었다. 없었던 건물이 생기고 고내봉 기슭을 돌아가며 시멘트 길도 닦여져 있었다. 게다가 따뜻한 날씨 때문인지 아직도 잡풀은 무성하고 주변을 살펴보아도 오름허릿당은 보이지 않았다.

온 김에 올레 15코스에 속하는 고내봉 주변을 좀 더 살펴봐야겠다고 생각했다. 숲 사잇길을 걸어 올라가며 보니 고내봉에는 정말 무덤들이 많았다. 이 지역 사람들의 무덤 자리는 모두 고내봉에 있는 게 아닐까 생각이 들 정도였다. 무덤들은 대부분 산담으로 둘러져 있어 눈에도 잘 띄었다.

그런데 오름 등성이에 오를 때쯤, 분명 산담이 둘러쳐져 있어 무덤자리인 것 같은데 가운데 거대한 암반이 놓여 있는 곳이 시선을 사로잡았다. 가까이 가보니 그것은 무덤이 아니라 신당이었다. 커다란 표지판에는 '하가리 고내봉 큰신머들 하르방당'이라고 쓰여 있었다.

거대한 암반이 신체(神體)인 '미륵형, 신석형'이라고 쓰여 있었다. 게다가 특이한 것은 이곳에 좌정한 신이 '산신백관, 을서병서, 세제동공, 조립동이'라고 하는 다수의 남신이라는 것이다. 보통 치병신은 여신이 대부분인데, 이곳은 남신인데도 천연두와 홍역에 효험이 있는 당이라고 한다. 을서와 병서는 고려말의 장수신이고, 세제동공은 천연두와 홍역의 신이다.

당 입구에 팽나무가 있고, 거대한 암반 앞에는 멀구슬나무가 있었는데, 이 멀구슬나무에는 지전물색과 명주실이 걸려 있었다. 천연두와 홍역에 효험이 당이어서 그런지 아이의 명을 길게 해주는 명주실이 걸려 있는 것도 보였다. 그런데 거대한 바위 덩어리를 배경으로 서 있는 나무들은 왜소하니 볼품없게 느껴졌다.

고내봉 등성이에 자리한 당의 매력은 거대한 암반과 함께 앞으로 탁 트인 전경에 있는 것 같았다. 북쪽을 바라보니 멀리 하가리 마을 전경이 한눈에 들어왔다. 오른쪽으로는 한라산 풍경까지 시야에 들어오는 것이 전망대의 역할을 톡톡히 하고 있었다. 풍수지리에는 문외한이지만 이곳이 바로 명당 자리가 아닐까 하는 생각이 절로 들었다. 고내봉 곳곳에 무덤들이 자리하고 있는 것도 이와 무관하지 않으리라.

큰신머들 하르방당 표지석(왼쪽 위). 덩굴식물로 덮여 있는 암반과 당 울타리(오른쪽 위). 큰 신머들 하르방당에서 바라본 마을 전경(왼쪽 아래).

문 박사의 톡톡 신화 강좌

당올레와 본향당

▶ 올레와 당올레에는 어떤 의미가 담겨 있을까요?

올레는 정낭(문)을 나서면 맨 처음 만나는 좁은 골목길입니다. 제주어 사전에는 '거릿길 쪽에서 대문까지의, 집으로 드나드는 아주 좁은 골목 비슷한 길'이라고 정의하고 있습니다. 그러나 올레의 뜻은 그렇게 단순하지 않으며, 점차 의미가 확대되고 있는 이 시대의 문화어라고 할 수 있지요.

올레는 모든 길의 시작이며 출발점입니다. 아직은 혼자 큰길까지 갈 준비가 되지 않은 어린 시절, 돌담 아래 채송화 봉숭아 꽃잎 따며 마음 놓고 놀던 추억의 공간이면서 또한 더 큰길로 나가고 싶어 꿈을 키우던 공간이기도 했습니다. 이렇게 집에서 나와 큰길로 가기 위한 문 밖이 집올레입니다. 그리고 집올레가 모여 거릿길과 큰길로 이어지는 한올레가 됩니다.

올레는 손님이 제주로 찾아오는 길이기도 하지요. 제주의 자연, 바람과 들꽃을 만나는 아름다운 제주의 길이기도 합니다. 여기서 더 나아가 제주의 역사와 제주 사람들의 아픔, 소망까지 접할 수 있는 시작점이 되기도 하지요.

조상을 극진히 모시는 제주 사람들은 조상의 무덤에 산담을 쌓았습니다. 돌로 산담을 쌓은 조상의 무덤으로 가는 길, 무덤에 출입하는 묘지의 입구를 산올레라 했습니다. 마을 가까이 있는 묘지의 산올레는 동네 아이들에게 놀이터가 되기도 했지요.

마을의 수호신이 머무는 공간인 신당에 들어가는 당 입구를 당올레라 합니다. 들판을 가로지르거나 숲길을 걸어 신에게 이르는 길. 우거진 억새풀 사이로 나뭇가지 걷어올리며 걷다 보면 몸과 마음이 정결해지는 길이 바로 당올레입니다.

옛날 우리 할머니들은 구덕(바구니)에 제물을 담고 등에 져서 신당에 갔습니다. 신당으로 이어지는 당올레를 걸을 때는 특히 몸과 마음을 경건하게 했지요. 행여 누가 아는 체를 해도 부정 탈까 하여 들은 체도 하지 않고 앞만 보며 걸어갔다 합니다. 그렇게 정성스러운 마음으로 당올레를 걸어 신을 만나러 갔던 것입니다. 그러한 정성이 있어야 신도 간절한 마음을 보살펴주고, 가슴속 응어리를 풀어줄 것이라 여겼지요.

당올레는 신의 계통에 따라 천신을 만나러 가는 하늘올레, 해신을 만나러 가는 용왕올레, 바람신을 만나러 가는 영등올레, 산신을 만나러 가는 산신올레가 있습니다.

이 당올레는 신(神)이 집의 문전(門前)으로 들어오기 전 집 앞에 머무는 장소이기도 합니다. 자손들이 정성으로 신에게 올릴 음식을 장만하고 진설하면서 제 지낼 준비를 하는 동안 자손들을 만나기 위해 잠시 기다리는 공간이라 할 수 있습니다. 그래서 당올레에는 상서로운 기운이 서려 있습니다. 제주도 말로 '태운 사람(영적인 능력이 뛰어난 사람)'은 처음 오는 곳에서도, 주변 지형과 분위기를 보고 '아 저기에 신당이 있겠구나. 여기가 당올레구나.' 하고 알아차릴 수 있다고 하지요.

당올레는 신이 인간을 만나기 위해 내려오는 길이면서 인간이 신을 만나기 위해 가는 길이기도 합니다. 인간 세상 모진 세파에 지친 자손들을 쓰다듬어 주고 복을 내려주는 신에게 가는 길, 신께 의지하고 서원을 세우기 위해 한 발 한 발 다가서는 길인 것입니다.

▶ 어떤 당을 본향당이라고 합니까?

예전의 제주 어머니들은 아기가 태어난 후 탯줄이라 하는 태(胎)를 태우고 그 재를 항아리에 담아서 새벽녘에 세 길이 만나는 삼도전거리(삼거리)의 어머니만 아는 비밀 장소에 묻어두었습니다. 그러다가 아이가 자라면서 피부병에 걸리면 항아리에 보관해 두었던 태를 태운 재를 가져다가 아픈 부위에 발라주었지요.

이러한 행위는 태의 원초적인 생명력과 뿌리를 저장하고 있는 땅이 만든 복원력으로 병든 아이의 피부를 소생시킨다는 영적인 주술이며 치료였던 것입니다. 그러므로 제주 사람들에게 고향은 태를 묻은 땅, 뿌리를 묻은 땅이라는 의미에서 본향(本鄕)이라 합니다.

제주에는 마을마다 본향당이 있습니다. 본향당은 마을사람들의 태를 묻은 땅을 지켜주는 신(神)이 사는 곳이지요. 이 신을 토주관(土主官) 또는 본향당신이라고 하는데, 제주 사람들은 본향당신을 '땅을 인연으로 한 조상' 즉 '지연조상(地緣祖上)'이라 보았습니다.

본향당신은 마을의 수호신입니다. 이 당신은 마을 주민의 생산 활동과 삶과 죽음, 질병과 재난을 관장합니다. 이를 '생산과 물고(物故), 호적(戶籍), 장적(葬籍)'을 차지한다고 합니다. '생산'은 농사나 목축 등의 생산 활동을 말합니다. '물고'는 마을에서 일어나는 각종 사건사고입니다. '호적'은 살아 있는 사람에 대한 장부이고, '장적'은 죽은 사람에 대한 장부를 말합니다.

마을에는 본향당신 외에도 여러 신들이 있는데, 보통 본향당에 같이 모시거나 다른 곳에 모셔져 있습니다. 본향당에는 여러 신위를 같이 모시기도 하고, 부부신만을 함께 모시거나 한 신을 단독으로 모시기도 합니다.

본향당신이 남신인 경우 토착신인 한라산신이 많습니다. 한라산에서 솟아난 산신은 하로산또와 보름웃도가 있습니다.

여신들은 외지에서 들어온 경우가 많습니다. 송당의 본향당신은 서울에서 들어온 농경신 백주또이고, 토산의 여드렛당 당신은 나주 고을의 곡창을 지키던 금성산신인 뱀신입니다. 용왕의 딸이 들어와 좌정하는 경우도 많지요. 외부에서 들어온 여신은 산신과 부부 관계를 맺고 함께 좌정하거나 단독으로 좌정하기도 합니다.

본향당신은 마을의 생산 형태에 따라 기능이 변화합니다. 남신은 산신이면서 농경신이거나, 해신이면서 농경신이 됩니다. 여신은 아이를 낳고 기르는 것과 관련 있는 산육신이면서 피부병신이며 농경신입니다. 마을이 사냥을 주로 하는 산간지방인가, 농사를 짓는 농촌인가, 고기를 잡는 어촌인가에 따라 본향당신의 기능이 달라지는 것입니다.

제주도 큰 굿의 초감제에 '본향듦'이 있습니다. 1만 8천 신들을 굿청으로 모시는 제차가 초감제이지요. 하늘과 땅을 관장하는 신인 천지왕, 삼천천제석궁(심방이 죽어서 가는 저승)의 신들, 열두시왕(보통 사람들이 죽어서 가는 저승)의 신들, 본향신과 문전신 등의 지상의 신들을 모셔오는 것입니다.

그중 본향듦은 본향신이 굿판으로 들어오는 제차입니다. 여기에서 본향신은 힘세고 활 잘 쏘는 모습으로 표현됩니다. 한라산을 오르내리며 사냥하던 당신의 모습을 재현하기 위하여 심방은 장군처럼 위용을 갖추고 활을 쏘며 등장합니다. 이는 '큰 활 쏘는 사람'을 나타내는 寅를 쓰는 동이족(東夷族)을 연상시키는 장면이기도 합니다.

심방이 활 쏘는 모습을 하고 있는 본향듦의 한 장면.

04
금악 당올레

금오름의 신들과 차귀당

금악리와 고산리

한림읍 금악리는 해발고도 230미터인 중산간 마을이다. 한라산에서 서쪽 방면으로 완만하게 경사를 이루면서 내려온 산록지대와 서남쪽 해안 사이에, 배부른 암소가 누워 있는 모양의 금오름이 있는데, 금악리는 이 금오름 주변의 넓고 비옥한 평야지대에 위치하고 있다.

금악리의 금오름은 오름의 흙이 유난히 검어서 검은오름 혹은 금을오름이라 부르기도 했다. 금을오름의 한자 차용 표기가 '금물악(今勿岳)'인데, 가운데 글자를 빼서 '금악'이라 했고, 여기에서 '금악리'라는 지명이 생겼다.

금악리의 지형은 동쪽 끝이 뾰족하고 서쪽으로 부채꼴 모양으로 펼쳐진 형태이다. 험준한 바위나 깊은 골짜기가 없이 넓은 지형으로 이루어진 금악리에는 논밭과 축산 단지가 주를 이루고 있다. 예로부터 부촌으로 알려졌으나 일제강점기에는 과다 공출로 수난을 당하기도 했고, 4·3 때는 소개령으로 마을이 없어지기도 했다.

한경면 고산리는 제주시에서 서쪽으로 42킬로미터 떨어진 서쪽 끝자락에 위치하고 있다. 한라산 북서쪽 기슭에 자리 잡은 고산리에는 바닷가를 끼고서 해발 148미터의 바위산인 당산봉과 해발 65미터의 수월봉이 있으며, 제주도에서 가장 광활한 고산평야가 넓게 펼쳐져 있다.

특히 이곳에 있는 수월봉은 약 1만 8000년 전 땅 속에서 올라온 마그마가 지하수를 만나 격렬하게 폭발하면서 뿜어져 나온 화산재들이 쌓여 형성된 반달 모양의 기생화산이다. 수월봉의 화산재층은 세계적으로 중요한 지질 자료로 인정받고 있으며, '엉알'이라고 하는 해안 절벽 바위 틈에서는 사시사철 샘물이 흐르는 것이 특징이다.

금악계 당신들과 고산의 차귀당

금악은 수렵신인 황서국서를 모신 뜨신므들 오일하르방당과 정좌수 따님아기를 모신 축일할망당이 중심이며 두 당신(堂神)의 아들, 딸이 주변 마을의 본향당신으로 퍼져 나갔다. 그래서 한림읍과 한경면 지역은 축일당과 오일당들이 주로 분포하고 있다.

금악계 당신의 아들 신들은 수렵·목축신으로 이들이 좌정하고 있는 당은 말〔馬〕날인 오일(午日)에 제를 지내는 '오일당'이다. 그리고 금악계 당신의 딸들은 농경신·치병신으로 이들이 좌정하고 있는 당들은 소〔牛〕날인 축일(丑日)에 제를 지내는 '축일당'이다. 제일이 오일인 것은 사냥에 필요한 말과 관련이 있고, 제일이 축일인 것은 농사에 필요한 소와 관련이 있다.

제주도는 어딜 가나 피부병을 관장하는 당이 있다. 제주도가 한반도의 변방으로 땅이 척박하고 기후는 음습하여 피부병에 잘 걸리지만 의료의 혜택은 잘 받지 못했다. 그래서 농경신인 여신은 치병신의 역할도 겸하고 있다. 다시 말하면 여신은 한 마을의 본향당신이자 농경신으로 마을을 수호·관장하기도 하지만, 의사가 없는 마을에 질병을 수호하는 치병신의 역할도 하고 있는 것이다.

아이가 아프거나 몸에 부스럼이 나면 치병신인 축일할망이나 일뤠할망, 송씨할망을 찾아가 빌고 그 효험을 얻는 것이 제주의 신앙 생활이라 하겠다.

금악리 본향당에는 당본풀이가 전해지고 있다. 사냥을 하던 수렵신 황서국서와 농경신인 정좌수 따님이 결혼하여 금악 마을의 당신이 된 유래를 설명하는 신화다.

금악리 당본풀이

　정좌수는 사냥을 하면서 시집 갈 나이가 다 된 딸과 함께 살고 있었다.
　하루는 한라산에 사냥을 가서 노루 한 마리를 손쉽게 잡았다. 흡족한 마음으로 활에 맞아 죽은 노루를 둘러메고 산을 내려오는데, 바로 앞에 또 다른 노루 한 마리가 서 있었다. 게다가 노루는 도망갈 생각도 않고 서서 정좌수를 빤히 쳐다보고 있는 게 아닌가.
　평소에 정좌수는 노루를 한 번에 한 마리 이상 잡지 않았다. 하늘이 허락한 만큼만 잡아야 한다는 생각을 갖고 있기 때문이다. 그런데 바로 눈앞에 서 있는 노루를 보자 욕심이 생겼다. 정좌수는 잠시 망설이다 화살 하나를 꺼내 들었다. 도망가지도 않고 서 있는 게 이상하다 생각하면서도 화살을 날렸는데, 화살에 맞은 노루가 뒤로 돌아 껑충 뛰더니 모습을 감추었다. 멀리 못 갔으려니 생각하고 정좌수는 노루가 사라진 곳으로 뛰어갔다. 그런데 그곳은 계곡으로 이어지는 벼랑 끝이었다. 정좌수는 몇 걸음 못 가서 바로 벼랑으로 떨어져버렸다.
　정좌수는 다리를 크게 다치고 말았다. 먼저 잡은 노루를 등에 지고 기다시피 하면서 겨우 집으로 돌아왔으나 그날로 앓아눕게 되었다.
　시름시름 앓던 정좌수는 딸을 불러 말했다.
　"애야, 내가 마지막으로 잡은 노루의 간을 약으로 써사키여. 노루 간을 횟감으로 썰어 오라."

정좌수 따님아기는 노루의 배를 갈라 간을 꺼냈다. 서둘러 횟감을 써는데, 그만 한 점이 부엌 바닥으로 떨어졌다. 정좌수 따님아기는 떨어진 간 조각을 주우려고 하다가 흙 묻은 것을 아버지께 드릴 수 없다고 생각해서 그냥 내버려두었다.

노루의 간을 접시에 담아 누워 있는 아버지께 가져갔다. 가까스로 일어나 접시의 간을 먹으려 하던 아버지가 화를 내었다.

"이거 분명 한 점이 부족허다. 어떵 된 일이고?"

"제가 급히 썰단 보난, 한 점이 바닥에 떨어져 부러수다. 흙 묻은 걸 아버님께 드릴 수 어선 그냥 내버려둬수다."

정좌수는 딸을 보며 혀를 찼다.

"너는 노루가 얼마나 귀한 줄 몰람구나. 노루는 하늘이 허락한 것만을 잡아야 허는 영물이여. 내가 욕심 부련 한 마리 더 잡젠 허단 이렇게 벌을 받고 이신 거 닮다. 경헌디 어떵 흙 묻은 거랜 함부로 버릴 수 이시커냐?"

정좌수는 눈 쌓인 한라산을 누비며 힘들게 노루를 잡던 이야기를 들려주기 시작했다. 정좌수 따님아기는 밤새 이야기를 듣다가 잠이 들었는데, 새벽에 눈을 떠보니 아버지는 딸의 손을 잡은 채 숨을 거두고 있었다.

정좌수 따님아기는 한라산 기슭에 아버지를 묻어드리고 집으로 돌아와서는 멍하니 앉아 하늘만 바라봤다. 이제는 기다려야 할 아버지도 없고, 혼자 남아 무엇을 하며 먹고 살아야 할지 막막했던 것이다.

문득 아버지가 사냥하던 한라산으로 가봐야겠다는 생각이 들었다. 그래서 아버지의 발자국을 따라 한라산으로 올라갔다. 눈 쌓인 겨울의 한라산은 앞을 분간하기 어려웠다. 정좌수 따님아기는 금세 길을 잃고 헤매다 추위와 배고픔으로 기진맥진해서 풀썩 주저앉고 말았다.

나무에 기대 앉아 끄덕끄덕 졸고 있는데 어디선가 가는 연기가 하늘로 올라왔다. 정좌수 따님아기는 다시 힘을 내어 겨우 연기가 나는 곳으로 찾아들었다.

연기는 근처에 있는 궤(바위굴)에서 나고 있었다. 정좌수 따님아기는 굴속으로 들어가다가 정신이 아득하여 쓰러지고 말았다. 몇 시간을 잤는지 정좌수 따님아기가 정신을 차려보니 웬 기골이 장대한 사내가 자신을 바라보고 앉아 있었다. 정좌수 따님아기는 화들짝 놀라 일어났다.

"여기가 어디우꽈?"

"그렇게 말하는 너는 누구고?"

"저는 사냥꾼 정좌수 딸이우다. 아버님이 돌아가시면서 사냥하던 애기를 들려주십디다. 경허연 마지막으로 아버님 발자국을 밟고 싶어 산으로 들어와신디 길을 잃고 헤매게 되언 마씸."

"그게 정말이냐? 나는 정좌수와 같이 사냥하러 다니던 황서국서여."

황서국서는 정좌수와 같이 사냥하던 얘기를 들려주었다. 황서국서가 산 위에서 노루를 아래로 몰면 정좌수가 쏘아 맞추고, 아랫목에서 못 맞추면 위로 몰아 황서국서가 이를 쏘아 맞추면서 함께 사냥을 했다는 것이다.

이야기를 들으며 황서국서를 쳐다보던 정좌수 따님아기는 얼굴을 붉혔다. 늠름하고 기골이 장대한 황서국서를 보고 반한 것이다. 황서국서도 아름답고 기품이 있어 보이는 정좌수 따님아기가 마음에 들었다.

둘은 혼인을 하여 부부가 되었다. 황서국서는 정좌수 따님아기에게 이제 사냥을 그만두고 마을에 좌정하여 사람들을 보살펴주며 살자고 했다. 그렇게 둘은 한라산에서 내려왔다.

금악오름에 이르러 좌정할 곳을 살펴보았다. 부부는 금악오름이 너무 높아 자손들의 제물공연을 받기 어렵다고 생각하고 오름 아래에 좌정하기로 하였다. 당동산에 가보니 말뼈가 널려 있었다. 황서국서는 본디 수렵신이라 이곳에 좌정하면 되겠다고 판단했다.

정좌수 따님아기는 고기를 먹지 않는 미식신(米食神)이므로 같이 좌정할 수가 없어 좀 더 아래로 내려왔다. 뜨신무르(지명)에 이르러 주위를 살펴보자 마음에 들었다. 정좌수 따님아기는 이곳에 축일(丑日)한 집으로 좌정했다.

부부는 금슬이 좋아 아들 낳고 딸을 낳아 송이송이 벌어졌다. 아들 간 데 열여덟, 딸 간 데 스물여덟, 손지방상(손자 손녀) 일흔여덟으로 뻗어나갔다. 황서국서와 정좌수 따님아기 자손들은 이웃 마을의 당신으로 좌정하였다.

큰아들은 종구슬 고완이, 둘째 아들은 명월 하원당, 셋째 아들은 널개, 큰딸은 저지 허리궁전, 둘째 딸은 느지리 캐인듬, 셋째 딸은 매와지 삼대바지…….

이들은 이웃 마을에 좌정하여 낳는 날 생산 차지, 죽는 날 물고 차지한 본향당신(堂神)이 되었다.

고산리 당산봉에 자리한 차귀당

금악 당올레 기행은 금악 지역에 있는 본향당을 중심으로 하면서 금악 본향당의 황서국서와 정좌수 따님아기의 자식들이 좌정한 상명리 본향당과 상대리 본향당을 답사하는 일정으로 계획했다. 거기에 정좌수 따님아기의 금악본향당과 제일(祭日)이 같은 한경면 고산리 차귀당도 함께 답사하기로 했다.

먼저 고산리에 위치한 차귀당을 둘러보고 나서 금악으로 이동하기로 했다. 차귀당은 고산리에 위치한 당산봉 기슭에 자리하고 있는데, 주소는 '한경면 고산리 2640번지'로 되어 있다. 『동국여지승람』에서는 차귀당을 광양당과 함께 제주의 대표적인 당으로 꼽고 있기도 하다.

고산리는 제주시에서 갈 때 가장 시간이 많이 걸리는 지역이라고 한다. 다른 지역처럼 가로질러 가는 길이 없고 천상 일주도로로 갈 수밖에 없기 때문이다. 그래봐야 한 시간 거리이지만 말이다. 일주서로로 운전하고 가다가 고산리와 용수리 초입에 이르면 당산봉이 눈앞에 바짝 다가와 있다. 차귀당이 있는 당산봉이다. 나로선 차귀당에 처음 찾아가는 것이라 운전하는 데만 신경을 쏟고 있었는데 어느덧 당산봉에 도착해 있었다.

차에서 내려보니 당산봉 기슭에 자그마한 건물이 한 채 서 있었다. 바로 차귀당이라 한다. 뱀신이 좌정해 있다는 당이라 뭔가 으슥한 숲속에 자리하고 있는 게 아닐까 생각했었는데 막상 보니 도로변에 지어진 집 한 채가 전부였다.

당산봉 기슭에 자그마한 건물이 한 채 서 있었다. 바로 차귀당이라 한다. 뱀신이 좌정해 있다는 당이라 뭔가 으슥한 숲속에 자리하고 있는 게 아닐까 생각했었는데 막상 보니 도로변에 지어진 집 한 채가 전부였다.

당산봉 기슭에 위치한 차귀당.

『동국여지승람』에는 광양당과 더불어 차귀당에 관한 기록이 있다.

又於春秋 男女群聚 廣壤堂遮歸堂 具酒祭神 又地多蛇虺蜈蚣 若見灰色蛇 則以爲遮歸之神 禁不殺
(봄과 가을에 광양당과 차귀당에 가서 남녀가 모여 주륙을 갖추고 신에게 제사를 지냈다. 또 이곳은 뱀과 지네가 많은데, 그중에서도 회색 뱀만 나타나면 차귀신이라 하여 이를 죽이지 않는다.)

차귀당에는 짤막한 본풀이도 전해지고 있는데, 구체적으로 고려시대에 있었던 일이라고 밝히고 있는 것이 전설과 비슷하다. 차귀당 본풀이는 짧지만 바다에서 온 뱀신이 좌정하기까지의 과정이 잘 나타나 있다.

옛날 고려시대에 있었던 일이다. 차귓뱅뒤(고산리 평야)에서 소와 말을 모는 목동 '법성'이 바닷가로 내려왔다가 이상한 무쇠 상자를 발견했다. 뭔가 귀한 것이 들어 있을 것 같아 무쇠 상자를 주워와 열어보았다. 그런데 그 안에는 황구렁이, 적구렁이가 소랑소랑 엉켜 혀를 날름거리고 있었다.
깜짝 놀란 법성은 벌벌 떨면서 살려달라고 애원했다. 그러면서 가만히 구렁이들을 살펴보니 아무래도 범상치가 않았다. 법성은 자세를 가다듬고 두 손 모아 합장하며 정중하게 빌었다.
"나와 인연 있는 조상이건 좋은 곳에 좌정허십서. 제를 올려 모시쿠다."
그러자 뱀신은 고산리 당오름 기슭 정결한 곳에 좌정하였고, 이때부터 이곳은 차귀당이 된 것이다.

이 뱀신은 영험이 있는 신으로, 이 당 앞을 지나려면 목사조차도 말에서 내려 머리를 숙였다는 말이 전해진다. 그렇지 않으면 말 발이 절어 제대로 지나가지 못했다 한다. 담뱃대를 문 채 지나가면 이앓이를 하기 때문에 물었던 담뱃대도 내려놓고 공손하게 절을 한 후 지나가야 했다는 이야기도 있다.

옛날 호열자가 만연하였을 때도 차귀 마을은 이 뱀신이 도와서 호열자를 막았다는 이야기, 4·3 사건 때 이완노라는 청년이 차귀당의 당을 부수고 당나무를 잘랐다가 당신의 노여움을 사서 죽었다는 이야기들이 전해지고 있는데, 모두 차귀당의 뱀신이 얼마나 영험한지를 나타내는 이야기들이다.

차귀당은 한경면과 한림읍 등지에 분포된 축일당과 같이 제일이 축일(소의 날)이다. 고산이 반농·반어업의 해촌 마을이기 때문에 차귀당의 당신(堂神)은 축일날에 제를 지내는 농경신이면서 바닷일을 살펴주는 어로신이기도 하다.

차귀당의 당신을 '법서용궁 유황용신'이라 한다. '유황'은 '용왕'을 말하는 것이다. 그러니까 차귀당은 뱀을 바다 용궁에서 온 용신(龍神)으로 보고 모시고 있는 것이다.

당집 안으로 들어가 보니 돌담이 그대로 드러난 벽에 제단이 만들어져 있는 단출한 구조였다. 앞쪽으로 제단이 있고, 그 위에 나무로 된 상이 놓여 있었다. 상 위에는 위패가 세 개 모셔져 있는데, 용궁에서 온 신, 마을의 신, 농경신 등 여러 성격의 신을 모신다는 의미를 가지고 있는 것이라 한다.

오른쪽 벽에는 고운 물색이 걸려 있었다. 고운 물색은 주로 여신이 좌

차귀당의 제단과 지전물색(위). 차귀당 표지석과 나무(아래).

정한 곳에 걸려 있다 하는데, 차귀당의 당신도 여신으로 받아들이고 있는 것은 아닌가 하는 생각이 들었다. 깔끔하게 정돈된 분위기와 함께 새 것으로 보이는 물색을 보니 평소 제를 지내면서 잘 관리하고 있는 모양이다.

당집 안은 후덥지근하고 모기들이 가득 몰려들어 앵앵거리고 있었다. 모기들은 오래 굶주렸는지 막무가내로 달려드는 바람에 한시도 가만히 서 있기가 어려웠다. 그래서 간단하게 소주 한 잔 올리고 절을 하자마자 서둘러 밖으로 나왔다.

당집 옆에는 잘 자란 나무 한 그루가 서 있었다. 신목은 아니라 했지만 제법 시선을 끄는 나무였다. 비록 만년폭낭의 위엄은 아니었지만 밑에 놓여진 표지석과 어울려 나름대로 독특한 분위기를 풍기고 있었다. 나무를 좋아하는 나로선 힘차게 하늘로 가지를 뻗고 있는 모습을 바라보는 것만으로도 기분이 좋았다.

다시 찾은 당산봉과 차귀당

주변을 돌아볼 여유도 없이 다음 일정을 위해 서둘러 자리를 떴던 것이 못내 아쉬웠던 나는 겨울로 접어드는 12월 초에 다시 당산봉을 찾았다. 이번에는 여유를 가지고 멀리 당산봉이 모습을 드러낼 때부터 분위기를 느껴보려고 천천히 운전해 들어갔다. 고산리 초입 당산봉이 눈앞

차귀도가 당산봉 근처에 있다니! 운전하고 이 근처를 몇 번 다녔을 텐데도 그걸 깨닫지 못하고 있었던 것이다. 운전하고 다닌다는 것은 정말 '주마간산(走馬看山)'의 수준을 면치 못한다는 사실을 실감하는 순간이다. 다음에 기회가 되면 다시 와서 당산봉의 차귀당을 들러보고 차귀도 앞을 지나 수월봉까지 걸어가보리라 다짐했다.

기슭이 밭으로 개간된 당산봉(왼쪽). 멀리 수월봉이 보이는 당산봉 앞 풍경(오른쪽 위). 죽도와 와도 2개의 섬으로 이루어진 차귀도(오른쪽 아래).

에 완전히 모습을 드러냈을 때 오름의 모습이 뱀의 형상을 하고 있다는 인상을 받았다. 왼쪽의 높은 곳은 뱀의 머리요, 오른쪽으로 길게 이어진 부분은 꼬리를 늘어뜨리고 있는 모습이랄까. '뱀신'이 좌정해 있는 오름이라는 선입견 때문에 그렇게 보였는지도 모르겠다.

당산봉은 전체적으로 바위들이 포개져 있는 바위산이었다. 오름 기슭은 돌아가며 밭으로 개간되어 있는데, 돌산과 어울리는 풍경이었다.

당산봉 한 귀퉁이에 차귀당이 자리하고 있는데, 길 건너 바로 앞에는 다세대주택이 건축되고 있어 초여름에 왔을 때보다 더 어수선하게 느껴졌다. 온 김에 당집 안을 한 번 더 둘러보려고 했는데, 출입문에는 자물쇠가 채워져 있었다. 그 모습을 보니 어쩐지 차귀신이 당집 안에 유폐된 것처럼 느껴졌다.

당산봉 앞에는 평야지대가 펼쳐져 있었다. 제주도에서는 정말 보기 드문 풍경이다. 제주도가 가운데 한라산을 중심으로 해안까지 경사를 이루며 내려오는 지형이기 때문이다. 게다가 동부 지역은 모래투성이의 척박한 토지가 많은 데 비해 이곳은 상대적으로 땅이 기름지다 한다. 그래서 그런지 12월인데도 밭에는 양배추와 브로콜리, 무와 마늘이 푸른빛을 뿜내며 한창 자라고 있었다.

바닷가 쪽으로 걸어가니 바로 앞에 차귀도가 보였다. 아름다운 차귀도가 코앞에 펼쳐진 모습은 감동이었다. 얼마 전 수월봉에 오르면서 바라본 차귀도도 멋있었지만 바로 앞에서 본 차귀도는 더욱 아름다웠다. 차귀도가 당산봉 근처에 있다니! 운전하고 이 근처를 몇 번 다녔을 텐데도 그걸 깨닫지 못하고 있었던 것이다. 운전하고 다닌다는 것은 정말 '주마간산(走馬看山)'의 수준을 면치 못한다는 사실을 실감하는 순간이다. 다음에 기회가 되면 다시 와서 당산봉의 차귀당을 둘러보고 차귀도 앞을 지나 수월봉까지 걸어가보리라 다짐했다.

느지리 캐인틈 축일할망당

느지리 캐인틈 축일할망당은 '한림읍 상명리 898번'에 위치하고 있는 상명리 본향당이다. 이 당에는 금악리 당신(정좌수 따님아기)의 둘째 딸을 본향신으로 모시고 있다.

상명리 마을로 가자 본향당이 있는 당숲 근처에 팔각정이 하나 보였다. 우리는 팔각정 근처에 차를 주차해 두고 걸어가기로 했다. 팔각정에서 서쪽으로 50미터 정도 걸어가니 아름다운 당숲이 보였다. 당숲을 바라보며 걷는 길이 바로 상명리 본향당 당올레이다.

당올레를 걸어 돌아가니 동산으로 오르는 계단이 나타났다. 신을 만나러 하늘로 오르는 하늘올레인 것이다. 하늘을 뒤덮은 나뭇가지와 이끼 낀 돌담이 신을 만나러 가는 길을 깊고 그윽하게 해주고 있었다.

이곳의 당 이름은 '캐인틈 축일할망당'이다. '캐인틈'이란 단어는 평소 듣지 못하던 생소한 말인데, 이곳에 직접 와보면 그 말의 의미를 그냥 느끼게 된다. 계단이 끝나면서 깊숙이 파인 넓은 공간이 나타났던 것이다. 그러니까 '캐인틈'이란 '깊숙이 파진 공간'이란 의미이다.

캐인틈 축일할망당에 들어서니 한여름인데도 서늘한 기운이 느껴졌

울창한 당숲의 나무들과 하늘올레 계단길, 서늘한 공기가 땀방울을 씻어주는 신목 아래 캐인틈! 이런 것들과 마주하고 싶다면 한림읍 상명리에 있는 느지리 캐인틈 축일할망당을 찾아볼 것을 권한다.

당숲을 끼고 걷는 당올레(위). 느지리 캐인틈 축일할망당으로 오르는 당올레(아래).

다. 바위굴을 활용해 지은 집에서는 냉난방비가 거의 들지 않는다는 말을 여기서 실감했다. 캐인틈이라고 해서 좁은 틈을 떠올렸지만 제단 앞은 너른 거실처럼 공간이 제법 넓었다.

이 당의 신목도 팽나무였다. 만년폭낭이라는 이름에 걸맞게 태곳적부터 이어온 신의 이야기를 품은 듯 꿈틀거리는 가지를 늘어뜨리고 있었다. 신목에는 깨끗한 지전물색이 걸려 있었다. 지전물색은 그 당의 역사이기도 하다. 오래된 지전물색부터 비교적 깨끗한 것까지 걸려 있다면 오래전부터 현재까지 신당을 찾는 사람들이 계속 이어져 오고 있다는 것을 나타낸다.

바위틈에 선 큰 팽나무 아래쪽으로 자연석으로 된 제단이 보였다. 소주 한 잔 올리고, 절을 한 후 문무병 박사님의 설명을 듣는데, 동굴집에 들어앉아 옛이야기 듣는 기분이었다. 신기하게 모기들도 보이지 않는 이 공간은 쾌적한 자연 거실이라고나 할까. 청량한 자연 거실에서 숲의 향기를 호흡하는 것은 즐거움 그 자체였다.

울창한 당숲의 나무들과 하늘올레 계단길, 서늘한 공기가 땀방울을 씻어주는 신목 아래 캐인틈! 이런 것들과 마주하고 싶다면 한림읍 상명리에 있는 느지리 캐인틈 축일할망당을 찾아볼 것을 권한다.

한림읍 금악리 ᄯᅩ신ᄆᆞ들 축일당

금악리 1354-1번지에 위치해 있는 ᄯᅩ신ᄆᆞ들 축일당은 당본풀이의 주인공인 정좌수 따님아기를 본향신으로 모신 당이다. 국도에서 남서쪽으로 약 1킬로미터 지점에 있는 당동산 오일당에서 동쪽으로 300미터 지점 밭 사이에 있다.

뜬신모들 축일당은 당올레 입구에 금악리장 이름으로 표지판이 세워져 있었다. 그래서 마을에서 잘 관리하고 있는 신당이라고 생각했는데, 당올레는 가시나무와 높이 자란 풀들로 가로막혀 있었다. 앞장 선 사람이 호미로 가지를 쳐내야 앞으로 나아갈 수 있을 정도였다. 당올레에 무성한 풀이나 가시나무를 베어내는 일은 신화연구소 사무국장님과 후배가 도맡아 해주었는데 덕분에 나머지 사람들은 편안하게 걸어갈 수 있어 얼마나 고마운지 몰랐다.

당 안에도 풀이 무성한 걸 보니 사람들이 자주 찾아오지는 않는 모양이다. 하긴 요즘에는 나이 드신 어른들도 당을 잘 찾지 않는 시대니까. 그래도 표지석이 있어 누구든 마음만 먹으면 찾아오기는 쉬울 것 같다. 표지석은 아직까지 본향당으로서의 역할이 계속되고 있다는 표시이자 소중한 문화유산으로 인정받고 있음을 나타내는 것이기도 하다.

뜬신모들 축일당에 좌정해 있는 정좌수 따님아기는 농경신이면서 아기를 낳고 길러주는 산육신이다. 고기를 먹지 않기 때문에 고기를 먹는 남편신과 헤어져 남편을 당동산 아래 남겨놓고 별도의 당을 차지하게 된 것이다. 이곳의 당신은 농경신이기 때문에 제단에는 돼지고기를 올리지 않는다고 한다.

'뜬신'은 따뜻하다는 제주어이고, '모들'은 돌들을 모아놓은 곳을 말하는데 '머들'이라고도 한다. 그래서 '뜬신모들'은 햇빛이 잘 들어 돌무더기에서 온기가 느껴지는 따뜻한 곳이라고 할 수 있겠다. 뜬신모들 축

뚜신무들 축일당 표지석(위). 신목 팽나무와 자연석으로 된 제단(아래).

일당은 이름처럼 돌들이 무더기로 쌓인 곳에 자리잡고 있었다.

신목은 곶자왈의 나무들처럼 무더기 돌 틈에 뿌리내린 팽나무였다. 제단 역시 편편한 바위인 자연석을 그대로 이용하고 있었다. 향로와 촛대가 바위 위에 놓인 모습은 참으로 소박하고 단출했다. 밭에서 일하다 부담 없이 와서 신께 절도 하고, 앉아 새참 먹으며 땀을 식히기에 딱 좋은 장소였다. 우리도 소박하게 종이컵에 술 한 잔 부어 신께 올리고 절을 한 후 한담을 나누었다.

당동산 오일하르방당

금오름이 비스듬히 보이는 국도에서 남서쪽으로 약 1킬로미터 지점에 당동산 오일하르방당이 있다. 주소지는 한림읍 금악리 1612번지이다. 이 당은 황서국서를 모신 당으로 금악리 본향당이다.

오일하르방당이 있는 곳을 당동산이라고 했지만 동산처럼 보이지는 않았다. 한걸음에 올라설 수 있을 정도로 조금 높은 지대라고나 할까. 길에서 돌담을 넘어 조금 높아 보이는 곳으로 올라가니 당으로 가는 올레가 시작되었다. 이곳 역시 사람이 잘 다니지 않는지 풀과 나무가 무성해 앞으로 나아가기가 힘들었다. 두 분의 장정이 호미와 정전가위로 풀과 나무를 자르면서 길을 뚫어야 했다.

이곳의 신목은 팽나무와 대나무라고 한다. 그래서 가까이 갈수록 대나무숲이 앞을 가로막았다. 대나무를 잘라 가면서 길을 내는데, 어느

오일하르방당에 가는 길.

순간 시원한 대나무숲 터널이 나타났다. 터널 안은 동굴 속에 들어온 것처럼 서늘했다. 대나무로 뒤덮인 당올레를 사각사각 마른 댓잎 밟으며 걸어가는 맛이 일품이었다.

당 안으로 들어서자 서늘한 기운이 한여름 땡볕에 달구어진 심신을 식혀주었다. 그리고 신기한 것은 대나무가 당 울타리 밖으로는 빽빽하게 들어서 있는데 당 안에는 한 줄기도 돋아나 있지 않은 것이다. 대나무의 번식력도 당신이 거주하는 성소에는 감히 침범하지 못하고 있는 모양이다. 캐인틈 축일할망당처럼 이곳도 모기가 없는 것이 신기했다. 다른 곳은 달려드는 모기들의 극성에 잠시도 서 있기가 괴로웠는데 말이다.

문무병 박사님의 설명을 끝으로 오일하르방당에서 나와 점심을 먹으러 마을 식당으로 갔다. 금악초등학교 옆에 위치한 식당이었는데, 맛도

가까이 갈수록 대나무숲이 앞을 가로막았다. 대나무를 잘라가면서 길을 내는데, 어느 순간 시원한 대나무숲 터널이 나타났다. 터널 안은 동굴 속에 들어온 것처럼 서늘했다. 대나무로 뒤덮인 당올레를 사각사각 마른 댓잎 밟으며 걸어가는 맛이 일품이었다.

오일하르방당 표지석(위). 오일하르방당 제단(아래).

훌륭하고 제주 화산석으로 꾸며놓은 조경도 멋있었다.

종구실 고한이 축일 본향

종구실 고한이 축일 본향은 한림읍 상대리 4132-1번지에 위치한 상대리 본향당이다. 이 당에는 금악 당신인 황서국서와 정좌수 따님아기의 첫째 아들을 모시고 있다. 서부산업도로 상대리 입구에서 북쪽으로 100미터쯤 내려가다 서쪽으로 난 시멘트 길로 200미터 가다 보면 좌측 소나무 밭에 있다.

당 안으로 들어가니 동쪽에 시멘트로 만든 제단이 있고, 제단 좌우에는 신목인 큰 팽나무가 있었다. 팽나무는 힘차게 사방으로 가지를 뻗고 있었는데 힘 자랑 꽤나 할 것 같은 '건장한 남신(男神)'을 연상시켰다.

제단 뒤편 돌담에는 지전, 물색, 명주실이 가득 걸려 있었다. 걸어놓은 지 얼마 안 된 깨끗한 지전물색과 한쪽에 쌓인 소주병들을 보니 아직도 사람들이 꾸준히 드나드는 당임을 알 수 있었다.

제단 앞쪽으로 세 개의 구멍이 뚫려 있고 돌로 구멍을 막고 있는 것이 보였다. 바로 상궤, 중궤, 하궤이다. 이 구멍은 제물을 넣는 구멍인데, 신이 이곳에 머문다는 관념이 작용하고 있는 것이라 한다.

보통 농경신은 돼지고기를 올리지 않는데, 이곳에는 '금악계 농경신'임에도 돼지고기를 제물로 올린다고 한다. 그런 것으로 보아 예전에는 사냥신으로 모시다가 반농·반목축신으로 변모한 것이 아닐까 생각된다고 문무병 박사님은 설명하셨다.

이 당은 길가에 인접해 있어서 그런지 모기가 들끓었다. 그래서 당 안으로 들어갔다가 금세 도망쳐 나오는 사람들이 많았다. 나 역시 문무병 박사님의 설명이 끝나자마자 부리나케 밖으로 뛰쳐나와야 했다.

문무병 박사님은, 고한이 축일본당이 당올레가 그대로 잘 보존된 당이라고 강조하셨다. 보통 당올레가 과수원이나 밭 옆으로 나 있어 농로로 같이 쓰기도 하는데, 이 고한이 축일본당으로 들어가는 당올레는 오로지 신당으로 가기 위한 올레로 입구부터 마음을 경건하게 할 수 있는 길이라 했다.

박사님은 신을 만나기 위해 당올레를 걸어가는 제주 할머니들의 모습을 몸으로 시연하기까지 하셨다.

할머니가 신에게 올릴 제물을 구덕(바구니)에 넣어 등에 지고 당올레를 걸어갈 때는 한 걸음 한 걸음 온 정성을 다허주.
"할망, 어드레 감서?"
지나가던 이가 보고 아는 체하면서 부르기라도 허믄 귀를 딱 막는 거라. 부정 탈까 봐 못 들은 척 앞만 보며 걷는 거주.

박사님이 대사까지 읊어 가시면서, 할망이 신께 올릴 제물을 담은 구덕을 지고 걸어가는 모습을 흉내 내기 시작하셨다. 그런데 어찌나 그 모습이 실감 나는지 순간 제주 할망이 박사님 몸에 빙의한 게 아닌가 하는 생각이 들었다.

제단 앞쪽으로 제 개의 구멍이 뚫려 있고 돌로 구멍을 막고 있는 것이 보였다. 바로 상궤, 중궤, 하궤이다. 이 구멍은 제물을 넣는 구멍인데, 신이 이곳에 머문다는 관념이 작용하고 있는 것이라 한다.

종구실 고한이 축일본당 당올레(왼쪽), 고한이 축일본당의 신목인 팽나무(오른쪽 위), 제단과 상궤·중궤·하궤(오른쪽 아래).

문 박사의 톡톡 신화 강좌

산신 신앙

▶ 제주도의 산신은 어떤 성격의 신입니까?

제주도의 산신은 '하로산또'라는 이름으로 인격화된 신입니다. '하로산또'는 '한라산에서 솟아났다'는 의미의 토착신을 말합니다. 제주도의 산신 신앙은 한라산이나 한라산의 바람, 경외하는 자연을 인격화시킨 자연 신앙이지요.

한라산은 제주 사람들의 사냥터이고, 방목지이며, 죽어서 묻히는 묘지이기도 합니다. 그러니까 한라산은 제주인의 삶과 죽음의 근원지이기도 하지요. 그래서 한라산을 신으로 인격화하고 신앙의 대상으로 삼았다 할 수 있습니다.

제주도의 산신은 수렵·목축신입니다. 그런데 때로는 '바람의 신', '비의 신', '구름의 신'으로 나타나 농경신적인 기능을 지니기도 합니다.

▶ 산신당 본풀이에는 어떤 내용이 담겨 있습니까?

'산신당 본풀이'는 한라산을 사냥하며 좌정할 곳을 찾아 떠돌아다니다가 정착하는 과정과 마을이 형성된 후 마을 사람들에게 신으로 대접

받는 과정을 설명하는 산신 신화입니다. 그러니까 수렵 이동 생활에서 농경 정착 생활로 옮겨가는 역사시대 초기의 신화라 할 수 있습니다.

산신의 이름은 주로 한라산을 인격화하고 있습니다. '한라산에서 솟아난' 산신은 사냥꾼의 육식 식성을 가지고 있는데, 이 산신을 사냥하며 떠돌아다니던 설촌 조상으로 그리고 있죠. '한라산에서 솟아난' 신이 좌정처를 정할 때는 나침판을 이용하는데, 천기 · 방위 · 풍수 등을 살피고 특히 생수가 있는 곳으로 선택합니다. 이런 점에서 제주의 산신은 제주 사람들의 생활 문화를 반영하고 있다고 볼 수 있지요.

금악당 본풀이의 내용을 구체적으로 살펴볼까요. 이 신화에서는 아버지와 딸이 함께 사는 불완전한 가족 상황과 정착할 수 없는 수렵 생활의 면모를 보여줍니다. 사냥을 생계 수단으로 하는 수렵 사회의 식생활은 '횟감 한 점'으로 상징화되어 있습니다. '횟감 한 점'은 부녀 사이에 갈등을 일으키고 부친을 사망하게 합니다.

부친의 사망은 가정의 파탄이요, 미정착 생활의 지속입니다. 딸은 배고픔을 해결하기 위하여 아버지의 사냥법을 계승하려 합니다. 그래서 아버지의 사냥터를 찾아가던 중에 금악리의 당신인 '황서국서'를 만나 결혼합니다. 이렇게 여신이 남신을 만나 부부가 되고 당신으로 좌정하는 모티브는 수렵 이동 생활에서 농경 정착 생활로의 변모를 보여줍니다.

'산신당 본풀이'를 굿의 대본으로 한 '산신놀이(사농놀이)'는 당신들이 사냥하던 광경을 굿판에 재현한 것입니다. 이 산신놀이는 사냥감의 풍성한 수확을 기원하는 주술이며, 극으로 표현한 의례라 할 수 있습니다. 다시 말하면 신화를 현장에 재현하는 것이며, 마을 사람들의 생활 감정을 극으로 표현하는 것입니다.

05
도깨비당 당올레

부의 신 도깨비

신앙의 대상이 된 제주의 도깨비신

도깨비! 그림동화를 통해 도깨비를 접한 사람은 뿔 달리고 귀엽게 생긴 도깨비를 연상하리라. 아니면 「전설의 고향」에 나오는 으스스하고 다소 기이하게 생긴 도깨비불을 떠올리든가. 그런데 최근 도깨비를 소재로 한 드라마가 인기리에 방영되면서 도깨비는 매력적인 배우의 이미지와 함께 '쓸쓸하고 찬란한 신'의 서열에 등극하기도 했다.

나 또한 이 드라마를 재미있게 봤는데, 작가는 도깨비라는 소재만 취한 것이 아니라 민간에 전해지고 있는 도깨비신의 특징을 적절하게 잘 구현하고 있어서 더욱 흥미로웠다. 드라마에서도 몇 번 언급되었지만, 도깨비는 '부(富)의 신'이다. 그래서 도깨비를 잘 모시면 부귀영화를 누리게 해준다. 하지만 도깨비를 잘 대접하지 않으면 무섭게 보복을 하는 재앙신이기도 하다.

하여튼 이 드라마 방영을 계기로 도깨비에 대해 관심을 가지는 사람들이 많아진 것 같다. 어느 지역에 도깨비 마을이 있다는 얘기까지 하며 관심을 보이는 사람이 주변에 있는 걸 보면 말이다. 그런데 제주에는 도깨비가 신앙의 대상이 되어 도깨비를 신으로 모시는 당이 있다는 것을 아는 사람은 많지 않은 것 같다. 제주에서는 도깨비를 모시는 본향당이 있고, 그에 따른 본풀이 즉 신화도 전해지고 있다.

제주에서 도깨비를 마을의 당신으로 모시는 곳은 네 군데이다. 한경면 낙천리에 있는 소록낭모들 오일당, 한림읍 금능리에 있는 금능 본향 연딧가름 영감당, 한림읍 비양도에 있는 '송씨영감당', 그리고 제주시 도두리에 있는 '쇠촐래미 영감참봉또'를 모신 '엉물당'이다.

한경면 낙천리 소록낭모들 오일당은 다니는 사람이 없어 현재 폐당된 상태이지만 당본풀이가 전해지고 있어 도깨비신의 성격을 이해하는 데 도움을 주고 있다.

낙천리 도깨비당 본풀이

서울 사는 진씨 아들 삼형제가 어찌나 행실이 불량한지 동네 처녀들을 희롱하고 몸을 더럽히며 다니느라 사람들의 원성을 샀다. 이들의 못된 행실을 혼내주려 하면 신출귀몰하는 삼형제에게 오히려 호되게 당하곤 해서 손을 함부로 댈 수도 없었다. 사정이 이러하니 삼형제를 벌해 달라는 상소가 곳곳에서 임금님께 올라갔고, 마침내 삼형제는 만주 '드른들거리'로 쫓겨나 귀양을 가게 되었다. 만주로 쫓겨난 삼형제는 도깨비가 되어 밤마다 저잣거리를 휘젓고 다니면서 사람들을 놀라게 했다.

만주 '드른들거리'에는 재산이라고는 기르고 있는 돼지 한 마리와 집 한 채가 전부인 가난한 송영감이 살고 있었다. 송영감이 하루는 산에 가서 약초를 캐다 장에 가서 팔고 돌아오다가 동네 어귀에서 배고파 축 늘어져 있는 진씨 아들 삼형제를 만나게 되었다.

삼형제는 송영감을 보자 반가워하며 앞을 가로막았다. 영감은 웬 도깨비가 앞을 가로막으니 놀라 뒷걸음질 쳤다. 삼형제는 최대한 나긋나긋한 목소리로 영감에게 말했다.

"영감이 만약 우리를 위해서 돼지를 잡아 제사를 지내면 고생 안 하고 살게 해주지. 근데 만약 모른 체하면 무슨 일이 벌어질지 장담할 수 없어. 어떻게 할래?"

영감은 무서워 무조건 그러겠다고 약속을 하고 집으로 도망쳐 들어왔다. 도깨비들도 영감 뒤에 바짝 붙어서 따라 집으로 들어왔다. 영감은 약속을 지키지 않았다가는 무슨 일을 당할지 몰랐다. 그래서 부인이 말리는데도 하나뿐인 돼지를 잡고 수수떡 수수밥을 하여 제사를 지내 주었다.

그때부터 하는 일마다 술술 잘 풀리더니, 영감은 삽시간에 천하거부가 되었다. 마을에는 영감이 도깨비를 사서 부자가 되었다는 소문이 쫙 퍼졌다.

하지만 부자가 된 영감은 이제 도깨비랑 같이 사는 것이 영 마음에 들지 않았다. 만나는 사람마다 도깨비랑 사는 것이 어떠냐고 귀찮게 물어왔기 때문이다. 게다가 고생을 안 하면 몸이 더 좋아야 할 텐데 자꾸 시름시름 기운이 없이 여위어 가는 것도 왠지 도깨비 탓인 것 같았다.

어떻게 할까 궁리를 하던 영감이 좋은 꾀를 하나 생각해 내었다. 영감은 도깨비들에게 대접을 푸짐하게 잘해 놓고는 은근히 다짐하듯 운을 떼었다.

"저 멀리 세경 넓은 밭을 문 밖에 떼어다 놓아주시오. 그러면 평생 모시고 살겠소. 허나 그러지 못하면 더 이상 모시지 않을 것이니 이 집에서 나가야 될 것입니다."

"그럼 그렇게 하지."

자신만만한 도깨비들은 약속을 하고는 열심히 밭을 떼어다 문 밖에 갖다 놓으려 했다. 그런데 아무리 용을 써도 밭을 옮겨올 수 없었다. 이를 핑계 삼아 송영감은 도깨비를 나무에 묶고 네 토막으로 쳐 죽여서 쫓아버렸다.

도깨비를 쫓아낸 송영감은 서둘러 백마를 잡아 문 밖에 말가죽을 잘라 붙이고 집 좌우로 돌아가면서 말의 피를 뿌렸다. 그러고 나서 백마의 고기를 걸어 도깨비가 더 이상 들어오지 못하게 해버렸다.

네 토막으로 잘려 쫓겨난 도깨비는 열두 도깨비로 불어났다. 도깨비들은 천기 별자리를 짚어 점을 치고 각기 사방으로 흩어졌다. 위로 삼형제는 서양 각 나라 기계풀무 야장신(冶匠神)이 되고, 그 아래 삼형제는 일본 가미산 맛주리 대머리 공원 철도 철도목 철공소, 방직회사에서 초하루와 보름에 제의를 받는 신이 되고, 그 아래 삼형제는 서울 호적계로 좌정하였다.

막내 삼형제는 갈 길을 몰라 방황하다가 흉년이 들어 장사하러 온 제주 선주의 두 아들을 만났다. 도깨비들은 선주의 아들들에게 말했다.

"우리와 잘 사귀면 부귀영화를 누리게 될 것이다. 그러니 우리를 데리고 제주로 들어가는 게 어떤가?"

선주의 아들들은 그렇게 하겠다고 하고 도깨비들을 데리고 제주로 들어왔다. 도깨비 삼형제는 모두 제주 사람들이 모시는 일월조상이 되었는데, 한 가지는 갈라다 뱃선왕(船王神)으로 모시고, 한 가지는 갈라다 산신일월또(狩獵神)로 모시고, 한 가지는 갈라다 솥불미(冶匠神)으로 모시게 되었다.

한림읍 금능리 능향원

　입춘이 지나 제주의 바람이 한결 부드러워진 2월 중순경, 제주에 남아 있는 도깨비당을 답사하기 위하여 신화연구팀이 길을 나섰다.
　이번 도깨비당 답사는 한림읍 금능리에 있는 도깨비당과 한경면 낙천리에 있는 도깨비당을 둘러보는 것으로 계획을 짰다. 마침 햇살도 제법 화사하게 내리쬐던 날 길을 나선 답사여서 봄을 앞당겨 나들이 가는 기분이었다. 더구나 금능리 도깨비당이 있는 곳은 아름다운 공원으로 조성된 '능향원'이어서 즐거움이 배가 되었다.
　금능리의 옛 이름은 '배령리'이다. '배령리'가 속칭 버랭이(벌레)라는 말과 비슷하다 하여 약 100여 년 전부터 금능리라고 한자말로 바꿔 부른다 한다. 월령리와 협재리 사이에 있는 금능리는 전형적인 어촌 마을이었다. 이곳에 있는 배령포는 한때 30여 척에 가까운 어선들이 북적거렸을 정도로 비교적 큰 어항이었다 한다.
　1996년 마을 외곽지에 능향원을 조성하고 이곳에 술일할망당과 도깨비당인 축일하르방당, 그리고 포제단을 설립했다. 포제단이 유교식으로 마을제를 지내는 곳이니 유교와 무속 신앙이 함께하고 있는 셈이다. 그런데 능향원 입구에는 현무암으로 만든 동자석과 함께 기와형 지붕 밑 돌기둥에는 부리부리한 인상의 금강역사가 새겨져 있어 능향원은 불교 문화까지 함께하는 공원이라고 말할 수 있겠다.
　한림읍 금능리에 위치한 능향원은 입구부터 독특한 풍경으로 시선을 사로잡았다. 능향원 입구는 두 기의 동자석이 서 있어 대문의 역할을 하고 있었다. 제주도 화산석인 검은 현무암으로 만들어진 동자석은 소박하면서도 넉넉하게 느껴지는 미소를 띠고 있어 손님의 마음을 부담 없게 해주었다.

동자석은 제주의 정낭도 겸하고 있는 것이 재미있었다. 정낭처럼 중앙 쪽으로 세 개의 구멍을 뚫어놓은 것이다. 정낭은 제주의 대문에 해당하는 것으로 나무가 몇 개 끼워져 있느냐에 따라 주인의 집에 있고 없음을 나타내었다. 맨 아래 하나가 끼워져 있을 때는 주인이 마을 안에 마실(외출)을 간 것이고, 두 개는 이웃마을 정도에 가 있을 경우이며, 세 개 다 끼워져 있을 때는 먼 거리로 출타 중임을 의미하는 것이다.

동자석 정낭에는 나무막대가 한 개도 끼워져 있지 않아 누구에게나 개방되어 있는 공간임을 나타내고 있었다. 그래서 우리도 부담 없이 안으로 들어갔다.

몇 걸음 걸어 들어가자 이번에는 지붕까지 이고 있는 문이 나타났다. 역시 검은 현무암으로 만들어진 것이다. 이곳은 개방된 구조이지만 나름 이중으로 대문을 조성해서 자칫 방자해질 수 있는 마음을 다잡도록 하는 역할을 하고 있다는 생각이 들었다. 이곳은 신을 모시고 있는 성소이기 때문이다.

동자승이나 능향원 입구 금강역사 등은 장공익 명장의 작품이라 한다. 장공익 명장은 50여 년 동안 제주 현무암으로 돌하르방 등 많은 작품을 남겼는데, 금능석물원에 가면 그의 작품들을 만날 수 있다.

능향원이라고 새겨진 대문 안으로 들어서니 아름다운 당올레길이 나타났다. 소나무숲 뒤로 바다와 비양도가 배경처럼 아름답게 펼쳐지는 길이었다.

능향원이라고 새겨진 대문 안으로 들어서니 아름다운 당올레길이 나타났다. 소나무숲 뒤로 바다와 비양도가 배경처럼 아름답게 펼쳐지는 길이었다

능향원 입구(위). 능향원의 영감당(아래).

소나무숲 가운데로 제법 널찍하게 포제단이 조성되어 있었는데 네모 반듯하게 울타리를 쳐놓아서 그런지 딱딱한 느낌을 주었다. 권위적으로 보이는 분위기에 선뜻 포제단 안으로 들어가 볼 마음도 일지 않았다.

제주도는 남성 중심의 유교식 마을제가 행해지는데 이를 포제라고 한다. 신당에서 행해지는 당굿과 포제단에서 행해지는 마을제가 원래 하나였던 것이 후대에 와서 여성이 주도하는 당굿과 남성이 주도하는 포제로 분리된 것이다.

포제단 옆 오른쪽으로 내려가자 도깨비당이 보였는데 둥그런 당울타리가 예쁘고 아담한 것이 절로 탄성이 나왔다. 지금까지 다녀본 신당 중에 가장 깔끔하고 분위기 있게 잘 정비된 모습이다. 자연 그대로의 지형에 설비된 당에서 원초적인 분위기를 느꼈다면 여기서는 건축의 예술미가 느껴졌다.

이 당의 이름은 금능 본향 연딧가름 영감당이다. 보통 도깨비를 영감이라 하는데, '영감신위'라고 새겨진 위패가 서 있고 좌우로 제단이 마련되어 있었다. 포제단 왼쪽에 위치하고 있는 술일할망당과 부부신인데, 돼지고기와 술을 먹었기 때문에 부정하다고 쫓겨나 따로 좌정하고 있다 한다. 제물은 메 3기와 직접 낚은 물고기와 돼지고기이다. 이 당은 바닷가 마을에서 당굿을 지내는 당으로 풍어와 무사안녕을 기원하는 해신당이다.

포제단 왼쪽에도 신당이 설립되어 있었다. 역시 검은 현무암으로 아담하게 잘 조성된 신당인데, 신당 입구에는 나무 한 그루가 가지를 늘어뜨리며 신목의 역할을 하고 있었다.

이 당의 명칭은 '금능 본향 소왕물 술일할망당'이다. 원래 금능포구 근처 '소왕물 어염'에서 이곳 능향원으로 옮겨왔다 한다.

주변 지형보다 조금 낮게 조성했는데, 당 주위는 1미터 정도 크기의 큰 자연석으로 둘러져 있었다. '본향신위'라고 새겨진 위패와 제단이 있고 서쪽으로 작은 궤도 있는데, 궤 속에는 과일과 밥 등이 있었다. 궤 속에 신이 상주한다 생각해서 제를 지내고 난 후 음식을 그 속에 넣는 것이다.

이렇게 금능리 본향당과 함께 도깨비당이 공원으로 아름답게 조성되어 있어 무속 신앙에 관심이 없는 사람들에게도 친근하게 다가갈 수 있을 것으로 보인다. 많은 당들이 개발 바람에 밀려 사라지고, 세대가 바뀌면서 잊히고 있는 상황에서 이렇게 공원으로 조성하여 개방함으로써 전통 문화의 계승으로 이어지기 때문이다.

능향원에서 나와 한경면 낙천리로 이동하는데, 길가나 밭에는 온통 선인장이 가득 자라고 있었다. 이른바 백년초 열매를 맺는 손바닥선인장이다. 이 지역은 선인장 자생지라고 한다. 바로 옆 동네인 월령리는 선인장자생지로 제주특별자치도 기념물 제35호로 지정되었다는 기록이 있었다.

이 선인장은 멕시코가 원산인데, 태평양 해류에 의해서 이곳까지 밀려와 해변의 모래밭 또는 바위틈에 뿌리를 내렸을 것이라고 한다. 소염제·해열제 등으로 쓰인다는 선인장은 건조에 견디는 힘이 강하여 가뭄으로 고사하는 일은 거의 없으며, 돌담에 많이 나서 뱀이나 쥐의 침입을 막는다.

금능리 본향당과 함께 도깨비당이 공원으로 아름답게 조성되어 있어 무속 신앙에 관심이 없는 사람들에게도 친근하게 다가갈 수 있을 것으로 보인다. 많은 당들이 개발 바람에 밀려 사라지고, 세대가 바뀌면서 잊히고 있는 상황에서 이렇게 공원으로 조성하여 개방함으로써 전통문화의 계승으로 이어지기 때문이다.

금능리 본향당 술일할망당.

한경면 낙천리 도깨비당

한경면 낙천리 1884번지에 위치하는 도깨비당은 낙천리 '소록낭므들' 바로 옆 보리밭 쪽에 있었다. '므들'은 돌무더기를 말하는데, 이곳 소록낭므들은 야트막한 산처럼 보였다. 아마도 소록낭이 무성하게 자라는 곳이라는 의미가 있는 모양이다. '낭'은 '나무'를 의미하는 제주어이다. 그런데 소록나무가 어떤 나무인지는 알 수 없었다. 제주어 사전에도, 표준어 사전에도 '소록'이라는 단어는 보이지 않았다. 나중에 통화한 낙천리 이장님께서는 옛날에는 이곳에 소록낭이 무성했는데 땔감으로 다 베어내버려서 이제는 다른 나무만 남아 있다고 말씀하셨다.

이 당의 이름은 '낙천리 본향 소록낭므들 오일하르방당'이다. 도깨비당이 낙천리의 본향당이었다는 것이고, 오일날(말날)에 제를 지내는 당이었다는 것을 말해 준다. 이렇게 당 이름만 가지고도 대략 당신의 성격을 짐작할 수 있는데, 이 당에는 앞에 소개한 것처럼 본풀이가 전해지고 있어 제주의 도깨비 신앙에 대하여 많은 것을 설명해 주는 역할을 하고 있다.

그런데 안타깝게도 '낙천리 본향 소록낭므들 오일하르방당'은 다니는 사람이 없어 폐당된 상태이다. 그래서 당 입구까지는 잘 찾아갔는데 주변이 온통 가시덤불로 덮여 있어 접근이 쉽지 않았다. 낫이라도 가져갔으면 수월했을 텐데 맨몸으로 뚫고 들어가느라 가시에 찔리고 옷에 걸리기까지 했다.

안으로 들어가 보니, 당의 형태는 거의 허물어져 있고 제물로 올렸던 소주병이나 밥그릇 같은 것만 풀 속에 묻혀 있을 뿐이었다.

도깨비당을 나오면서 소록낭모들과 연결해서 금능리 능향원처럼 공원으로 조성하면 좋을 것 같았다. 그래서 금능리 이장님께 전화해서 이런 의향을 말씀 드려 보았다.

금능리 이장님은 뜻밖에 화를 내면서 이 당은 도깨비당이 아니라고 강변하셨다. 이웃 마을에서 금능리가 잘 사는 것을 시샘하여 도깨비당이라고 소문냈다고 말했다. 요즘 도깨비 신화가 드라마로 만들어지면서 대중의 관심이 높다는 사실을 얘기해도 막무가내였다. 도깨비당이라고 소문이 나서 혼사도 깨진 적이 있다며 어찌나 짜증을 내는지 더 이상 말을 이어가기 힘들 정도였다.

그러고 보니 '낙천리'를 '아홉 굿(good) 마을'이라고 크게 새겨놓고 '낙천리 아홉굿 테마공원'을 조성해 놓은 것하며 분위기가 제주 옛 마을의 정취와는 거리가 있어 보였다. 골목 어귀에 바람결 따라 뻗어나간 가지의 팽나무가 무척 인상적인, 전형적인 제주의 산간마을인데 말이다.

소록낭모들은 길을 잘 닦아놓아 산책하기 좋게 만들어져 있었다. 바로 옆에 '의자마을'이라고 해서 갖가지 의자를 멋있게 만들어놓아 공원처럼 조성해 놓았는데 같이 산책하며 즐길 수 있게 해놓았다. 여기에 도깨비당을 연결해 놓으면 참 좋겠다는 생각이 들었다. 능향원처럼 누구나 같이 즐길 수 있는 개방적인 공원으로 말이다.

비양도 송씨영감당

　봄 햇살이 화사하고 바람도 잔잔한 날, 비양도에 있는 도깨비당에 가기 위하여 길을 나섰다. 답사 날짜를 정하지 않고 예정만 하고 있었는데, 문득 마당을 거닐다가 날이 정말 좋아서, 바람도 부드러운 게 배 뜨는 데 문제가 없을 것 같아서 즉흥적으로 길을 나선 것이다. 시간을 보니 한 시간 정도밖에 여유가 없었다. 한림항에서 12시 배를 타고 가야만 당일에 다시 돌아올 수 있는 것이다. 잔뜩 긴장한 채 일주도로를 타고 운전을 서두른 덕에 가까스로 배에 오를 수 있었다.

　제대로 아침 식사도 하지 못한 터라 배에서 내리자마자 얼마 전에 비양도에 왔을 때 들렀던 '보말이야기' 식당에 보말죽을 먹으러 갔다. 고동을 제주에서는 '보말'이라고 하는데 보말죽도 맛있고, 곁들여 나왔던 깅이(바다게)볶음도 맛있어서 여기저기 소문도 많이 내놓은 터였다. 무엇보다도 화산석들로 꾸며진 개성 넘치는 정원 풍경을 구경하는 맛도 일품이다.

　식당에서 나와 비양봉에 올랐는데, 이렇게 햇살도 밝고 화사한데 웬걸 운무가 끼어 한라산이 보이지 않았다. 전에 왔을 때는 멀리 한라산까지 한눈에 들어오는 장쾌함을 맛봤었는데 오늘은 바로 앞에 있는 협재 해수욕장까지 뿌옇게 보였다. 게다가 해안가로 내려가 보니 밀물 때인지 바닷물이 봉봉 올라와 있어 바닷가 화산석들이 물에 잠겨 있었다. 넘실거리는 바다를 보며 혼자 중얼거렸다. '아, 비양도에 올 때는 물때도 봐야 하고, 날씨도 맞아야 하는구나. 단순히 햇살과 바람만 좋아서

는 안 되는구나.'

　비양도는 고려시대인 1002년에 화산 폭발로 형성된 섬이라 한다. 섬 가운데 있는 비양봉은 우리가 오름이라고 부르는 분석구에 해당한다. 섬을 한 바퀴 돌아보면 섬 전체가 하나의 살아 있는 화산 박물관이라는 사실을 깨닫게 된다. 화산이 분출할 때 터져 나온 화산탄들이 곳곳에 널려 있고, 돌담 하나하나에서부터 바닥에 굴러다니는 돌들까지 모두 화산 활동의 예술품들이다. 특히 서쪽 해안은 제주도 최대의 화산탄 산지로 무게 10톤에 달하는 화산탄들이 바닷물에 잠겨 있다.

　해안을 돌아 나오니 비양도 동남쪽에 위치한 호수인 펄랑못이 보이기 시작했다. 바닷물이 지하로 스며들어 형성된 염습지이다. 이 펄랑못 일대에는 황근, 갯잔디 등 야생식물 250여 종이 자생하고 있으며, 겨울철에는 청둥오리와 바다갈매기들이 서식하고 있다는 안내글을 읽었다.

　이 펄랑못 한쪽 끝 지점 발전소 뒤편에 신당이 위치하고 있다. 선왕도깨비를 모신 영감당으로 술일에 제를 지낸다 하여 술일당이라고도 한다. 해신당의 개당은 '개'가 바닷가를 의미하는데, 음이 같다는 이유로 집에서 기르는 개의 날인 '술일'을 제일로 잡는 것이다.

　이 당은 배를 부리는 사람들과 해녀들이 제를 지내는 당으로 금능리 서왕물에서 가지 갈라 온 당이라 한다. 이 당에 좌정하고 있는 신은 '종남머리 술일한집 송씨하르방'으로 삼천 어부, 일만 해녀를 차지한 비양도 본향신이다. 제물로는 메(밥)와 과일, 그리고 돼지고기와 생선을 올린다. 농경신에게는 돼지고기를 올리지 않는 데 비해 해신당은 돼지고기를 제물로 올리는 게 특징이다.

　자연석을 쌓아 당울타리를 만든 술일당은 아담하고 정갈한 맛이 있

입구로 들어서는데 돌 틈에서 노랗게 핀 야생화가 먼저 나를 반겼다. 반짝이는 노란빛이 너무 예뻐 인터넷에 이름을 검색해 보니 암대극(갯바위대극)이라 했다. 바닷가 돌 틈에 많이 피는 꽃으로 약재로도 쓰인다고 한다.

비양리 본향 술일당(위). 비양도에서 태어나 지금까지 살고 계시다는 할머니(아래).

었다. 입구로 들어서는데 돌 틈에서 노랗게 핀 야생화가 먼저 나를 반 겼다. 반짝이는 노란빛이 너무 예뻐 인터넷에 이름을 검색해 보니 암대 극(갯바위대극)이라 했다. 바닷가 돌 틈에 많이 피는 꽃으로 약재로도 쓰인다고 한다. 신목은 제단 뒤 암석 사이에 자라고 있는 사철나무인데 지전물색이 걸려 있는 게 보였다. 잘 모시면 부자 되게 해주고, 잘 모시지 않으면 재앙을 주는 도깨비 신께 올릴 게 없어, 아껴둔 한라봉 반쪽이라도 올리고 절을 했다.

비양도를 떠나기 전에 이 동네에서 제일 나이가 많다는 할머니를 만났다. 나 혼자 비양도에 간다니까, 아는 후배가 자기 어머니를 만나보라고 주선해 준 것이다. 비양도에서 나고 자랐고, 해녀로 물질을 했다는 할머니는 연세가 93세라는데 건강해 보이고 말씀도 잘하셨다.

할머니께서 당을 설립하게 된 유래를 말씀해 주셨다. 옛날에 아이들이 바닷가에서 숨바꼭질을 하며 놀다가 갑자기 크게 아프게 되었는데 아무리 해도 낫지를 않아 어디 가서 알아봤더니 신을 제대로 모시지 않아서 그렇다는 말을 들었다 했다. 그래서 금능리 소왕물 영감당의 신을 가지 갈라다 모시고 제를 올렸더니 감쪽같이 나았다는 것이다.

비양도는 주변이 황금어장이라 굳이 농사를 지을 필요가 없다고 한다. 비양도 해녀들이 소라, 전복 등과 함께 톳과 미역을 캐는데, 수확하는 대로 서울로 팔려나갈 정도로 인기가 좋다고 말씀하셨다. 할머니도 몸만 움직이면 돈을 벌 수 있는 곳이라면서 자신도 무릎 수술을 하기 전에는 물질을 했다며 아쉬워했다. 제주 여인들 특유의 생활력이 강하고 부지런한 성품이 할머니한테도 그대로 느껴졌다. 할머니는 작년에 수확한 거라며 톳을 한 봉지 주시기도 했다. 그래도 섭섭하셨는지 부두까지 따라 나와 배웅해 주셨다.

　배를 타고 나오면서 비양도를 바라보았다. 비양봉 바로 앞쪽이 털 뽑힌 닭 허리처럼 맨살이 드러나 있었다. 후배 말에 의하면, 주민 한 분이 기슭에서 담뱃재를 털다 불이 붙어 대나무숲이 불타올랐다고 한다. 총 쏘는 소리처럼 탁탁 대나무 터지는 소리가 한림항까지 들릴 정도로 난리도 아니었다는 것이다. 덕분에 그 아래 서식하고 있던 뱀들이 마을길로 피신 내려와 한동안 밟히는 게 뱀이었다는 얘기도 했다.

　깜깜한 밤에 타닥타닥 맹렬히 소리를 내며 불타는 섬의 풍경을 그려 보았다. 도깨비는 부의 신이자 불의 신이기도 하다. 한밤중 도깨비들이 불춤을 추는 풍경 또한 그러하지 않았을까. 이 일대 금능리, 낙천리 도깨비까지 함께해서 찬란하지만 쓸쓸한 자신들의 존재감을 과시하지 않았을까.

문 박사의 톡톡 신화 강좌

한경면 낙천리 도깨비당

▶ 제주도에는 도깨비도 신으로 모시고 있습니까?

네, 맞습니다. 제주도에서 도깨비는 신으로서 신앙의 대상입니다. 본토는 도깨비를 신앙의 대상으로 보지 않습니다. 도깨비는 그저 설화에 등장하는 존재일 따름입니다. 하지만 제주도는 도깨비를 신으로 모시는 당이 있을 뿐만 아니라 도깨비가 차지하는 신앙의 비중도 크다고 할 수 있지요.

제주에는 도깨비를 마을의 당신으로 모시는 도깨비당이 세 군데 있습니다. 한경면 낙천리에 있는 소록낭므들 오일당, 한림읍 비양도에 있는 '송씨영감당', 그리고 제주시 도두리에 있는 '쉐촐래미 영감참봉또'를 모신 '엉물당'입니다.

신당 수가 많지 않아 그 신앙이 미미한 것으로 생각할 수 있겠지만, 당굿, 병굿, 영등굿, 잠수굿, 멜굿(멸치굿), 풍어제, 뱃고사, 불미(풀무) 고사 등에서 이 신을 놀리는 '영감놀이'가 행해지고 있을 정도로 신앙의 비중은 크다고 할 수 있지요.

제주도의 도깨비 신앙은 토산리의 '뱀 신앙'처럼 도깨비를 집안의 조상으로 모시고, 그 신을 잘 대접하지 않으면 무서운 보복을 하는 재앙신으로 보고 있습니다. 또는 도깨비를 가족의 건강을 지켜주는 치병신으로 모시기도 합니다.

겉으로 드러나지 않지만 도깨비를 비밀리에 모시는 집안도 많을 겁니다. 장사나 운수업, 어업에 종사하는 집안에서 도깨비를 조상으로 모신다고 하지요. 도깨비는 재물을 불려주어 부자가 되게 해주는 신이기 때문입니다.

그런데 요즘은 도깨비당들이 쇠락해 가는 모습을 보이고 있습니다. 대표적인 도깨비당인 한경면 낙천리에 있는 도깨비당은 지전물색 등 그 흔적만 조금 남아 있을 뿐이어서 아쉽습니다.

본풀이에 의하면, 도깨비의 분신인 열두 도깨비가 삼형제씩 한 짝이 되어 세계 여러 나라로 흩어졌다 합니다. 그중에 제주도로 들어온 도깨비 삼형제는 모두 제주 사람들이 모시는 일월조상이 되었지요. 하나는 목축과 사냥을 관장하는 산신으로 좌정하고, 하나는 무역과 상업·어업을 관장하는 뱃선왕〔船王神〕이 되고, 하나는 쇠를 이용하여 여러 가지 기구를 제작하는 솟불미또〔冶匠神〕로 좌정하였습니다.

낙천리 도깨비당의 당신은 '송씨하르방'이고, 송씨가 이 마을을 설촌했다 합니다. 송씨의 생업은 솟불미〔冶匠〕였지요. 실제 낙천리와 덕수리는 옛날 솥이나 농기구 등을 만드는 보습의 산지였습니다. 그래서 '낙천리 도깨비당 본풀이'는 한 마을 공동체이자 씨족의 생업인 풀무질의 유래를 말해 준다 하겠습니다.

제주도에서는 도깨비를 '도채비'라 하며, '영감' 또는 '참봉', '뱃선왕'이라고 부르기도 합니다. 제주도의 놀이굿 가운데 '영감놀이'가 있습니다. 도깨비 탈을 쓰고 영감으로 차린 도깨비들이 제장 안으로 들어와 한바탕 수선을 떨고, 진상물들을 잘 대접받고 나서 제장을 떠나는 풍자적인 놀이굿입니다.

'영감놀이'는 영감신이 여인의 미모를 탐하여 범접했기 때문에 앓고 있는 병을 치료하려는 경우, 어선을 새로 짓고 도깨비신 선왕(船王)을 모셔 앉히려는 경우, 마을의 당굿이 행해질 경우에 행해졌다고 합니다. 현재는 칠머리당굿과 병을 치료하는 굿에서 주로 행해지고 있습니다.

'영감놀이'가 미친 환자의 병을 치료하는 '두린굿'에서 실연된다는 점에서 심리적 정신치료의 치병신 신앙과 관련이 있기도 합니다. 공동체 안에서 신의 노여움을 풀어야 환자의 병이 치유된다고 하는 관념은 일탈을 예방하는 정신적 구속력을 갖지요. 환자의 병은 공동체의 일탈에서 얻은 것이고, 건강의 회복은 공동체의 귀속으로 볼 수 있습니다. 이러한 의미에서 '영감놀이'는 일차적으로 환자의 정신적 치료의 기능과 함께 이차적으로는 사회 통합의 기능을 수행하는 적극적인 의례라고 볼 수 있습니다.

06
성산 당올레

개발 광풍에 흔들리는
전통 신앙

서귀포시 동쪽 끝에 위치한 성산읍

성산읍은 제주도 서귀포시 동쪽 끝에 있는 지역으로 서쪽으로 표선면이 이어지고, 북쪽으로 제주시 구좌읍과 접하고 있다. 경사가 완만한 한라산 남동쪽 끝에 위치하기 때문에 대부분이 해발고도 200미터 이하 저지대에 해당하며, 두산봉, 성산일출봉 등 오름들도 해발고도 200미터를 넘는 것이 거의 없는 지역이다.

성산읍은 성산리, 오조리, 시흥리, 고성리, 수산리, 온평리, 신천리, 난산리 등 14개의 행정리를 관할하는 지역이다. 주민들은 당근이나 감자 등 밭농사를 지으면서 배를 타고 나가거나 물질을 하는 등 어로 활동을 겸하는 반농반어 생활을 하고 있다.

성산(城山)이라는 지명은 산 모양이 성과 같다는 데서 유래했다고 한다. 천길 봉우리가 바다에 우뚝 솟아올랐는데 사면은 암석으로 되어 있고, 그 위는 오목하게 함지를 이룬 것이 마치 성처럼 보인다는 것이다.

성산일출봉은 약 5천 년 전에 뜨거운 마그마가 차가운 바닷물을 만나 폭발하면서 형성된 수성화산체이다. 그래서 위에 함지처럼 깊게 파인 것은 거대한 분화구에 해당한다. 제주도가 약 180만 년 전부터 시작된 화산 활동에 의해 탄생한 화산섬이라면, 성산일출봉은 비교적 가까운 시기에 형성된 셈이다.

제2공항 부지로 선정된 성산 지역

원래 성산일출봉은 제주도와 떨어져 태어난 섬이었다 한다. 그런 것이 바람과 파도에 흙이 깎이고 쌓이면서 제주도와 연결되었다. 양 옆에 바다를 두고 본 섬에 길게 연결된 길은 양 옆으로 바다를 끼고 있어서 독특한 풍광을 자랑한다. 대부분의 여행객들은 성산일출봉까지 차량으로 이동하지만, 동남에서 성산포로 걸어 들어가면 아름답고 이색적인 풍경을 감상하는 즐거움을 맛볼 수 있다.

태풍의 길목에 해당하는 성산 지역은 바람이 특히 거센 편인데, 양 옆으로 바다를 끼고 있는 이 길은 더욱 심하다. 그래서 성산포로 들어가는 이 길을 떠올리면 거세게 휘몰아치는 바람이 같이 생각날 정도이다. 거친 바람에 휘청휘청 하며 어렵사리 발걸음을 떼놓았던 기억이 생생기기 때문이다.

　오래전에 나는 종종 이 길을 걷기 위해서 일부러 한 시간 남짓 버스를 타곤 했다. 버스에서 내려 성산포 방향으로 가다가 성산일출봉이 보이는 지점에 이르면 거센 바람이 먼저 나를 맞았다. 풍랑주의보라도 내린 날은 매섭고 거칠게 휘몰아치는 비바람에 뱃속까지 씻겨나가는 듯했는데, 온몸이 다 젖어버린 상태가 되어도 속은 시원했던 것 같다. 그래서 머릿속이 복잡하고 뜨거운 무언가가 가슴을 짓누를 때면 성산포로 가는 이 길을 찾곤 했다.

　이렇게 바람이 휘몰아칠 때면 바다 쪽으로 나 있는 갈대들은 칼춤을 추었다. 그런데도 발밑까지 휘어질지언정 꺾이지 않는 모습이 인상적이었다.

　요즘 성산 지역은 또 다른 바람, 그러니까 개발 바람에 무섭게 흔들리고 있다. 아름다운 성산 지역에 제2공항을 짓겠다고 도에서 일방적으로 발표했기 때문이다. 공항이 들어서는 지역에 살고 있는 사람들은 땅이 수용되어 다른 곳으로 이주해야 한다. 그런데, 보상금을 받더라도 주변 땅값이 폭등하여 그 돈으로 그만한 땅을 살 수도 없는 형편이라 한다. 대대로 이곳에 터 잡고 농사지으며 살던 사람들이 푼돈을 받고 나가 무엇을 하며 살아가야 할지 막막한 처지가 된 것이다.

　땅이 수용될 위기에 처한 주민들은 '고향을 떠나 살 곳이 없다'며 공항 건설 계획이 취소될 때까지 끝까지 싸우겠다고 비상대책위원회를 결성하고 나섰다. 밭일이며 물질이며 하나같이 바쁜 일들을 제쳐두고 나서야 했던 주민들의 위기 상황은 민간 신앙에도 영향을 미치고 있다. 거친 바다에서 일을 하는 어부들과 잠녀들이 무사안녕을 기원하며 당

신께 절을 하던 소박한 여유마저 앗아가 버렸기 때문이다.

2005년에 발간된 성산읍지에 의하면, 성산 지역에는 신당이 34개소나 있는 것으로 조사되었다. 그러나 현재 사람들이 드나드는 신당은 계속 줄어들고 있다. 여기에 더해서 공항 부지에 포함되어 없어질 당들도 한둘이 아니다.

8월 당올레 기행 성산지역 답사는 이렇게 공항 부지에 위치해 있거나 그 주변에 있어 잊힐 가능성이 많은 신당들을 돌아보는 데 의미를 두었다. 그래서 공항 부지로 예정된 온평리와 신산리, 난산리를 중점적으로 답사하기로 했다.

성산읍에 분포한 토산여드렛당과 신화들

성산읍은 조선시대 정의현에 속했던 지역이다. 그래서 정의현 당신앙에서 큰 축을 이루고 있는 토산일뤠당〔七日堂〕과 여드렛당〔八日堂〕들이 성산 지역에 많이 분포하고 있다. 보통 제주의 본향당들은 신에게 새해 세배를 드린다는 의미의 정월 '신년과세제'가 중심이 되지만 토산일뤠당과 여드렛당는 6월과 11월에 제(祭)를 지낸다. 일뤠당은 7일과 17일, 27일이고 여드렛당은 8일과 18일, 28일이 제일이다.

토산여드렛당은 한반도 논농사 지역에서 곡물신(穀物神)이자 부신(富神)으로 모시는 뱀 신앙이 제주에 들어와 형성된 것이다. 벼농사 지역에서 뱀은 풍요와 다산의 신이며, 곡물의 수호신이자 부(富)의 신으로 숭배되었다. 제주 사람들도 뱀을 신성하고 두려운 존재로 여기며 집안에 부를 가져다주는 '부군칠성'이라 하여 잘 모셨다.

2009년에 발간된 『제주신당조사』에 의하면, 성산읍 지역에는 여드렛당이 모두 10개가 있는 것으로 조사되었다. 성산에 있는 것으로 조사된 토산여드렛당은 다음과 같다. 난산리와 신천리의 일뤠당은 여드렛당신을 같이 모시고 있는 당이다.

오조리 진귀니물당

성산리 용알 여드렛당

수산1리 신술당

수산1리 검은머들당

온평리 서근궤당

온평리 돌갯동산 여드렛당

온평리 묵은열운이당

난산리 본향 격대모루 일뤠당

신산리 고장남밧 여드렛당

신천리 토산 일뤠당

토산여드렛당에는 비교적 내용이 풍부하고 흥미로운 본풀이가 전해지고 있다. 본풀이에 의하면 여드렛당신인 뱀신은 아름답고 순결한 여신이다. 이 여신은 처녀의 순결과 정절을 지켜주는 처녀수호신으로 나타나고 있다. 그리고 조선 중기 1552년에 있었던 왜구들의 침입 사건인 천미포왜란이 본풀이의 후반부에 반영되어 있다.

성산 지역의 당 중에서 본풀이가 전해지는 또 다른 당으로 신천리의 현씨일월당이 있다. 어려서부터 몸이 약해 죽을 고비를 간신히 넘기곤 하던 현씨일월은 열다섯에 심방이 되었다. 그러나 무구와 악기를 사다 주겠다고 한 오라비가 타고 가던 배가 풍랑에 난파되자 비관해서 연대에서 떨어져 죽었다. 이 가련한 현씨일월을 위해 연대 아래 신나무 밑에 당을 만들고 신으로 모시고 있는데, 이곳이 신천리 본향당이다.

신산본향당에도 당본풀이가 전해지고 있다. 난산국(본향) 서울 정기 땅에서 태어난 세 자매가 세상을 유람하고 다니다가 계수나무 배를 타고 제주섬으로 들어와 좌정했다. 큰언니 정중부인은 조천관내를 바라보고는 마음에 맞다 하며 좌정하였고 셋언니 관세전부인은 김녕리 인심이 좋다고 하면서 김녕리에 좌정했다. 막내인 명오부인은 신빌레 고장남밧에 와서 좌정하였다.

성산 지역 당 신앙을 이해하기 위해서는 토산일뤠당 본풀이와 여드렛당 본풀이, 그리고 현씨일월 본풀이, 신산본향당 본풀이를 먼저 읽고 이해하는 것이 필요하다. 먼저 토산여드렛당 본풀이를 읽어보도록 하자.

토산여드렛당 본풀이

옛날, 나주 고을에 목사가 부임해 오면 오는 족족 부임한 날에 죽음을 맞이했다. 그래서 아무도 나주 고을에 목사로 벼슬 살러 오지 않으려 했다. 급기야 조정에서는 나주 고을 목사로 부임할 사람을 찾는다는 방을 써 붙일 정도에 이르렀다.

이때 강단이 세고 배포 두둑한 양씨가 자청하고 나섰다.

"저를 나주 고을 목사로 임명해 주시면 부임해 가서 석 달 열흘 백일을 채우겠습니다."

아무도 나주 고을 목사가 되겠다는 사람이 없는 터라 양씨는 곧 나주 고을 목사로 임명이 되었다. 양목사는 많은 관속과 육방하인을 거느리고 와라차차 기세 좋게 나주로 향하였다.

양목사 일행이 금성산 앞을 지나갈 때였다. 통인이 앞을 막아서며 말했다.

"나으리, 말에서 내리십시오. 이 산에는 신기(神氣)가 가득하고 영험한 산으로 마을을 지키는 신 토지관이 좌정하고 있습니다."

"무슨 소리냐? 마을을 지키는 토지관은 내 하나면 족하다. 어서 가자."

양목사가 호령하며 통인을 물리치고 길을 재촉했으나 말이 발을 절며 더 나가지 못했다. 그러나 양목사는 기세가 꺾이기는커녕 더욱 호통을 치며 말에서 내려 금성산으로 달려 올라갔다. 겁을 내던 부하들도 양목사의 기세에 용기를 얻어 우루루 따라갔다.

금성산에 오르니 청기와집이 한 채 보였다. 양목사 일행은 대문을 열어젖히고 마당으로 들어섰다. 그러자 마루에는 월궁(月宮)의 선녀 같이 아름다운 아기씨가 반달 같은 용얼레빗으로 쉰댓 자 머리를 슬슬 빗어 넘기고 있었다.

따라 올라간 양목사 부하들은 아름다운 여신의 모습에 순간 넋이 나가 꼼짝도 하지 못했다. 그러나 양목사는 눈을 부라리며 아름다운 여인을 향해 소리쳤다.

"너는 사람이냐, 귀신이냐? 어서 썩 네 몸으로 환생하지 못할까!"

그러자 아름다운 아기씨는 윗아가리는 하늘에 붙고 아랫아가리는 땅에 붙은 큰 뱀 '천구아구대맹이'가 되어 나타났다. 사람들이 비명을 지르며 뒤로 주춤 물러서는데 양목사가 앞으로 나서며 호령했다.

"더럽고 누추하구나! 여봐라, 장검을 가져오너라!"

부하에게서 장검을 받은 양목사는 칼을 휘둘러 천구아구대맹이 머리를 날려버렸다. 부하들은 양목사의 용맹에 감탄하면서 지시하는 대로 뱀이 살던 청기와집에 불을 질렀다. 삽시간에 청기와집은 한 줌의 재로 변했다. 그러자 머리 잘린 뱀은 앉을 데도 설 데도 없어져 금바둑돌과 옥바둑돌로 변하여 서울 종로 네거리로 가 떨어졌다.

이때, 제주의 강씨 형방과 오씨 형방, 한씨 형방이 미역과 전복 등을 진상하러 서울에 올라오고 있었다. 그들은 종로 네거리를 다니다가 우연히 이 바둑돌을 줍게 되었다.

강씨 형방, 오씨 형방, 한씨 형방은 가져온 진상품을 대궐로 가져가 바치는데 트집 하나 잡히지 않았다. 그들은 바둑돌의 도움이 있다는 걸 알지 못하고 전에 없이 수월하게 잘 넘어간다고 좋아했다.

세 사람은 진상을 끝내고 제주도로 돌아오게 되었다. 처음엔 바둑돌이 신기한 것 같아 소중하게 간직했으나 나중에 보니 별로 대단한 것 같지도 않아 길바닥에 던져버리고 배를 띄우려 했다. 그런데 이상하게도 바람이 막혔는지 도저히 배를 띄울 수가 없었다.

세 형방은 근처에 이름난 점집을 찾아가 점을 쳤다.

"강씨 형방님, 보자기를 풀어보십시오. 난데없는 보물이 있을 것입니다. 그 보물을 뱃머리에 모셔놓고 굿을 하면 명주 바다에 실바람이 시르르르 불어올 듯합니다."

아닌 게 아니라 강씨 형방의 보자기를 풀어보니 길가에 던져버린 바둑돌이 그 속에 곱게 들어앉아 있었다.

"아이고, 이 바둑돌이 보물인 모양이우다."

세 사람은 그 바둑돌을 뱃머리에 모셔놓고 제물을 차려 굿을 했다. 그렇게 굿을 해가니 정말 명주 바다에 실바람이 시르르르 불어오는 것이었다.

세 사람은 배를 타고 제주 열운이, 지금의 성산읍 온평리로 들어왔다. 그런데 포구에 배를 붙이자 바둑돌은 꽃 같은 아기씨로 변신하였다. 그래서 다른 사람들이 알아차리지 못하는 사이에 스르르 먼저 배에서 내려섰다.

뭍으로 올라온 아기씨는 우선 온평리 당신(堂神)인 명호부인에게 인사를 드렸다.

"문안드리옵니다. 제가 이곳에 좌정하여 살아도 되겠습니까?"

명호부인은 냉정하게 아기씨를 내치며 말했다.

"이 마을의 토지관은 나다. 땅도 내 땅이요, 물도 내 물이다. 자손도 내 자손이니 어서 다른 곳으로 가거라. 한 마을에 토지관이 둘이 될 수는 없는 일이다."

아기씨가 명오부인에게 어디로 가야 할지 말해 달라고 사정했다.

"토산리 메뚜기므루로 가보라."

아기씨는 인사를 드리고 열운이를 떠나서 곰배물로, 삼달리로, 하천리로 나아갔다.

이때 하천리 당신 개로육서또가 탈상봉에 앉아 바둑을 두다가 월궁선녀같이 아름다운 아기씨가 지나가는 것을 보았다. 개로육서또는 두던 바둑을 던져두고 벌떡 일어섰다.

"사나이 대장부가 아름다운 여인을 보고 어찌 모른 척할 수 있겠는가? 어디 손목이라도 잡아보자."

개로육서또는 탈상봉에서 순식간에 내려와 토산으로 접어드는 아기씨의 은결 같은 팔목을 덥석 잡았다. 아기씨가 화를 내며 개로육서또를 밀쳐버렸다.

"얼굴은 점잖은 양반인데 하는 행실은 괘씸하기 이를 데 없구나! 더러운 놈 잡았던 팔목을 그냥 둘 수 없다!"

아기씨는 장도칼을 꺼내어 팔목을 싹싹 깎아 버리고 천으로 칭칭 감았다. 퍼런 서슬에 놀란 개로육서또는 탈상봉으로 내빼듯 달아나 버렸다.

토산리 메뚜리므루에 가서 사방을 둘러보니 이만하면 자손들에게 대접받으면서 살 만하다는 생각이 들었다. 아기씨는 거기에 좌정하기로 마음을 정하고 먼저 용왕국에 인사를 드리러 들어갔다.

용왕국 황제가 아기씨를 보자마자 얼굴을 찌푸렸다.

"어찌하여 네 몸에서 날피 냄새가 나느냐?"

"용왕국 황제님이시여, 하천리 당신(河川神) 개로육서또가 언약도 없이 팔목을 잡기에 은장도로 깎아버렸습니다."

말을 들은 용왕국 황제가 도리어 혀를 차며 아기씨를 나무랐다.

"한심하구나. 개로육서또 말을 들었으면 앉아도 먹을 만큼 서도 먹을 만큼 복 받고, 재물운 붙은 자식 하나 얻을 것을! 굴러오는 복을 차버렸구나."

뜻밖에 용왕황제의 꾸중을 들은 아기씨는 억울하여 뒤도 안 돌아보고 용왕국에서 나와 버렸다. 메뚜기무루로 돌아온 아기씨는 그곳에 좌정하여 하녀인 느진덕정하님하고 같이 지내게 되었다.

하루는 느진덕정하님하고 바닷가에 있는 용천수에 빨래를 하러 갔다. 아기씨는 빨래하느라 여념이 없는데 느진덕정하님이 문득 먼 바다를 쳐다보다 왜놈들이 탄 배를 발견했다.

"아기씨, 저기 보십서. 검은여코지로 도둑이 들어왐수다."

뭣이든지 느릿느릿 말을 하는 느진덕정하님이 다급하게 소리쳤건만, 아기씨는 대단한 일로 생각하지 않고 빨래하는 데만 정신을 쏟았다.

때마침 왜놈의 배가 앞바다를 지나다가 돌풍을 만났다. 순식간에 배는 산산조각이 나고 말았다. 그러자 배에 탔던 왜놈들이 헤엄쳐 뭍으로 올라오기 시작했다.

"아이고, 아기씨 상전님아. 저기 보십서. 도둑놈들이 바로 여기로 왐수다. 어서 달아납서!"

그제야 아기씨도 사태를 파악하고 물이 질질 흐르는 빨래를 거두어 담고는 느진덕정하님과 달아나기 시작했다.

"상전님아, 저고리 고름이 풀어졈수다!"

"저고리 고름 묶을 새가 어디 있느냐? 어서 달리기나 해라."

"상전님아, 치마 고름도 풀어졈수다!"

"치마 고름이 풀어지고 허리 고름이 풀어지고 내 몸이나 감추어 보자. 볼기가 나온들 밑이 나오며, 밑이 나온들 볼기가 나오겠느냐? 어서 뛰기나 해라."

둘은 숨을 헐떡이며 뛰어 묵은각단밧에 이르렀다.

"상전님아, 머리로 꿩이 날아감수다."

"꿩이 날건 치(雉)가 날건 내 알 바 아니니 어서 달아나자!"

왜놈들이 뒤를 바짝 쫓아왔다. 이제 붙잡히는 건 시간 문제였다. 아기씨는 다급한 김에 꿩이 숨었던 덤불 속에 머리라도 숨겨보자고 엎드렸다. 그러자 어느새 쫓아온 왜놈이 뒤로 달려들어 은결 같은 아기씨 팔목을 부여잡고 연적(硯滴) 같은 젖가슴을 휘어잡는 것이었다.

왜놈들에게 몸을 더럽혔다고 생각한 아기씨와 느진덕정하님은 구름산에 얼음같이 이 세상을 버렸다. 이를 안 토산 자손들은 예물동산에 쌍묘를 만들어 아기씨와 느진덕정하님을 묻어주었다. 그리고 방울아기씨를 토산의 당신으로 모시기 시작했다.

아기씨는 이렇게 토산 메뚜기므루에 좌정하여 순결한 처녀들을 지켜주는 토산 당신이 되었다. 사람들은 이 토산 당신을 '토산서편한집, 방울할망' 등으로 불렀다.

아기씨는 토산 당신이 되었으나 토산리 자손들 누구 하나 신으로 대접해 주는 이가 없었다. 방울아기씨는 화가 났다. 그래서 바람을 일으켜 왜놈들의 배를 난파시켜 버렸다.

왜구들은 신천리 바닷가 천미포로 들어와 노략질을 시작했다. 이때 토산리의 처녀 오씨아미가 왜구에게 강간당해 죽게 되었다. 이 처녀의 원령이 강씨아미, 한씨아미에게 빙의(憑依, 떠도는 영혼이 다른 사람 몸에 붙는 것)하여 병들게 만들어 버렸다. 강씨아미는 보리방아를 찧다가 갑자기 머리를 풀어헤치고 정신을 잃어 일가친척도 몰라보게 되었다. 한씨아미도 마찬가지였다.

두 집안에서는 야단이 났다. 딸이 정신을 못 차리고 미친 듯이 사방을 헤매고 다니자 심방을 찾아가 점을 쳤다. 그러자 심방은 '신이 의탁한 것이니 큰 굿을 해야 된다.'고 했다.

급히 택일을 하여 큰 굿을 하는데 초감제가 넘어가니 그렇게 정신을 잃었던 강씨아미가 와들랑 일어나서 말을 하는 것이었다.

"아비님아, 이미님아, 지금 누구를 위한 굿을 하고 있수과?"

"너를 살리려는 굿이여."

한씨아미도 멀쩡한 얼굴로 심방을 향해 물었다.

"신이성방아, 누구 살리려는 굿을 하고 있느냐?"

"왜놈들에게 억울하게 몸 더럽히고 죽은 아기씨 상전님 살리려는 굿이우다."

강씨아미가 말했다.

"나를 살리려는 굿이거든 연갑(硯匣)에 넣어둔 아버님 첫 서울 갔다 올 때 가지고 온 명주를 마흔댓 자 끊어 내 간장을 풀어줍서."

한씨아미도 심방에게 말했다.

"나를 살리려거든 서른댓 자 끊어 내 간장을 풀어줍서."

아기씨 말대로 연갑을 열어 명주를 꺼냈다. 그런데 명주를 풀어보니 옷감 속에 작은 뱀이 뻣뻣하게 말라 죽어 있었다.

"어서 백지 한 장 주시오."

심방은 백지에다 뱀 대가리와 몸뚱이를 그려놓고 굿을 하며 '방울풂' 놀이를 했다. 방울은 왜적들로부터 겁탈 당해 가슴에 한이 맺힌 응어리를 상징하는 것이다. 심방은 명주를 일곱 매듭으로 묶었다. 그러고는 매듭을 아기씨의 몸에 댔다가 풀고 댔다가 풀기를 거듭했다.

마흔여덟 상방울도 풀어내자
서른여덟 중방울도 풀어내자
스물여덟 하방울도 풀어내자

그렇게 매듭(방울)을 다 풀어내자 아기씨의 정신이 돌아오기 시작했다. 그러나 심방은 고개를 가로저으며 말했다.

"이것만으로는 깨끗이 낫기 어렵수다. 뒤에 따라오는 잡신들까지 대접해야 합니다."

심방이 시키는 대로 소를 잡고 닭을 잡아 제물로 올렸다. 심방은 굿을 하다가 이번에는 배를 만들어 뒷맞이를 해야 병이 시원하게 낫겠다고 했다.

깊은 산에 올라가 나무를 베어다가 배를 하나 지어놓았다. 배에 버섯, 유자, 고사리, 전복 등 명산물을 가득 실어 바다에 띄웠다. 그러자 명주 바다에 실바람이 시르르 일더니 두둥실 배를 바다 한가운데로 실어 갔다.

강씨아미와 한씨아미의 신병이 씻은 듯이 나았다. 그래서 오씨와 강씨, 한씨 집안에서는 방울아기씨를 조상신으로 모시게 되었다. 방울아기씨는 토산리 마을 사람 전부를 위하는 본향신이 되었다. 그리고 강씨를 상단골, 오씨를 중단골, 한씨를 하단골로 삼았다.

삼신인과 세 공주가 목욕했다는 혼인지.

탐라국 신화, 삼신인 혼인지

　성산읍 온평리는 탐라국의 신화와 밀접하게 관련 있는 지역이다. 모흥혈에서 솟아난 삼신인(三神人)이 벽랑국에서 온 세 공주와 혼인한 곳인 '혼인지'가 바로 성산읍 온평리에 있기 때문이다.
　이번 온평리의 신당 답사는 탐라국의 건국 신화와 관련 있는 '혼인지'에서 시작되었다. 개인적으로 혼인지는 이번에 두 번째로 와보는 곳이다. 그전에 탐라국 건국신화를 정리하면서 사진을 찍기 위하여 이곳에 왔었다.

세 공주가 혼인식을 올리기 전에 목욕했다는 못이라고 했지만 그때 나는 그저 조그만 연못이 하나 있겠거니 상상했다. 제주도는 화산재로 이루어진 토양이라서 물이 고여 있는 곳이 거의 없기 때문이다. 그런데, 실제로 와서 보니 기대 이상으로 규모도 크고 풍광이 아름다웠다. 자연 지형을 그대로 이용해 조성한 넓은 정원 분위기라고나 할까. 따로 입장료를 내는 곳도 아니어서 집 가까이 있으면 자주 들여다보고 산책하면 좋겠다는 생각이 들었다.

　문무병 박사님께서는 탐라국의 시작이자 마을의 시작이 바로 '혼인지'라고 강조하시면서 본인이 직접 지은 시를 낭독하셨다. 신화를 모르는 사람도 시를 읽으면 탐라국 건국 신화에 대해 알 수 있도록 되어 있어 소개해 본다.

　　탐라왕의 혼례식
　　문무병

　　오늘 오늘 오늘이여,
　　날도 좋아 오늘이여,
　　달도 좋아 오늘이여.
　　밥도 장군, 술도 장군, 떡도 장군으로 먹는
　　삼신인 고량부 삼성(三聖)
　　하로산또 탐라왕 삼을라님 한라산을 내려오셨네.
　　벽랑국의 세 처녀 제주물마루 넘어 황루알에 내리셨네.

풍요를 기약하는 오곡의 씨앗과

송아지 망아지를 싣고 와

농사의 풍등과 육축의 번영을 기원하는

축제의 풍농굿이 열렸네.

잔치잔치 벌였네.

하로산또 삼신인이여 활을 쏘아,

한라산을 오르실 때 대각록 일천을 잡고,

한라산을 내리실 때 소각록 일천을 잡아

벽랑국의 손님을 모시고 흰죽 혼인지에서

잔치를 벌인다 하네.

오늘 오늘 오늘이여,

축제의 날 오늘이여.

어느 날, 삼신인이 한라산에 올라

제주바다 동쪽 끝, 연혼포 해안을 바라보았네.

자줏빛 안개가 나무 상자를 감싸고

파도에 흥창망창 휩쓸리며

명주바당 실바람에 날듯

포구로 떠밀려오는 걸 보니 배인 듯 상자인 듯,

하늘에 무지개 꿈처럼 걸린 동쪽 바다로

고량부 삼신인(三神人)은 한라산을 내려왔네.

상사로다, 상사로다.

상자인 듯, 배인 듯

상선 중선 하선 밀려와

연혼포에 표착하였네.

배에는 새 알처럼 생긴 옥함이 있고,

자주색 옷을 입은 사자가 지키고 있었네.

옥함을 열어보니, 아하, 옥인가 금인가

옥도 금도 아닌 미인이여, 황홀한 세 아미여,

푸른 옷을 입은 세 처녀가 다소곳이 앉아 있었네.

오늘 오늘 오늘이여,

날도 좋아 오늘이여,

달도 좋아 오늘이여.

단정히 앉은 세 공주의 향기 그윽하고,

백옥 같은 얼굴, 기품 있는 몸짓,

정말 아름답고 황홀한 공주는 결혼예물로

송아지, 망아지, 오곡의 종자를 선물하였네.

바로 여기 세 여인이 옥황에서 나온 곳은

온평리(연혼포) '화성개'

여인들이 꽃상자 '화상(花箱)' 같다

'화성개'라 하였네.

사자가 나와 공주들을 소개했네.

"장군이시여, 아뢰나이다.

저는 동해 벽랑국의 사자입니다.

저희 임금께서 자소각에 오르시어

서쪽 바다를 바라보시더니,

보랏빛 기운이 하늘로 이어지고 찬란한 서광이

한라산 높은 봉우리에 서려 있었습니다.

임금님께서는 이 광경을 보시고 말씀하시길

탐라에 고량부 삼신인이 솟아나

나라를 세우려 하지만, 배필이 없구나.

그러니 너는 세 공주를 모시고 탐라에 가라 하여

공주님을 모시고 여기에 왔습니다.

마땅히 혼례를 치르시고 대업을 이루십시오."

그리하여 제주의 삼신인 하로산또 세 장수는

세 공주는 하늘이 내린 배필이라 기쁘게 맞이하였네.

오늘 오늘 오늘은 탐라왕이 혼인하는 날,

벽랑국의 세 공주 시집오는 날.

박사님의 시 낭독을 듣고 나서 삼신인과 벽랑국 세 공주가 혼인을 하고 신방을 차렸다는 곳인 신방굴을 답사하는 것으로 오늘의 일정을 시작했다.

신방굴은 혼인지 한쪽 옆에 있는 자연 동굴이다. 굴 입구로 들어서자 8월의 뜨거운 태양에도 불구하고 서늘한 기운이 느껴져 기분이 좋았다. 안으로 더 들어가 보니 신통하게도 굴 입구는 다시 세 군데로 나눠지고 있었다. 고, 양, 부 삼신인이 각각 따로 차린 신방인 셈이다.

탐라국을 건국한 세 왕이 공주들과 차렸다는 신방은 화려한 궁전이 아니라 소박한 동굴이라는 점에서 삼신인 이야기는 수렵 생활을 했던 조상들의 이야기이기도 하다는 생각이 들었다. 사냥을 하며 지내던 삼신인이 오곡의 종자를 가져온 공주들과 결혼을 하고 각각 터를 잡아 나라를 건국했다는 이야기는 수렵 생활에서 농업 정착 생활로 변화하는 설촌 역사이기도 한 것이다. 그래서 설촌 역사인 송당 본풀이와 모티브도 비슷하다. 하여튼 온평리는 탐라국의 역사가 시작되는 첫 동네로서의 의미를 가지고 있는 곳인 셈이다.

신방굴 입구의 서늘한 공기는 마냥 이렇게 앉아 쉬고 싶게 만들었다. 쭈그리고 앉아 땀을 식히고 있다가 다들 나가고 난 뒤에야 하는 수 없이 일어나 세 갈래의 굴 입구를 다시 한 번 살펴보고 사진도 찍었다.

하나의 입구에서 다시 세 갈래로 나누어져 신화를 뒷받침하고 있는 것이 신기하기도 했지만 굴속은 실제로 사람이 거주하기에는 너무 좁고 소박한 공간이었다. 그래도 삼신인의 신방이었다는 이야기를 품고 있어 탐라왕국의 신화에 숨결을 불어넣고 있는 것이다.

혼인지를 둘러보고 난 후, 벽랑국의 세 공주를 실은 상자가 떠내려왔다는 연혼포로 갔다. 푸른 옷을 입은 세 공주가 오곡의 종자를 가지고 망아지, 송아지와 함께 해안으로 올라왔다는 곳이다.

연혼포는 멀리 성산일출봉이 보이는 온평리 해안가에 있다. 이곳은 바닷물 색도 곱고 주변 경치도 아름다운 곳으로 잘 알려져 있다. 주변에 널려 있는 검은색의 현무암 돌들은 마그마가 굳어지면서 만들어놓은 무늬들로 하나하나가 예술작품 같았다. 연혼포 기념비도 검은 화산암반석을 이용해 만든 것이어서 주변 경관과 잘 어울렸다.

온평리 바닷가는 이렇게 탐라국의 건국신화와 관련 있는 유적지이기

연혼포는 멀리 성산일출봉이 보이는 온평리 해안가에 있다. 이곳은 바닷물 색도 곱고 주변 경치도 아름다운 곳으로 잘 알려져 있다. 주변에 널려 있는 검은색의 현무암 돌들은 마그마가 굳어지면서 만들어놓은 무늬들로 하나하나가 예술작품 같았다. 연혼포 기념비도 검은 화산암반석을 이용해 만든 것이어서 주변 경관과 잘 어울렸다.

멀리 성산일출봉이 보이는 연혼포.

도 하지만, 민간 신앙의 성소인 신당들이 자리하고 있는 곳이기도 하다. 바다밭에서 일하는 어부들과 잠녀(해녀)들을 수호해 주는 신들이 자리하고 있는 성소이다. 그래서 다음 돌개할망당이 있는 돌갯동산으로 발길을 옮겼다.

온평리 바닷가 돌갯동산 돌개할망당

온평리 바닷가 쪽 도로는 왜구들의 침입에 대비해 쌓아놓은 성벽인 환해장성이 있어 '환해장성로'라고 한다. 해안도로로 들어서면 먼저 검은 돌무더기들이 눈에 들어오는데, 환해장성도 이 돌을 이용해서 쌓은 성이다. 환해장성을 넘어 바닷가 쪽으로 걸어 나가면 바닷물과 어우러진 화산암반석들이 동산을 이루고 있는 게 보인다.

이곳에 '돌갯동산 돌개할망당'이 있다. 이곳에 찾아가 보기를 원하는 사람들을 위해서 주소를 덧붙이자면, 위치는 '온평리 649-2번지'에 해당한다.

'돌갯동산'이라는 명칭의 의미는 이곳에 직접 와보면 알 수 있다. '돌들이 쌓여 있는 바닷가'란 의미에서 '돌갯동산'이라고 했다는 것이 절로 이해될 정도로 검은 화산암들이 쌓여서 형성된 언덕이다.

이 돌갯동산에 돌개할망당과 여드렛당이 있다. 동산 안으로 들어가면 왼쪽 바닷가 쪽에 있는 것이 돌개할망당이고, 오른쪽 바닷가 끝 쪽

돌개할망당은 어부와 잠녀(해녀)들을 지켜주는 해신당이다. 이곳에 성산읍 신천리 본향당신인 현씨일월을 가지 갈라 와서 함께 모시고 있었다. 둥글게 돌담을 둘러서 울타리를 만들었는데, 당 입구에서 바라볼 때 왼쪽이 돌개할망당이고, 오른쪽이 현씨일월당이다. 거대한 신목이나 커다란 당집이 없이 그저 시원한 바다를 배경으로 돌담을 쌓아 소박하게 만들어진 신당이었다.

성산일출봉이 보이는 온평리 바닷가(왼쪽 위). 비에 젖은 돌개할망당의 지전들(오른쪽 위). 돌담으로 된 돌개할망당 울타리(왼쪽 아래).

에 있는 것이 토산의 뱀신 방울아기씨를 모신 여드렛당이다. 이렇게 서귀포 쪽은 '토산일뤠당'과 '토산여드렛당'이 항상 근처에 함께 자리하고 있다.

돌개할망당은 어부와 잠녀(해녀)들을 지켜주는 해신당이다. 이곳에 성산읍 신천리 본향당신인 현씨일월을 가지 갈라 와서 함께 모시고 있었다. 둥글게 돌담을 둘러서 울타리를 만들었는데, 당 입구에서 바라볼 때 왼쪽이 돌개할망당이고, 오른쪽이 현씨일월당이다. 거대한 신목이나 커다란 당집이 없이 그저 시원한 바다를 배경으로 돌담을 쌓아 소박하게 만들어진 신당이었다.

바다는 바닷가 마을에 사는 사람들의 생산 현장이다. 어부들과 잠녀들은 고기를 잡고 깊은 바다 속으로 자맥질해 들어가 소라며 전복을 땄다. 그러다 보니 언제나 위험이 도사리고 있었고 사고도 많았다. 저 아름다운 바다는 언제든지 풍랑을 일으켜 배를 삼켜버리고 잠녀의 발목을 붙잡아 버릴 수 있는 것이다.

지금까지도 잠녀들이 바다에서 물질하다 목숨을 잃는 경우가 많다고 한다. '제주시 해녀 사망사고 통계'에 따르면, 연평균 5~6명의 사망자가 발생하고 있다. 최근에 본 다큐멘터리 영화 「물숨」에서 한 노인은 자신의 딸이 18살에 바다에 물질하러 들어갔다가 나오지 못했다고 말을 했다. 딸을 삼킨 바다가 너무나 싫고 무서워서 더 이상 바다에 들어가고 싶지 않은데, 다른 아이들을 먹여 살리기 위해 어쩔 수 없이 물질을 계속해야 했다고 말하며 눈물지었다.

영화를 찍는 도중에도 성산포 앞 우도의 잠녀인 한 노인이 물질하러 들어갔다가 바다에서 숨을 거두는 일이 발생했다. 같이 물질하러 갔던 딸이 어머니의 시신을 건져 올렸고, 장례를 치르며 오열했다. 그래서 잠녀들은 "저승에서 벌어 이승 자식 먹여 살린다."는 말을 한다.

소박하지만 아름다운 신당을 보고 있노라니, 어부나 잠녀들이 깊은 바다로 들어가기 전에 바닷가 돌갯동산 돌개할망당에 와서 안녕을 기원했던 절실한 마음이 다가왔다. 이곳은 '칠성판(시신을 올려놓은 나무판)을 등에 지고 바다를 집 밭 삼아' 추운 날 더운 날 가리지 않고 일을 해야 했던 이들을 지켜주는 성소(聖所)인 것이다.

그리고 풍랑에 배가 뒤집혀 오라비를 잃은 현씨일월을 한쪽에 같이 모시고 있는 것도 스스로 목숨을 끊을 만큼 고통스러워했던 비극의 여인이 자신들의 고통도 이해해 주고 지켜줄 것이라 믿었기 때문이 아니었을까 생각해 본다.

온평리 돌갯동산 여드렛당

온평리 바닷가로 들어서서 왼쪽을 보면 돌개할망당이 있고, 오른쪽 동산 아래로 내려서면 여드렛당이 있다. 토산의 뱀신을 모시고 있는 당이다. 두 당이 가까이 위치하고 있어서 그런지 주소지는 돌개할망당과 같다.

자료에 의하면, 자연석으로 둥글게 담을 쌓았고, 당 안에는 소나무와 사철나무, 갯쥐똥나무가 자라고 있다고 했다. 그런데 실제로 와서 보

돌갯동산 여드렛당을 둘러보며 토산의 뱀신을 모시고 있는 사람들의 마음을 헤아려보았다. 처녀의 순결과 정절을 지켜주는 미모의 여신! 바로 옆에 돌개할망당이 있음에도 따로 이렇게 신당을 차려 토산의 여신을 모시는 그 마음은 어떤 것일까?

여드렛당으로 내려가는 당올레(위). 돌갯동산 여드렛당(아래).

니, 바닷가여서 그런지 키 작은 나무들이 신목이랄 것도 없어 보였고, 울타리로 쌓아놓았다는 담도 바다에 쓸려갔는지 눈에 띄지 않았다. 그저 키 작은 나무들이 자라는 바닷가 한구석일 따름이었다. 나무에 지전이 걸려 있어 이곳이 신당임을 알 수 있는 정도라고나 할까. 그것도 눈 밝은 이만 알아챌 수 있을 정도로 조금밖에 남아 있지 않았다.

돌갯동산 여드렛당을 둘러보며 토산의 뱀신을 모시고 있는 사람들의 마음을 헤아려보았다. 처녀의 순결과 정절을 지켜주는 미모의 여신! 바로 옆에 돌개할망당이 있음에도 따로 이렇게 신당을 차려 토산의 여신을 모시는 그 마음은 어떤 것일까?

사회적 약자였던 제주의 여인들! 다른 어느 지역의 여자들보다 생활력이 강했던 제주 여성들이었지만 그네들은 위험에도 많이 노출되어 있었다.

제주도는 왜구들이 자주 출몰하는 지역이기도 했다. 토산 본풀이에 나와 있는 것처럼 왜구들은 노략질을 하면서 여자들을 겁탈하는 공포의 대상이었다. 조천읍 신흥리에 있는 '볼래낭할망당'에 대한 이야기를 보면 여성들의 왜구에 대한 공포가 얼마나 큰지 짐작할 수 있다.

열다섯 살 소녀 박씨아미가 바다에 파래를 캐러 갔다가 왜선에서 내려온 왜구들이 겁탈하려 하자 도망치기 시작했다. 죽을힘을 다해 이곳 볼래나무 아래까지 도망쳤지만 결국은 잡혀서 겁탈을 당하고 죽었다. 마을 사람들은 처참하게 죽은 처녀를 신으로 모시면서 해마다 제를 지낸다. 이 당은 남자들이 들어가지 못하는 금남(禁男)의 당으로 지나갈 때도 고개를 돌리고 간다고 한다.

이렇게 늘 위험에 노출되어 있었던 제주의 여인들은 순결의 여신인 토산 방울아기씨의 여드렛당에 와서 기도하면서 자신이나 딸의 순결을 지킬 수 있기를 간절히 바랐던 것이다.

비록 그럴 듯한 신목도 없고, 당집도 없지만 너무나 소박해서 오히려 제주의 딸들을 지키고자 하는 어머니의 간절한 마음이 더 느껴지는 돌갯동산 여드렛당이었다.

온평리 용머리 일뤠당

성산읍 온평리 1192-2번지에 위치한 용머리 일뤠당은 온평리 해안도로에 인접해서 바닷가 수풀 속에 있는 당이다. 길 쪽의 울타리는 환해장성의 담벼락인데, 바닷가 쪽으로도 돌을 쌓아 성소를 구분해 놓았다. 외적에 대비해서 돌로 쌓아놓은 환해장성 해안길은 올레길로 조성되기도 했다.

용머리 일뤠당은 수풀 속에 감춰져 있어 해안길에서 보나 바닷가로 나가서 보나 잘 보이지 않는다.

그래서 여기도 아는 사람만이 찾아 들어갈 수 있는 당이었다. 2008년부터 마을의 어른들을 찾아다니며 신당을 조사해 온 문무병 박사님의 안내에 따라 수풀 속으로 들어서야 비로소 당올레가 보였다.

용머리 일뤠당은 소박하게도 수풀 속 그늘이 곧 신당인 셈이었다. 안으로 들어가면 조금 돋보이는 돈나무 한 그루가 자라고 있는데 이것이

돈나무에 가득 걸려 있는 지전은 참으로 인상적이었다. 지금까지 본 신당의 지전물색 중에서 가장 빽빽하게 걸려 있는 것들이다. 누렇게 빛바랜 지전과 하얗게 빛나는 지전이 같이 걸려 있는 걸 보면 예로부터 지금까지 꾸준하게 제를 지내는 당이라는 것을 알 수 있다.

용머리 일뤠당 안내 표지판(위). 지전이 가득 걸려 있는 신목(아래).

신목이다. 사철나무와 소나무, 망개나무들도 빽빽하게 들어서 있었는데 모두 키 작은 나무들이었다. 돌투성이 해변에서 거센 바닷바람을 이겨내며 이 정도 수풀을 형성했다는 것만으로도 대단한 일이긴 하다.

돈나무에 가득 걸려 있는 지전은 참으로 인상적이었다. 지금까지 본 신당의 지전물색 중에서 가장 빽빽하게 걸려 있는 것들이다. 누렇게 빛바랜 지전과 하얗게 빛나는 지전이 같이 걸려 있는 걸 보면 예로부터 지금까지 꾸준하게 제를 지내는 당이라는 것을 알 수 있다.

지전은 저승의 돈이다. 그래서 '저승 돈은 지전, 이승 돈은 금전'이라고 한다. 마을 사람들이 당에 가면, 창호지를 오려 구멍을 일정하게 뚫은 종이를 나무에 걸어놓는다. 세월이 흐르면 퇴색한 것과 새 것이 어우러져 저승의 돈다발이 고목 밑에 치렁치렁 걸리게 되는데, 당에 걸려 있는 지전물색은 바로 당의 역사를 나타낸다고 볼 수 있다.

이 당의 신은 '허물할망(개할망)'이다. 아랫동네 일부 주민들이 다닌다는 이 일뤠당은 아이들이 아프거나 피부병(허물)이 났을 때 다니는 당이다. 주로 잠녀들이 단골인데, 몇 걸음 나서면 바다가 있는 곳에 위치하고 있어 바다로 물질을 나가며 수시로 들렀다 갈 수 있는 곳이었다.

제주도에는 '피부병'을 관장하는 신들이 많다. 그만큼 제주도 사람들에게 피부병이 고통을 주는 문제였던 모양이다. 그러나 나는 제주에서 낳고 자랐지만 그런 고통에 시달려본 적이 없었다. 그런데 이 글을 정리하는 동안 나 역시 피부병으로 고생하는 일을 체험해야 했다.

마당에 있는 동백나무 잎에 벌레들이 가득 붙어 있기에 적당히 약을 뿌리고 가지들을 잘라내는 일을 했다. 그사이에 '동백충'이 독을 뿌려

댔는지 온몸이 가렵기 시작했다. 날은 더운데 온몸이 가려운 증세는 점점 심해져 고통이 이만저만이 아니었다. 하는 수 없이 피부과 병원에 갔더니 의사가 "요즘 제주 날씨가 덥고 습한 까닭에 피부 알러지를 일으키는 사람들이 많이 온다."며 주사와 약을 처방해 주었다.

이 일을 계기로 병원도 약도 없던 시절 제주 사람들이 피부병으로 인해 겪었던 고충이 얼마나 컸는지 '피부로' 실감하게 되었다. 피부병 문제가 얼마나 큰 고통이었으면 '피부병'을 관장하는 신을 모시는 당을 만들었을까 십분 이해가 되었다.

온평리 묵은 열운이당

열운이는 마을 이름이다. 문무병 박사님은 온평리를 옛날에는 '열운이'라고 하셨는데, 아마도 '연혼포'와 관련이 있는 이름이 아닐까 추측하고 있다고 말씀하셨다. 그런데 '묵은 열운이'라고 하는 것은 원래 이곳에 있던 마을이 바닷가 쪽으로 이동했기 때문에 '옛날 열운이 마을'이라는 의미로 쓰이는 말이라고 하셨다. 신당 옆 마을이 있던 곳은 밭으로 조성되어 있었다. 묵은 열운이당의 주소지는 성산읍 온평리 2462-2번지이다.

묵은 열운이당은 자연 암반과 동백나무를 중심으로 형성되어 있었다. 시멘트 블록과 천막을 이용해 집을 지어놓고 그 안에 제단을 만들

소박하게 지은 묵은 열운이당.

었다. 이곳은 토산일뤠당 당신인 용궁의 셋째 공주와 여드렛당 당신인 방울아기씨를 함께 모신 당이다.

　허름한 당집만 보면 두 여신을 모시는 성소로는 어울리지 않는 것 같았다. 당집 안에는 탁자 위에 하얀 종이를 깔아 제단을 만들어놓고 벽에는 알록달록한 천들을 길게 걸어놓은 것이 전부였다.

　묵은 열운이당은 이렇게 허름한 당집이 전부이지만 당올레가 나름대로 운치가 있었다. 당올레는 길에서 언덕으로 올라 당집까지 이어지는 오솔길이었다. 짧지만 아름다운 길이라고나 할까. 당올레 입구 나무 그늘 아래 넓적한 바위가 있어 잠시 앉아 쉬어가는 것도 좋을 것 같았다.

신산리 본향 범성굴왓 할망당

성산읍 신산리 380-2번지에 위치한 신산리 본향 범성굴왓 할망당은 2008년도에 예산을 지원받아서 신축한 당집이라고 하는데, 그런 만큼 당올레나 당집이 번듯하게 잘 정비되어 있었다. 그런데 가는 날이 장날이라고, 문이 잠겨 있고 열쇠를 관리하는 심방도 출타하고 없어 안으로 들어가 보지 못했다.

그래서 문무병 박사님이 정리한 「성산읍의 민간 신앙」이란 자료를 참고할 수밖에 없었다. 자료에 의하면 정면에 제단이 있고, 그 가운데 위패를 모신 나무함이 있다고 한다. 위패에는 '本鄕之神位'가 새겨져 있으며 위패 앞에 향로, 촛대, 술잔이 있다고 되어 있었다. 당굿은 새벽 2시부터 시작해서 오전 11시경까지 이루어지는데, 당굿을 할 때 심방에게 산(쌀이나 명두 등으로 점을 치는 것)을 받고 나면 각자 자신이 가져온 지전물색을 소각시킨다. 2월 13일 영등제를 할 때는 어촌계에서 음식을 준비하며, 여자들뿐 아니라 배를 타는 남자들까지도 모두 참석한다고 한다.

이곳의 당신(堂神)은 명오부인이다. 온평리 진동산 명오부인 본풀이에 나오는 것처럼 난산국(본향) 서울 정기땅에서 태어난 세 자매가 세상을 유람하고 다니다 큰언니인 정중부인은 조천에, 셋언니인 관세전 부인은 김녕에, 막내인 명오부인은 이곳 신산리 범성굴왓 고장남밧에 와서 좌정을 한다.

온평리 진동산 명오부인 본풀이

　신산 본산국 서울 정기땅에서 세 자매가 태어났다. 세 자매는 십오 세 열다섯이 넘어가자 세상을 유람하고 다니다가 계수나무 배를 타고 제주섬으로 들어왔다. 제주섬을 구경하고 다니던 세 자매는 이곳에 좌정하여 자손들로부터 제(祭)를 받아먹으며 살기로 했다.

　큰언니 정중부인은 조천관내를 바라보고는 마음에 맞다 하며 좌정하였고, 셋언니 관세전부인은 김녕리 인심이 좋다고 하면서 김녕리에 좌정했다.

　막내인 명오부인은 신산리 범성굴왓 고장남밧에 와서 좌정하였다. 그 이후 온평리에서 가지 갈라다 진동산에 명오부인을 모시게 된다. 그런데 동네 사람 누구 하나 명오부인께 제물을 바치는 사람이 없었다. 명오부인은 화가 나서 문씨 집 갓난애한테 풍문조화(風雲造化)을 부려 흉험을 주었다. 그 때문에 문씨 집 자손 문도령은 걷지도 기지도 못하면서 구덕(아기바구니)에서만 지냈고 일곱 살이 나도록 똥오줌을 치워줘야 했다. 문도령은 온 집안의 근심거리가 되었다.

　만국 시월(十月) 초하룻날이었다. 어머니가 혼인지에 물 길러 간 사이에 구덕에 누워 있던 아이가 홀연히 사라져 버렸다. 기지도 걷지도 못하던 문도령이 어머니가 없는 틈에 벌떡 일어나더니 개안용머리 바닷가로 거침없이 달려간 것이다. 문도령은 바다로 들어가더니 홀연히 자취를 감추고 말았다.

　혼인지에서 물을 길어 온 어머니가 빈 구덕을 보고 놀라자빠졌다. 기지도 걷지도 못하던 아이가 하루아침에 사라진 것이다. 문씨 집안 온 식구들이 아이를 찾아 동네를 샅샅이 뒤지고 있었는데 누가 바다 쪽으로 가는 걸 봤다는 얘기를 했다. 식구들이 바다로 몰려가 해안가를 뒤지기 시작했다. 그런데 아무리 살펴봐도 아이는 흔적도 없었다. 어머니는 아이가 사라진 바다를 하염없이 바라보며 한탄했다.

　"아이고, 일곱 살이 다 되도록 걷도 기도 못허멍 내 간장을 태우더니 어디로 사라져신고, 설운 아기야, 목숨만 붙어도 좋으난 빨리 나오라. 어멍 속 썩이지 말고."

　찾다 찾다 못 찾으니 식구들은 모두 포기하고 집으로 돌아갔다.

　시월 초일레날, 밤도 일레[七日] 낮도 일레 14일이 지났는데, 홀연히 문씨도령이 바다 위로 모습을 드러냈다. 한 손에는 유리잔과 유리대를, 또 한 손에는 무쇠 갓과 무쇠 바랑을 가지고 개암용머리로 올라온 것이다.

　문씨도령은 집으로 가는 대신 명오부인이 좌정하고 있는 신당으로 갔다. 그리고 그 길로 명오부인의 시중을 드는 당한이(당에서 신의 심부름을 하는 아이)가 되었다.

　명오부인을 모시고 있는 온평리 본향 진동산당에는 명오부인 위패와 함께 문씨영감 위패를 함께 모시고 있다. 이 당에는 문도령이 바다에서 가지고 나왔다고 하는 무쇠 갓과 바랑이 아직도 남아 있다.

원래 명오부인은 신산리 범성굴왓의 본향당신이다. 그런데 온평리 진동산당에서 명오부인을 가지 갈라다 모시는데, 온평리 마을이 커지면서 명오부인은 온평리 본향당신으로도 자리를 잡았다 한다. 그래서 토산의 본향당신이 된 방울아기씨도 제주도로 들어올 때, 온평리로 들어와 먼저 온평리 본향당신인 명오부인에게 인사를 드리고 지나가는 것이다.

범성굴왓 당집이 잠겨 있는 관계로 우리는 당집 마당에서 본향당신인 명오부인에 관한 이야기를 듣고 바로 옆에 위치한 토산여드렛당으로 장소를 옮겼다.

신산리 고장남밧 여드렛당

고장남밧 여드렛당은 본향당인 범성굴왓 할망당 뒤쪽 한 귀퉁이에 자리하고 있어서 범성굴왓 할망당과 주소도 같다. 이 당은 토산여드렛당으로 방울아기씨 뱀신을 모시고 있다. 이렇게 서귀포 지역은 항상 본향당 옆에 토산여드렛당이 위치하고 있는 것이 특징이다.

원래 이곳 지명이 '고장남밧'이었다 한다. 제주어로 '꽃'을 '고장'이라고 한다. '밧'은 '밭'을 의미하는 말이니, '꽃이 많이 피어나는 밭'이란 의미가 아닐까 추측해 본다. 여드렛당은 바닷가 '나는물또' 지경에 있었는데 본향당을 정비하면서 이곳에 모셨다 한다.

본향당 건물 오른쪽으로 해서 뒤쪽으로 가니 돌담을 두른 신당이 보였다. 당집이 번듯한 본향당에 비해 여드렛당은 돌담과 신목과 간단하게 만든 제단이 전부였다.

그런데 이곳의 신목은 특이하게 동백나무였다. 동백꽃은 신화에서 '환생꽃'이고 '번성꽃'이라 한다. 이런 이유로 굿을 할 때 심방이 손에 동백꽃 가지를 들게 되는 것이다. 그래서 신당 근처에 동백나무를 많이 심어놓기도 하지만 신목이 동백나무인 경우는 처음 보는 것 같다.

동백나무와 돌담 사이에 끈을 매서 지전물색을 걸어놓은 게 보였다. 신체(身體)인 동백나무는 늘씬하게 하늘로 치솟아 있어 동백잎을 보려면 고개를 하늘로 치켜들어야 했다. 매끈하게 위로 뻗은 줄기는 아름다웠다. 곱게 다듬어 올린 머릿단처럼 윤기 흐르는 잎들이 줄기와 어우러져 그 자태가 참으로 예쁜 것이 여드렛당신인 미모의 방울아기씨와 잘 어울린다는 생각이 들었다. 그러면서도 오랜 세월 비바람을 견딘 나무의 풍모가 신목으로서의 위엄을 자아내고 있었다.

제주의 겨울바람은 워낙 거칠어서 어지간한 나뭇잎들은 견뎌내지를 못한다. 그런데 신기하게도 동백잎은 태풍 앞에서도 끄덕없다. 그래서 제주에서는 과수원의 방풍림으로 삼나무와 함께 동백나무를 많이 심는다. 유명한 위미리 동백나무 군락지도 이렇게 방풍림으로 조성된 것이다.

고장남밧 여드렛당 신목인 동백나무의 무성한 잎들을 바라보고 있노라니 이러한 강인함이 그대로 느껴졌다.

토산의 뱀신을 모신 여드렛당에는 개인적으로 찾는 사람도 있지만 주로 본향에 가는 날에 여인들이 메(밥)만 따로 차려서 온다고 한다.

단골들은 본향당인 범성굴왓 할망당에서 당굿에 참여하고 나서 바로 뒤에 있는 '여드렛당'에 들른 다음 '용왕당'으로 가서 제를 지낸다고 한다.

신천리 안카름 현씨일월당

제주에는 가련하게 생을 마감한 비극의 주인공들을 조상신으로 모시기도 한다. 와산에서 '고전적'이나 '양씨아미'를 조상신으로 모시고 굿을 하는 경우가 그렇다. 이곳 성산읍 신천리에도 안타깝게 생을 마감한 '현씨일월'을 당신으로 모시고 있다. 보통 조상을 '일월'이라고 하는데, '현씨일월'은 조상신이자 당신이 된 처녀신이다.

우리는 성산 지역 답사에 나서기 전에 '현씨일월당 본풀이'을 먼저 읽고 정리하는 시간을 가졌다.

신천리 현씨일월당 본풀이

현씨일월은 태어나면서부터 몸이 약했다. 세 살 되던 해부터 죽었다 살았다 하며 위태로운 상태가 계속 되더니 일곱 살이 되면서 어느 정도 몸이 회복되었다. 그런데 열다섯 살에 또다시 큰 병을 앓더니 사경을 헤맬 정도가 되었다. 이제 현씨일월을 정성껏 돌봐주시던 어머니도 세상을 뜨고 식구라곤 오라비 하나뿐이었다.

오라비는 하나뿐인 누이동생마저 잃을까 하여 걱정이 태산 같았다. 그는 어디 가서 점이라도 치기로 결심했다. 그래서 근처에 이름난 심방을 찾아가 점을 봤다. 심방이 내놓은 점괘는 누이가 큰 심방이 되어야 목숨을 연명할 수 있을 것이었다. 그러니까 현씨일월이 무병을 앓고 있었던 것이다.

현씨 오누이는 비록 가난하지만 양반집 자손이었다. 양반 가문에서 심방이 난다는 것은 꺼림칙한 일이라 한참 망설이던 오라비는 하나뿐인 누이동생을 살리기 위해서 심방이 되는 것을 허락했다.

현씨일월은 큰 심방을 쫓아다니며 굿을 배웠다. 나중에 배울 만큼 배웠다고 생각한 현씨일월은 자신이 직접 굿을 하러 나서고 싶었으나 무복은커녕 무구도 없었다.

하루는 단골집에서 굿을 해달라는 요청이 들어왔다. 아무것도 없는 현씨일월은 굿을 할 수 없었다. 그래서 신세를 한탄하며 비새같이 울었다.

그걸 본 오라비가 연유를 물었다.

"설운 누이야, 무사 경 슬피 울명 눈물을 흘렴시냐?"

"오라버니, 단골집에서 굿을 해달랜 햄신디 나한텐 무구도 없고 무복도 없으니 굿을 할 수가 없수다."

오라비는 안타까웠다. 어떻게든 누이동생이 굿을 할 수 있도록 해주고 싶었다. 그래서 진상선을 타고 서울을 다녀오다가 무구와 악기를 사와야겠다고 생각했다.

"설운 내 누이야, 걱정하지 말라. 내일이면 내가 진상선을 타고 서울에 감져. 네가 굿을 할 수 있게 무복이영 무구영 모두 사다 주마. 경허난 아프지 말고 오래 살 생각만 허라."

오라버니는 이튿날 진상선에 몸을 싣고서 하천리 포구를 떠났다. 현씨일월은 연대에 올라 오라비가 무사히 다녀오기를 기도하면서 타고 가는 진상선을 줄곧 바라보고 있었다.

그런데 이게 무슨 천지조화일까? 잔잔했던 바다에 갑자기 모진 광풍이 일더니, 혈육이라곤 하나뿐인 오라비가 몸을 실은 진상선이 물마루를 넘기 전에 전복되고 말았던 것이다.

그 광경을 바라보고 있던 현씨일월은 하늘이 무너지는 것 같았다.

'불쌍하고 가련하신 우리 오라버니가 나 때문에 죽어감구나! 나는 혼자 살아서 뭘 하나. 나도 오라비 따라 가키여.'

현씨일월은 절망 속에서 연대 아래로 몸을 던졌는데, 목이 꺾여 바로 숨이 끊어졌다.

마을 사람들은 현씨일월을 불쌍하게 생각하여 떨어져 죽은 그 자리에 무덤을 만들어 주었다. 그러나 그 불쌍한 영혼을 위하여 제사상 하나 차려 주는 사람이 없었다.

그로부터 마을에 이상한 일이 벌어졌다. 밤낮으로 그 무덤에서 요령 소리가 울려 퍼진 것이다. 마을 사람들은 억울하고 불쌍하게 죽어간 현씨 처녀의 조화라고 수군거리면서도 누구 하나 그 원한을 풀어주려는 사람이 없었다.

하루는 또 다른 현씨 일가의 한 어린애가 시름시름 앓기 시작하더니 목숨이 위태로운 지경에 이르렀다. 그래서 이런 저런 약을 써 봤으나 효력이 없었다. 하는 수 없이 심방을 찾아가 어떻게 해야 아이를 살릴 수 있는지 점을 쳤다. 심방은 한이 서린 현씨 처녀의 영혼 때문이니 굿을 해야 한다고 말했다.

결국 그 집안에서는 김씨 심방을 청해다가 굿을 했다. 그렇게 정성으로 굿을 하여 현씨일월의 한을 풀어주니 사경을 헤매던 어린아이의 병이 씻은 듯이 나았다.

그 후로 마을에서는 현씨일월이 떨어져 죽은 연대 아래 신당을 만들어 현씨일월을 마을 본향으로 모시게 되었다. 지금도 그 원령을 위하여 음력 9월 8일, 18일, 28일을 대제일로 정하고, 이 중 어느 하루를 택하여 마을 사람들이 제를 올리고 있다.

현씨일월당의 주소지는 성산읍 신천리 281번지이다. 천미연대 바로 옆에 있는데, 신화에 나오는, 현씨아미가 떨어져 죽었다는 바로 그 연대이다. 천미연대는 마을에서도 5분이면 걸어 들어갈 수 있는 거리에 위치하고 있었다.

천미연대가 있는 쪽 골목길로 조금 걸어 들어가니 왼쪽으로 작물을 심어놓은 밭들이 이어졌다. 검은색 현무암으로 이루어진 밭담과 싱싱하게 잘 자라는 농작물들은 언제 보아도 눈이 즐겁다. 이렇게 마을에서 몇 걸음만 밖으로 나와도 들녘의 풍경이 이어지는 게 제주도의 특색이기도 하다.

밭담을 구경하며 걷다 보니 오른쪽으로 천미연대가 모습을 드러냈다. 지금은 건물들이 들어서서 전망을 가리고 있지만, 옛날에는 이곳에 올라 멀리 바다 쪽으로 왜구들의 배가 보이지 않는지 감시했던 곳이다. 검은 현무암 돌들로 이루어진 연대는 단순한 구조물이지만 오랜 세월을 담고 있는 아름다운 건축물을 보고 있는 듯했다.

천미연대를 지나자마자 오른쪽 숲속에 현씨일월당이 있었다. 공터에 자연석으로 돌담을 두르고, 나무 앞에 제단도 만들어져 있는 당이었다. 원래 이 당의 특징은 신목에 한복 치마저고리를 입혀놓은 것이라 한다. 왼쪽에 있는 후박나무에 한복 치마를 입혀놓고, 오른쪽의 녹나무에는 지전물색을 화려하게 걸어놓는다고 한다. 나 역시 그런 장면을 사진 자료로 봐서 은근히 기대했는데, 신목에 입혀진 치마저고리는 보이지 않았다.

문무병 박사님은 온평리와 신산리, 난산리에 제2비행장이 들어선다고 하는 바람에 사람들이 당에 들를 마음의 여유마저 없어진 결과라고 아쉬워하셨다. 마을 사람들은 공항 반대를 외치며 도청으로 항의 방문을 하고 반대구호가 쓰인 플래카드를 차에 붙이고 운전하며 시위를 하는데, 다른 지역 사람들은 그다지 호응이 크지 않은 것 같아 안타깝다.

조상 대대로 이곳에 뿌리를 내리고 사는 사람들에게 제2공항은 마른 하늘에 날벼락이다. 이 땅의 주인들에게 사전에 의견을 먼저 들어보지도 않고 일방적으로 결정하고 통보하는 행정은 무지막지한 폭력인 것이다.

답사 일행 중 한 사람은 그전에 현씨일월당에 왔을 때 나무에 한복을 입혀놓은 모습을 보고 충격을 받을 정도로 인상이 강렬했다 한다. 당연히 지금도 그런 풍경을 볼 수 있을 것이라 기대하고 왔는데, 이제는 치마저고리도 없어지고, 나무에 감겨 있던 고운 물색도 사라지고 없다면서 씁쓸한 표정을 지었다.

쓸쓸하게 방치되고 있는 현씨일월당에서 간단하게 소주 한 잔 올리고 밖으로 나오는데 바로 앞 밭담에 탐스럽게 달려 있는 하늘래기가 시선을 끌었다. 예전에는 한약재로 쓴다고 노랗게 익은 것들을 따다가 말렸던 기억이 난다. 저 하늘래기가 노랗게 익어갈 무렵에 다시 한 번 이곳에 와보고 싶다는 생각이 들었다. 비극적인 신화와 더불어 한 맺힌 넋을 외면하지 않는 제주 사람들의 정성도 또한 계속해서 이어지기를 바라는 마음으로 이 길을 다시 한 번 천천히 걸어보고 싶다.

쓸쓸하게 방치되고 있는 현씨일월당에서 간단하게 소주 한 잔 올리고 밖으로 나오는데 바로 앞 밭담에 탐스럽게 달려 있는 하늘래기가 시선을 끌었다.

현씨일월당의 모습(위). 한복이 입혀진 예전 현씨일월당 모습(아래).

난산리 걱대ᄆ루일뤠당

현씨일월당처럼 신당이 방치되고 있는 상황은 난산리에 있는 당에서도 보였다. 난산리 본향당인 걱대ᄆ루일뤠당은 1961-9번지에 위치하고 있다. 걱대ᄆ루 언덕의 밭 한쪽에 위치하고 있는 이 당은 원래 두 개의 신목이 있고 양쪽 모두 나무에 지전물색을 걸어놓았다 한다. 왼쪽은 토산일뤠당이고 오른쪽에는 토산여드렛당인데 모두 일뤠당으로 합해서 제를 지내는 당이라 한다. 그러나 지전물색이 걸려 있던 흔적만 남아 있어 요즘은 방치되고 있는 상황을 잘 보여주고 있었다.

걱대ᄆ루 일뤠당은 돌담으로 울타리를 친 안방 크기의 신당이었다. 특별하게 제단을 만들거나 하지 않은 자연 그대로의 소박한 당이다. 이곳에 아이들을 낳을 수 있게 도와주고 건강하게 키워주는 산육·치병의 일뤠당신과 순결의 여신인 토산여드렛당신을 함께 모시고 있는 것이다.

수풀 속에 자리한 걱대ᄆ루일뤠당은 나무 그늘이 짙게 드리워져 이곳을 지나가다 잠시 들러 앉아 쉬면서 한여름 땀을 씻어도 좋을 것 같은 분위기였다.

당올레를 천천히 걸어 나오는데 성산에 제2공항이 들어서면 오늘 우리가 답사했던 여러 당들이 대부분 파괴되리라는 생각이 들었다. 공항 부지가 되어 사라지거나 다행히 공항 부지에 포함되지 않는다 해도 지역 주민들이 다른 곳으로 밀려나 더 이상 다니는 사람이 없게 되면 자연스럽게 폐당될 테니까 말이다.

제2공항 반대 운동에 모든 것을 쏟아 붓고 있는 한 남자분의 말이 떠오른다. 그분은 전날 마신 술이 덜 깨어 몽롱한 상태에서 자기 동네에 제2공항이 들어선다는 뉴스를 들었다 한다. 뉴스로 이제 곧 고향에서 쫓겨날 것이라는 사실을 통보받은 셈이다. 이런 날벼락 같은 소식을 사전에 통보받은 사람이 아무도 없다는 것이 실제 사실이다.

이분은 주민들과 사전에 한 마디 상의도 없이 발표부터 하고, 보상금을 받고 나가라고 하는 폭력에 대해 온몸으로 분노했다. 그는 도지사의 정치 생명이 끝나든지 자신이 죽든지 둘 중의 하나밖에 남지 않았다고 하며 결연한 의지를 내보였다.

그걸 듣는 내 마음이 쓰라렸다. 이런 당국의 횡포가 대한민국 곳곳에서 벌어지고 있는 상황이고, 결국은 당국의 의지대로 밀고나가는 게 현실이기 때문이다. 강정의 해군기지처럼 말이다.

관광객들을 더 받기 위하여 기존에 살고 있는 주민들을 쫓아내고 그 땅에 공항을 하나 더 짓겠다고 하는 발상이 얼마나 무지막지한가. 과연 누구를 위한 관광 정책인가 말이다.

제주도는 이미 감당하기 어려울 정도로 관광객들이 밀려들고 있다. 그들이 버리고 가는 쓰레기 문제, 물 부족 문제와 더불어 전통문화의 파괴 문제 또한 만만치 않다. 단지 관광객들로부터 돈을 벌기 위한 행정보다는 전통문화가 살아 있는, 주민과 더불어 함께하고 특색 있는 제주를 지켜가는 행정이 절실히 필요하다는 생각이 든다.

문 박사의 톡톡 신화 강좌

토산 당신놀림굿과 지전물색

▶ 토산여드렛당이 서귀포 지역 전체로 퍼져나가게 되는 이유는 무엇입니까?

제주 지역으로 들어온 뱀신은 나주 고을의 곡창을 지키는 뱀신인 금성산신입니다. 이 뱀신은 서울로 진상하러 올라갔던 강씨와 오씨, 한씨를 따라 제주로 들어왔습니다. 처음에는 강씨와 오씨, 한씨의 조상신이 되었으나 차츰 토산 마을을 지켜주는 본향당신이 되었습니다.

토산리 여드렛당 뱀신은 시집가기 전 처녀의 순결을 지켜주는 당신으로 이 신을 모시는 일은 어머니로부터 딸에게 전해집니다. 이 신을 잘 모시면 집안에 부를 가져다주지만, 잘 모시지 않으면 그 원한은 뱀이 똬리를 틀고 '방울'로 맺혀 병을 일으킨다고 합니다. 그래서 딸은 시집갈 때 이 신을 모시고 갑니다. 이러한 이유로 서귀포 전역으로 퍼져나가게 된 것이라 생각됩니다.

토산여드렛당은 토산 지역뿐만 아니라 조선시대 정의현에 속하던 지역 전체에 걸쳐 분포하고 있습니다. 2009년에 발간된 『제주신당조사』에 의하면 토산여드렛당이 성산읍, 표선면, 남원읍, 안덕면, 서귀포시에 38개소가 있는 것으로 조사되었습니다. 그러니까 토산여드렛당은 토산 지역뿐만 아니라 한라산 남쪽에 해당하는 현재 서귀포시 전 지역에 분포되어 있는 것이지요.

▶ 토산 당신놀림굿의 '방울품'에 대해서 설명해 주십시오.

토산여드렛당 본풀이에 나오는 여드렛당신 방울아기씨는 아름답고 순결한 여신입니다. 이 여신은 처녀의 순결과 정절을 지켜주는 처녀수호신으로 나타나고 있지요, 본풀이를 보면 조선 중기 1552년에 있었던 왜구들의 침입 사건인 천미포왜란이 본풀이의 후반부에 반영되어 있습니다.

천미포는 신천리 바닷가입니다. 이곳으로 들어온 왜구들이 노략질을 하면서 토산리 처녀들을 강간하고 살해한 사건을 겪은 후 이 역사적 사건을 신화화하였다고 볼 수 있지요. 사람들은 이 사건의 원인이 신의 노여움 때문이라 믿고 신을 달래고 죽은 처녀의 원령을 달래는 굿을 합니다.

신의 노여움을 달래고 억울하게 죽은 처녀의 원령을 달래는 굿은 산 사람을 위한 굿이기도 합니다. 천미포 왜침이라는 엄청난 일을 겪은 제주 사람들에게 그 후유증이 오래 지속될 수밖에 없지요. 살아남은 사람들은 왜구들의 침탈에 의한 상처를 어떻게든 치유해야 살아갈 수 있습니다. 그래서 제주 사람들은 한을 풀고 상처를 치유하기 위하여 굿을 했어요. 이것이 바로 토산 당신놀림굿입니다. 본풀이를 통해서 신이 대신 아픔을 겪게 하고, 신의 원령을 풀어주고 잘 모심으로써 신이 병을 낫게 해주리라 믿음을 가졌기 때문입니다. 토산 당신놀림 굿을 하면서 심방이 본풀이를 말하고 '방울품'을 합니다. 이 방울품은 민중의 아픈 응어리를 풀어주는 연희를 펼치는 것이라 할 수 있습니다.

'방울풂'은 토산여드렛당신을 놀리는 것입니다. 긴 광목천으로 고(매듭)를 만들어 '방울'이라 하며, 방울을 환자의 아픈 곳에 대고 당겨 풀어가는 굿이지요.

마흔여덟 상방울도 풀어내자
서른여덟 중방울도 풀어내자
스물여덟 하방울도 풀어내자

심방은 죽은 처녀 원령의 한(恨)을 '방울'이라 하면서 이 방울을 풀어나가는데, 이 방울이 다 풀렸을 때 환자의 병도 낫게 됩니다.

▶ 당집 안이나 신목에 걸려 있는 지전물색과 명실은 어떤 의미를 담고 있습니까?

지전은 저승의 돈입니다. 굿을 할 때 보면, '저승 돈은 지전, 이승 돈은 금전'이라고 말을 합니다.
마을 사람들이 당에 가면, 창호지를 오려 구멍을 일정하게 뚫은 종이를 나무에 걸어놓고 옵니다. 세월이 흐르면 퇴색한 것과 새 것이 어우러져 저승의 돈다발이 고목 밑에 치렁치렁 걸리게 되지요. 묵은 정성과 새 정성이 주기적으로 쌓이면서 현존하는 것입니다. 그래서 당에 걸려 있는 지전물색은 바로 당의 역사를 나타낸다고 볼 수 있습니다.
지전 10장과 제물을 가지고 다니는 당은 당집이 없는 신목형의 당입니다. 신목을 중심으로 돌담을 쌓아 울타리를 만드는데 자연 그대로의 장소가 곧 성소가 되는 원초적인 당이지요.
지전은 종이에 구멍을 뚫어놓은 것이지만, 그냥 백지를 걸어놓은 것도 있습니다. 이 백지는 저승돈이 아닌 '백소지권장'입니다. 백소지권장은 글을 모르는 사람의 말 못할 사연을 신에게 아뢰는 솟장의 일종이지요. 너무나 원통하고 억울하지만 어디 가서 하소연할 곳도 없는, 힘없고 미천한 백성이 하얀 종이에 그 사연을 담아서 신께 올리는 것입니다.

물색은 지전과 좀 다릅니다. 물색이라 하면 '삼색(三色) 물색'을 말하며, '고운 물색'을 연상할 수 있지요. 물색은 인간이 신에게 바치는 옷감입니다. 사냥을 하는 거친 남신이 좌정하고 있는 당에는 고운 물색이 걸리지 않습니다. 깨끗하고 고운 여신을 모신 당, 주로 축일당(丑日堂)이나 칠일당(七日堂) 계통의 산육과 농경신의 당에 고운 물색이 걸립니다.

당우형(당집이 따로 있는 형태)인 경우나 당우형은 아니더라도 신의(神衣)를 담는 궤를 마련한 당에는 직접 옷감으로 고운 한복을 지어 바치며, 이러한 신의 옷들은 차곡차곡 궤 속에 걸어놓았다가 '신의 옷을 말리는 제'인 마블림제 때 꺼내어 말립니다.

신당은 신이 거주하는 영적인 공간으로 성스러운 장소입니다. 사람들은 신당에 가서 신을 만나고, 신에게 빌었던 흔적으로 신목에 지전 물색을 걸어두고 오지요. 이렇게 신목에 걸려 있는 지전물색은 사람이 남긴 삶의 기록이며, 마을의 역사이자 예술품이라 할 수 있습니다. 그리고 신에게 바치는 인간의 정성이 오랫동안 쌓여 이루어진 미적인 축적물로 아름다운 문화 경관을 완성하고 있는 것입니다.

명(命)실은 지전이나 물색과 함께 신목에 걸어놓는 실타래입니다. 삼승할망 비념(심방이 혼자서 요령을 흔들면서 간단하게 하는 굿)을 할 때나, 아기를 기원하는 의례인 '기자의례'에 명실을 올립니다. 이는 실처럼 길게 명을 이어 달라는 유감주술입니다. 때문에 명실이 걸려 있는 당은 아기를 보살펴주는 당, 생명을 이어주는 산육·치병신의 당으

토산당신놀림 '방울풂'에서 심방이 천으로 고(방울)을 만드는 모습(위). 당에 걸린 지전물색(아래).

로 주로 '일뤠할망당'입니다.

명실이 걸려 있다는 것은 인간이 신에게 '생명을 이어주십시오' 하고 간절하게 빌고 있음을 나타내는 것입니다. 삶과 죽음을 관장하는 신에게 나약한 인간이 간절하게 생명을 애원하는 가느다란 실타래는 다른 지전물색과 함께 신당 안에서 인간의 염원을 읽을 수 있는 하나의 기호라고 할 수 있습니다.

07
월정·세화 당올레

신화와 함께하는 당올레

달빛이 아름다운 월정 바닷가

월정은 예전부터 꼭 한 번 가보고 싶던 마을이었다. 바닷가 풍경이 아름답다는 얘기를 듣기도 했지만, 무엇보다도 마을 이름에서 발길을 당기는 것 같은 매력을 느껴서이다. 월정(月汀)! 어감도 좋은데, 거기에 담겨 있는 의미도 멋있다. 달 밝은 밤 바닷가 경치가 빼어나다!

월정은 한라산 북동쪽 해안에 위치한 규모가 작은 마을이다. 지금이야 바닷가 풍경이 아름다운 곳으로 널리 알려지면서 외지인들이 많이 찾는 곳이기도 하지만, 예전에는 제주도 서쪽 지역에 비해 땅이 척박하여 농사만 짓고 살기가 어려운 동네였다. 모래로 덮인 농토가 대부분이기 때문이다. 실제로 일주도로로 버스를 타고 가며 창 밖을 보면 밭은 물론이고 길가까지 모래가 덮여 있는 걸 흔히 볼 수 있다. 그래서 용암이 흘러내려 굳으면서 형성된 지대인 '빌레'를 깨뜨려 밭을 일구면서 농사를 지었다 한다.

월정은 최근 들어 아름다운 풍광에 매력을 느낀 외지인들이 들어와 정착하면서 수십 배 이상 땅값이 오른 지역으로 소문나기도 했다. 이렇게 관광객들이 많이 찾는 지역 중 하나지만 주민들은 여전히 양파나 마늘, 당근 농사를 주로 짓고, 바다에서 소라나 해초 등 해산물을 채취하며 살아간다고 한다.

월정리는 지질학적으로 의미가 큰 마을로도 알려져 있다. 2007년 6월 유네스코 세계자연유산으로 등재된 용천동굴과 당처물동굴이 있고, 2009년에 새롭게 발견된 남지미동굴이 있다. 용암동굴지대에는 용암이 굳을 때 생긴 틈으로 빗물이 스며들어 지하수 매장량이 풍부한 것이 특징이다. 그래서 소낭개, 바른물, 월정새물 등 용천수가 여러 곳에 산재해 있고, 특히 해안가에서 다량의 용천수가 솟아나온다고 한다.

월정에 전해지는 월정본향당의 신화

월정에는 중산간 쪽으로 신당 '월정본향당 서당머체 큰당'과 '월정리 서당'이 있는데, 비교적 서사구조가 뚜렷한 신화 '월정본향당 본풀이'가 전해지고 있다.

월정본향당 본풀이

　옛날, 황토 고을 황정승이 사십이 되도록 슬하에 자식이 하나 없었다. 날이면 날마다 한숨을 쉬면서 근심하던 중 동관음사가 영험이 좋다는 말을 들었다. 그래서 부처님께 올릴 시주를 넉넉히 준비하고 동관음사로 올라갔다.

　황정승은 송낙지도 구만 장, 가사지도 구만 장, 상백미도 일천 석, 중백미도 일천 석을 장만하고 불공을 드리기 시작했다. 두 이레 열나흘의 불공이 끝나가자 대사님께서 시주한 물건을 저울에 달아보았다. 아쉽게도 무게가 백 근이 되기에 한 근이 모자랐다.

　"백 근이 찼으면 아들자식을 점지할 것인데, 한 근이 모자라니 딸자식을 점지합니다. 아기씨가 일곱 살이 되거든 법당에 와서 다시 불공을 드리십시오."

　황정승이 집으로 돌아와 합궁일을 고르고 천상배필을 맺었다. 과연 얼마 안 있어 태기가 있더니 열 달을 채우고 아기가 태어났다. 앞 이마에 해님, 뒤 이마에 달님, 두 어깨에 샛별이 오송송 반짝이는 예쁜 딸아기였다.

　황정승 부부는 예쁜 딸아기 재롱에 시간 가는 줄 몰랐다. 어느덧 시간은 흘러 아기씨가 일곱 살이 되었다. 황정승은 대사님 말씀에 따라 법당에 다시 불공을 드리러 올라가려고 준비했다. 그런데 조정에서 정승판서 벼슬을 살러 오라는 어명이 내려왔다. 황정승이 불공을 드리지 못하고 올라가는 것이 불안했으나 어명을 어길 수 없어 바로 서울로 올라가야 했다.

유난히 아버지를 따르던 아기씨는 따라가겠다고 울기 시작했다. 그러나 황정승은 딸자식을 떼어내며 말했다.

"아들자식 같으면 데령 가키여마는 딸자식을 데려 갈 수는 없는 노릇이여."

황정승은 울며 달라붙는 아기씨를 떼어놓고 집을 떠났다. 아기씨는 울면서 아버지의 가마채를 따라가기 시작했다. 황정승은 그것도 모르고 길을 재촉하니 금세 멀어지기 시작했다. 아기씨는 묵은각단밧까지는 어찌어찌 좇아갔으나 어느 사이에 아버지의 가마채는 보이지 않았다.

아기씨가 정신을 차리고 주위를 둘러보니 주변은 온통 억새밭이었다. 놀란 아기씨가 넋을 놓고 울다울다 지쳐 쓰러졌다. 과랑과랑 한여름 볕에 말라 죽어가던 아기씨가 구렁이 몸으로 환생했다.

어머니는 딸아이를 잃고 사방을 찾아 다녔으나 더 이상 찾을 수 없어 황정승에게 편지를 띄웠다.

"딸자식의 행방이 묘연허우다. 하나밖에 없는 자식 이대로 잃을까 두려워 잠을 이룰 수 없으니 정승판서 벼슬 그만 살고 어서 내려오십서."

황정승은 벼슬을 그만 두고 부랴부랴 집으로 향했다. 묵은각단밧까지 단숨에 내려왔다. 그곳에서 잠시 한숨 돌리려고 가마를 멈추게 했더니, 난데없이 큰 구렁이가 가마채에 휘휘 감아 붙은 것이었다.

가마를 이끌던 통인이 소리를 질렀다.

"양반이 행차하는데 웬 구렁이가 눈앞에 오락가락 하느냐? 어서 물러서거라!"

통인의 호령에 놀랐는지 구렁이는 간 데 없이 사라져버렸다.

황정승은 집에 도착하자마자 딸아이 방부터 열어보았다. 그런데 이게 웬 일인가? 딸자식이 있어야 할 방에 큰 구렁이가 굽이굽이 서려 있는 게 아닌가!

"이게 무슨 일이냐? 여봐라, 어서 무쇠 석갑을 가져오너라. 우리 딸아이가 저 구렁이로 인해 사단이 난 모양이구나!"

황정승은 고함을 지르며 무쇠 석갑에 구렁이를 담아놓도록 했다. 그러고는 그 무쇠 석갑을 동해바다에 띄워버렸다. 아기씨 구렁이를 담은 무쇠 석갑은 물 위에도 삼 년, 물 아래도 삼 년, 황당망당 떠다니다가 조천면 북촌의 북덕개에 떠올랐다.

조천에 사는 김첨지 영감이 새벽에 볼락을 낚으려고 복덕개로 내려갔다. 막 낚싯줄을 드리우려고 하는데 웬 상자가 영감 앞으로 쑥 다가오는 게 아닌가.

"아이고, 이거 무슨 상자라? 생긴 거 보난 아맹해도 귀한 거 들어심 직 허다."

김첨지 영감은 무쇠 석갑을 잡아채어 옆에 있는 돌로 때려 부숴버렸다. 그러고는 찌그러진 뚜껑을 확 하고 열어제쳤다. 그 순간 큰 구렁이가 눈은 펠롱, 혀는 멜록 하면서 스르르 일어서는 게 아닌가! 김첨지 영감이 주왁 하고 놀라 자빠졌다.

그때부터 김첨지와 딸 셋이 일시에 앓기 시작했다. 아무리 약을 써 봐도 도무지 나을 기미가 보이지 않았다. 하도 답답해서 심방한테 가서 점을 쳐 보았다. 그러자 심방이 말했다.

"손으로 만진 죄상이 이수다. 그걸 모셔당 잘 위해야 나을 거우다."

김첨지 영감이 가만히 생각해 보니 분명 무쇠 석갑을 부순 것 때문이 분명하였다. 영감은 부지런히 집에 와서 통영칠반(統營漆盤)에 진수성찬을 차렸다. 영감이 잘 차린 제물상을 들고 무쇠 석갑이 있던 곳으로 가 보니 구렁이가 기다렸다는 듯이 스르르 올라왔다.

구렁이가 잘 차린 제물상을 받는데, 한 상 먹고 나니 큰 딸아이가 살아나고, 두 상 먹고 나니 둘째 딸아이가 살아났다. 세 상 먹고 세 숨 쉬니 작은 딸아이까지 살아나는 것이었다.

김첨지가 구렁이에게 절을 하고 빌면서 말했다.

"나에게 내려진 조상이믄 우리집에 왕 좌정헙서. 나가 잘 모시쿠다."

그러자 구렁이는 집 뒤 귤나무 밑으로 가서 당신(堂神)으로 좌정했다.

그날 밤 구렁이는 아기씨로 다시 환생했다. 남방사주 바지에 백방사주 저고리, 열두 폭 대홍단 홑단치마를 갖추어 입으니 눈부시게 어여쁜 아가씨가 되었다. 아름다운 여신의 모습을 한 아기씨는 배필을 찾아 점을 쳤다. 그러자 제주 남방국 신산국이 천생배필이라는 점괘가 나왔다.

아기씨는 신산국을 찾으러 집을 나섰다. 한라산으로 관덕정 마당을 돌아 동문 밖 언덕 위로 갔다가 신촌 열녀문 거리에서 한숨을 돌렸다. 다시 조천 군선돌로, 함덕 사례물로, 북촌 뒷개 팽나무 아래를 지나니 숨이 찼다. 그래도 쉬지 않고 계속 걸어가는데 월정 비석거리에 다다르니 다리도 아파 잠시 앉아 쉬기로 했다.

이때 신산국은 일찌감치 사냥을 하려고 집을 나서던 중이었다. 월정 비석거리를 지나는데, 웬 꽃같이 어여쁜 아가씨가 앉아 있는 것이 보였다. 한눈에 반한 신산국은 아가씨한테 발길을 돌렸다.

"못 보던 아기씬데, 어디 가는 길이오?"

"점괘를 보니 신산국이 내 배필이라 하여 지금 신산국을 찾으러 가는 중입니다."

신산국의 입이 절로 벌어졌다. 신산국은 아기씨의 두 손을 잡으며 말했다.

"내가 바로 그 신산국이우다."

둘은 월정리 서당머체 냇가로 가서 만단정화(萬端情話)를 나누고 천정배필 부부가 되었다. 황정승의 따님은 이때부터 서당머체에 좌정하여 '서당할마님'이라 불리게 되었다.

신산국은 사냥하러 한라산을 들락날락하였고, 서당할마님은 아이 일곱을 낳았다.

어느 날, 서당할마님은 걷는 아이는 걸리고, 간난애는 업고, 기는 아이는 안고 해서 월정리 앞동산에 환갑 잔치 구경을 갔다. 잔치 구경 잘하고 돌아오는 길에 몹시 목이 말라 물을 찾았다.

이리 저리 찾다 보니 돼지 발자국에 물이 조금 괴어 있는 것이 보였다. 목이 몹시 마른데 떠먹을 물은 보이지 않고 해서 이 물이라도 먹어야겠다고 생각했다. 그래서 엎드려 물을 빨아먹는데 돼지털이 코를 쏙 찔렀다. 서당할마님은 문득 돼지고기도 먹고 싶어졌다. 그래서 돼지털을 불에 그을려 먹었다. 그러자 마치 돼지고기를 먹은 듯이 속이 풀려 흐뭇했다.

서당할마님이 집에 와서 쉬고 있는데, 사냥 갔던 신산국이 집으로 돌아왔다. 신산국은 집으로 들어서다 말고 소리를 질렀다.

"부인, 어떵허연 존경내(돼지나 소 등의 불알을 잘라낸 데서 나는 냄새)가 집안에 가득헌고?"

"난 돼지털을 그을려서 먹은 일밖에 없수다."

"돼지털을 그을려 먹다니 양반의 부인 자격이 없다. 당장 땅과 물을 갈라야 할 것이주마는 자식들이 저리 일곱이나 있으니 경 헐 수는 없는 노릇이고, 땅과 물은 못 갈라도 자리라도 갈라서야키여."

신산국은 부인과 일곱 아이를 데리고 바로 옆 서당머체로 갔다.

"산 사람 보기에 벼랑 같기도 하니 이만하면 좌정할 만허다. 이제는 여덟 모녀가 여기 좌정하시오."

서당할마님은 후딱 나가려는 신산국의 도포 자락을 잡으며 애원했다.

"우리 여덟 모녀 산 입에 거미줄 치겠소. 우리 살 도리나 마련해 두고 가십서."

"열두 부술(符術)을 두었다 무엇에 쓰젠 햄서? 마흔여덟 상단골, 서른여덟 중단골, 스물여덟 하단골을 굽어 보믄 살 도리가 있을 거라."

서당할마님은 남편의 조언을 듣고 고개를 끄덕였다. 즉시 마흔여덟 상단골의 머리에 두통을 불러일으키고, 서른여덟 중단골에 상토(上吐), 하토(下吐)를 불러일으켰다. 그리고 스물여덟 하단골엔 복통을 불러일으켜 견딜 수 없게 만들었다.

단골들이 이거 무슨 일인가 점을 쳐 보았다. 그러자 심방이 말을 했다.

"서당할마님이 조화를 부리고 있으니 돼지를 잡아 제를 올리십서."

이렇게 해서 돼지를 잡아 제를 지내는 법이 만들어지게 되었다.

신산국은 이만하면 되었다고 생각하고 당커릿당으로 발을 돌리며 말을 했다.

"부인에게 올리는 반기(飯器, 밥을 담는 그릇)는 두 개, 아이 몫은 일곱 개, 동쪽 시왕 머들의 신(神) 몫은 하나, 당(堂)에 들어오는 입구의 신 몫은 하나, 당의 심방 몫도 하나 해서 모두 일곱 반기를 받으시오. 경허고 정월 열나흘에는 아이들을 데리고 오시오. 나영 대제(大祭)나 같이 받읍시다."

신산국은 월정리 마을로 내려와서는 동장(洞將)과 소무(小巫), 대잡이까지 모두 불러놓고 말했다.

"섣달 그믐날허고 정월 열나흘 대술름대제를 지내라"

그래서 신산국은 섣달 그믐과 정월 열나흘날 제를 받고, 서당할마님은 유월과 시월 초여드레, 열여드레, 스무여드레에 제를 받게 되었다.

월정본향당 본풀이를 읽고 난 후 답사 차원에서라도 월정에 꼭 가봐야겠다고 생각했다. 본풀이는 마을 이름만큼이나 재미있고 매력적이었기 때문이다. 게다가 문무병 박사님이 '월정본향당'이 참 '예쁜 당'이라고 말해서 예쁜 마을과 예쁜 당을 서둘러 보고 싶게 만들었다. 그래서 문무병 박사님께 부탁해서 약식 기행을 하기로 했다.

월정 본향 서당머체 큰당

나는 당연히 월정본향당이 바닷가 가까이에 위치해 있을 거라고 생각했다. 갯내음이 풍기는 바다를 배경으로 구불구불한 마을 안 깊숙한 곳에 있을 것이라고 상상했다. 그래서 먼저 해안가 쪽으로 운전해서 갔는데, 예상과는 달리 월정본향당은 바닷가 쪽이 아니고 중산간 쪽에 위치하고 있었다. 기왕 온 김에 월정 해수욕장이 있는 바닷가를 둘러보고 나서 중산간 쪽으로 이동하기로 했다.

월정은 바닷가 밤경치가 아름답다고 한다지만 낮에 보아도 풍광이 빼어났다. 옥색의 바다 물빛과 검은 화산암반이 멀리 보이는 풍력발전기와 어우러지면서 독특한 경관을 형성하고 있었다. 조개껍데기가 부서져 형성되었다는 하얀 모래 해변에는 관광객들이 한가롭게 걸어 다니고, 해변에 비치된 의자에 앉아 있는 사람들은 멀리 수평선을 바라보며 생각에 잠겨 있었다.

해안도로 안쪽에는 독특한 모양의 카페와 펜션, 식당들이 줄을 잇고, 여기 저기 새롭게 건축 중인 건물들도 눈에 띄었다. 이런 풍경은 제주의 소박한 어촌 마을과는 거리가 있었다. 마치 해외의 어느 유명한 관광지에 온 것 같은 느낌이다. 몇 년 전만 하더라도 평당 30만 원 했다는 주택지는 이제 천만 원을 호가한다고 하니 이런 추세라면 주민들이 새로운 이주민들로 빠르게 교체되리라는 생각도 들었다.

마을 언덕배기에 촘촘하게 집들이 들어서 있고 집들 사이에 좁은 골목길이 구불구불 이어지고 있는 모양새다. 이쪽 지역은 워낙 바람이 거세니 서로 어깨를 이어 붙여서라도 바람을 이겨내고자 한 것 같다. 그러다 보니 신당이 자리하기에는 공간이 옹색할 것 같기도 하다. 숲이 있고 밭이 조금이라도 기름진 곳에 농사의 신을 모시고자 하는 마음이 있었지 않나 헤아려 본다.

월정본향당의 주소는 구좌읍 월정리 182번지이다. 월정본향당은 마을에서 한참이나 벗어나 중산간 쪽으로 곶자왈 지대 암반 위에 있었다. 곶자왈은 화산 활동의 결과 생겨난 지형으로 나무·덩굴식물·암석 등이 뒤섞여 수풀처럼 어수선하게 된 곳을 일컫는 제주어이다. '곶'은 '수풀'의 의미이고, '자왈'은 가시덤불을 말한다.

당은 도로변에서 4미터가량 낮은 웅덩이처럼 파인 곳에 위치해 있었다. 계단이 있어 아래로 내려가 보니, 앞이 개방된 작은 집이 있는데, 이곳에 신산국을 모신 제단이 있었다. 당집 바로 옆에는 우람하게 자란 동백나무가 있었는데, 이 동백나무가 서당할망을 모신 신목이라 한다.

신산리 고장남밧 여드렛당에 있는 신목은 빼어나게 아름다우면서도 도도한 여신의 이미지가 느껴졌다면 서당할망 신목에서는 은은하면서

다랑쉬오름에서 본 일출 풍경(왼쪽 위). 월정해수욕장 풍경(오른쪽 위). 왼쪽에 물색이 걸려 있는 동백나무 서당할망과 오른쪽 큰당(왼쪽 가운데). 일곱 자식이 좌정하고 있다는 일곱 개 의 궤(구멍)(오른쪽 가운데). 오른쪽의 팽나무가 잘리기 전 모습(왼쪽 아래).

도 넉넉한 마음결이 느껴졌다. 신화에서 '할망'은 할머니가 아니라 '여신'을 의미하는 말이다. 그래서 여신이 좌정하고 있는 동백나무에는 고운 물색이 걸려 있었다.

재미있는 것은 일곱 자식이 신으로 들어앉아 있다는 작은 궤(구멍)가 정말로 여러 개 보이는 것이다. 궤가 있는 곳 옆에는 커다란 팽나무가 서 있었다.

이 당은 큰 당에 주신인 신산국을 모시고 좌측 신목에 서당할망을 모시고 있는, 같은 당에 따로 좌정해 부부의 갈등을 보여주고 있는 '부부별좌형' 당이다. 신화에 나와 있는 것처럼 부인신이 임신했을 때 돼지고기가 먹고 싶어 돼지털을 그을려 먹었다고 남편신에 의해 쫓겨나 '바람 아래' 좌정했고, 고기를 먹지 않은 남편은 '바람 위'에 좌정하고 있는 형태이다.

예전에 찍은 사진 자료를 보니 왼쪽에도 커다란 팽나무가 서 있었다. 그런데 그 팽나무를 베어내 버렸는지 그곳엔 시멘트로 만든 계단만 보였다. 그것을 본 문무병 박사님은 함부로 나무를 잘라내고 멋없이 시멘트로 발라버렸다고 탄식을 하셨다.

오랜 세월을 견뎌온 나무는 그 자체만으로 감동을 준다. 그래서 나무는 신이 머무는 신목도 되는 것이다. 월정본향당이 제주의 '예쁜 당' 중의 하나라고 애정을 표했던 박사님께서는 '나무 하나 없어져버린 것'이 분위기를 바꿔버렸다고 무척이나 아쉬워하는데 십분 공감이 되었다.

서당머체 큰당 근처 남쪽으로 '월정리 서당'이 자리하고 있다. 수풀 속으로 지전물색이 보여 그곳으로 들어가 봤는데, 이제는 사람이 거의 다니지 않는지 길이 없어져 버렸다. 이곳은 일부 사람들이 몰래 다니는 뱀당이라 한다. 보통 토산계 뱀당은 여드렛당인데, 월정 서당은 뱀당이면서 일뤠당이었다.

자연 동굴 앞부분에 위치해 있는 당으로 풀과 나무가 우거져 터널처럼 되어 있고, 나무에는 지전물색이 걸려 있었다. 이왕이면 자연 동굴도 살펴보고 싶었지만 가시덤불이 우거져 있어 앞으로 나아가기가 힘들었다. 그래서 터널처럼 뒤덮인 나뭇가지 아래서 잠시 땀을 식히며 둘러보다 밖으로 나와야 했다.

월정리 본향당은 상상했던 것만큼 예쁘고 아기자기하진 않았지만 그래도 마을 당굿을 지내는 곳으로 아담하게 잘 설비되어 있었다. 동백나무 숲지대가 신을 모시는 성소를 감싸고 있는 것도 인상적이었다. 이곳이 재미있는 신화와 함께 잘 보전되기를 바라는 마음 가득하다.

반농반어 마을, 구좌읍 세화리

세화의 옛 이름은 '가는곳'이다. 곳은 수풀을 의미하는 제주도 방언으로, 가는곳은 가늘게 뻗은 수풀 또는 덤불에서 유래한 것으로 보인다. 가는곳을 한자로 표기하면서 세화(細花)라고 하는 셈이다.

세화리 역시 아름다운 바닷가를 끼고 있는 반농반어의 마을이다. 바닷가에는 검은 현무암을 테두리처럼 두르고 백사장이 펼쳐져 있었다. 세화는 읍사무소 소재지로 비교적 큰 마을에 해당한다. 일주도로 위쪽

중산간 쪽으로 상세화리, 아래 바닷가 쪽으로 하세화리라 하고, 하세화리에서는 세화오일장도 열린다.

중산간 쪽으로 동부 지역에서 두 번째로 큰 오름이자 오름의 여왕이라고 하는 다랑쉬오름과 그 아래 아끈다랑쉬오름이 있다. 다랑쉬가 높은 오름인 만큼 위에 올라 내려다보는 풍광이 일품인데, 특히 바로 앞 아끈다랑쉬와 멀리 성산일출봉이 펼쳐지는 풍경이 아름다웠다.

세화본향당에 전해지는 신화

상세화리에 세화본향당 천자또 산신당이 있다. 이 당에는 중요한 당본풀이가 전해지고 있는데, 송당 본풀이 이후에 변화된 사회 의식을 가늠해 볼 수 있는 내용이 담겨져 있다. 그리고 고기를 먹지 않는 깨끗한 미식(米食)의 신, 고기를 먹은 부정한 신, 외래에서 들어온 여신 등 제주 당신의 특징을 잘 보여주는 신들의 이야기가 담겨 있다.

세화본향당 본풀이

　세화본향당에는 천자또, 백주또, 금상님 세 신(神)이 좌정해 있다. 천자또는 백주또의 외할아버지이고, 금상님은 백주또의 남편이다.
　천자또는 한라산 백록담에서 부모 없이 솟아났다. 일곱 살에 천자문을 통달하고, 열다섯이 되기 전에 동몽선습, 통감, 소학, 대학, 중용, 서경, 시경을 다 끝마쳤다.
　열다섯 살이 되니 백망건, 백장삼에 백띠를 두르고, 한아름이 넘는 책과 한 줌이 넘는 붓대에, 일천 장의 벼룻돌에다 삼천 장의 먹을 갈아 가지고 하늘옥황으로 올라갔다. 하늘옥황에서 옥황상제를 도와 소임을 맡아 일을 하다가, 염라대왕의 특별 요청으로 지하세계로 내려가 지하 소임을 맡아 일을 하기도 했다.
　하루는 옥황상제가 천자또를 불러 말했다.
　"그만 하면 네 할 도리는 다 했느니라. 이제 지상으로 내려가 자손들의 섬김을 받으면서 살아가도록 해라."
　천자또는 옥황상제의 명에 따라 상세화리(구좌면 세화리) 손드량마루에 내려와서 좌정하게 되었다. 천자또는 동장(洞將), 좌수(座首), 소무(小巫) 등을 불러 팔간장방(八間長房) 큰 집을 짓게 하여 좌정했다. 그래서 마흔여덟 상단골, 서른여덟 중단골, 스물여덟 하단골의 생산, 물고, 호적, 장적을 차지하고, 백메, 백돌래(떡 이름), 청감주, 계란 안주를 받아 잡수었다.

천자또는 2월 12일 영등손맞이, 7월 12일 마불림제, 10월 12일 시만국대제, 1년에 세 번 대제(大祭)를 받는다.

백주또는 서울 남산에서 솟아난 임정국의 따님이다. 어려서부터 버릇이 없다고 부모에게 야단맞기 일쑤였다. 일곱 살이 되던 해 곁에서 시중을 드는 몸종 느진덕정하님과 부모 몰래 시장 구경을 나갔다가 발각되어 호되게 야단을 맞았다. 부부는 더 이상 곁에서 키워줄 수 없다고 하면서 용왕 천자국 외삼촌한테 보내 버렸다.

용왕국의 삼촌들은 백주또를 특별히 예뻐해 주면서 이것저것 살아가는 데 필요한 것들을 가르쳐 주었다. 백주또는 일곱 삼촌에게서 일곱 부술(符術)을 배웠다. 청가루에 청주머니, 백가루에 백주머니, 적가루에 적주머니, 흑가루에 흑주머니, 황가루에 황주머니를 받았다. 백주또가 열다섯 살이 되던 해 용왕국을 떠나 서울로 돌아왔다.

어여쁜 아가씨가 된 백주또가 집에 돌아와 부모에게 사죄를 하면서 이제부터는 조신하게 지내겠다고 했다. 그러나 부모는 백주또를 쳐다보려 하지도 않았다.

"제 버릇 개 주겠느냐? 보나마나 또 제 마음대로 활개치고 다니겠지. 더 이상 너를 거둘 수 없으니 집 나가서 네 마음대로 살아라."

백주또는 눈물로 세수하며 부모님을 작별하고 느진덕정하님을 앞세워 집을 떠났다.

백주또는 어디로 가야 할지 막막했다. 그래서 가만히 천기를 짚어보니, 외할아버지가 사는 제주 한라산에 상서로운 기운이 느껴졌다. 백주또는 외할아버지를 찾아가기로 했다.

떡전거리, 밥전거리, 모시전거리, 푸나무전거리를 썩 넘어서 충청도 계룡산에 와서 하룻밤 숙박하고 전라도로 내려왔다.

장성 갈재를 턱 넘어오니, 재인, 광대를 데리고 삼천 선비들이 여흥을 즐기고 있는 것이 보였다. 백주또는 느진덕정하님더러 '소리 좋은 옥장고나 거문고나 옥통수를 빌려 오라'고 시켰다.

느진덕정하님이 삼천 선비한테 가서 아기씨의 말을 전했다.

"저의 아기씨께서 소리 좋은 옥장고나 거문고를 빌려 오라고 했습니다."

삼천 선비는 발칵 화를 내며 욕지거리부터 해 가는 것이었다.

"여인은 꿈에만 보여도 재수가 없거늘 이게 무슨 말이냐? 썩 물렀거라."

느진덕정하님한테 얘기를 들은 백주또는 생각할수록 괘씸했다. 그래서 청주머니의 청가루를 내어놓고 '푸우' 하고 불어줬다. 그러자 삼천 선비들이 비명을 지르며 뒹굴기 시작했다.

"아야, 눈이여."

"아야, 귀여."

가슴이 아파 간다, 설사가 난다. 삼천 선비가 곧 죽게 되었다. 그러자 나름대로 식견이 있어 보이는 선비 하나가 백주또 앞에 와 엎드렸다.

"저희들이 잘못했습니다. 청구하시는 것 무엇이든지 드리겠사오니 목숨만 살려주십시오."

백주또가 잘못을 싹싹 빌고 있는 선비를 쳐다보다가 마음을 풀어 부술을 거두니 삼천 선비가 파릇파릇 살아났다.

백주또는 거문고를 빌려다 부모 이별할 적에 눈물로 세수하던 내력을 읊어 가며 긴장을 풀었다.

삼천 선비와 작별하고 다시 제주로 발길을 재촉했다. 영암 배진고달또에 와 조천 김씨 선주의 배를 잡아타고 조천 새역코지에 배를 붙였다.

조천에는 이 마을을 차지한 정중부인이 있었다. 먼저 정중부인을 찾아 인사를 드렸다.

"어찌하여 왔느냐?"

"한라산 백록담에 사시는 외할아버님 천자또를 찾아왔습니다. 길 인도를 해주십시오."

정중부인은 곧 장귀 동산에 좌정하고 있는 신(神) 일레또를 불러 길을 인도해 주라고 시켰다.

묵은벵디왓, 새벵디왓으로, 진마루동산, 알눈미, 금산털, 눈미, 당오름 옆으로 하여, 안다리를 건너 샛다리 냇가를 들어가다 보니 어떤 아기씨가 지나가고 있었다.

"너는 어떤 아기씨냐?"

"예, 허선장의 딸이우다."

"그러면 너희 집에 사랑방이 있느냐? 오늘밤 머물고 가겠다."

"예, 사랑방이 있수다. 헌저 옵서."

허선장 따님아기는 백주또를 모시고 들어갔다. 우선 백주또가 시장한 것 같아 대접을 하려고 먼저 식성부터 물었다.

"어떤 음식을 잡수십니까? 제가 상을 봐 오쿠다."

"나는 손으로 벤 음식은 손 냄새 나서 못 먹고, 칼로 벤 음식은 쇠 냄새 나서 못 먹고, 실로 밀어 끊은 정과나 말발톱 같은 백돌래나, 얼음 같은 백시루나 놋그릇의 멧밥이나, 청감주, 청근채, 계란 안주나 먹는다."

허선장의 따님아기는 안으로 들어가더니, 식성에 맞게 잘 차리고 나와서 대접하는 것이었다. 백주또는 마음이 흐뭇했다. 그래서 다음날 나오면서 주머니 하나를 끌러 주었다.

"내 너의 정성이 갸륵하여 이걸 주겠다. 급한 대목을 당하거든 이 주머니를 내놓고 나를 생각해라. 그러면 한 번, 두 번, 세 번까지 살려주마. 허씨댁을 상단골로 맺고 사니, 없는 명 없는 복이 이어질 것이다."

이렇게 해서 허씨댁이 상단골이 되어 백주또를 모시게 되었.

백주또는 느진덕정하님과 다시 백록담으로 향했다. 알소남당으로, 웃소남당으로, 개미목으로 하여 백록담에 올라서 보니, 계시리라 믿었던 외할아버님의 행방이 묘연했다.

백주또는 오행 팔괘를 벌여놓아 보았다. 외할아버님은 동북방으로 향해 간 듯했다. 다시 동북방으로 향해 내려오기로 했다.

웃소남당으로, 알소남당으로, 다리앞벵이로 차츰차츰 내려와, 다랑쉬로 하여 비자남곶을 내려오니 어떤 포수가 앞을 지나가고 있었다. 지달피(地獺皮) 윗옷에 산달피(山獺皮) 아랫도리, 총열이 바른 마상총에 귀약통, 남날개를 둘러메고 네 눈의 반둥개를 이끌고 지나가는 포수를 백주또가 불렀다.

"저리 가는 저 포수님아, 말씀 잠깐 물어봅시다. 천자님이 어디쯤에 계십니까?"

"예, 제가 천자님의 거행집사(擧行執事) 됩니다. 저를 따라오시면 인도하여 드리쿠다."

백주또는 포수의 뒤를 따랐다. 웃멍퉁이까지 내려오니 포수가 백주또에게 말했다.

"여기 잠깐 계십서."

포수는 집 안으로 들어갔다.

잠시 있더니, 포수는 남방사주 바지, 백방사주 저고리에 삼승 버선, 꽃당혜 창신에다 외올 망건에, 겹상투에, 공작 깃갓을 쓰고, 남비단 협수에, 남수화주 전대에 채찍을 손에 넌짓 들고, 마치 서울 양반처럼 차리고 나왔다.

"백주님아, 저를 따라옵서."

포수를 따라 들어가며 보니, 쇠뼈, 말뼈가 가득하고 누린내가 코를 찔렀다. 백주또는 불안해졌다.

'소도둑놈, 말도둑놈한테 속아서 여기 와 졌는가 보구나.'

이렇게 생각하고 '투더럽다' 하고 중얼거리며 나오려 했다. 순간 포수 멍동소천국은 백주또의 팔목을 덥석 잡았다.

"백주님, 여기서 나와 천상배필을 맺어보게 마씸."

백주또가 화를 내며 말했다.

"얼굴을 보니 양반인데 행실은 불상놈만 못하구나. 더러운 놈 잡았던 팔목을 두었다 무엇하리?"

백주또는 부산백동 화룡장도를 빼내어, 팔목을 싹싹 깎아 두고 명주 전대로 똘똘 쌌다. 소천국은 백주또의 서슬에 놀라 뒷걸음쳐 도망가 버리고 말았다.

백주또는 다시 길을 떠나 상세화리 손드랑마루로 찾아왔다. 거기서 드디어 외할아버지 천자님을 만났다.

외손녀임을 확인한 외할아버지 천자님은 손녀의 식성부터 먼저 묻는 것이었다.

"그래 너는 무엇을 먹느냐?"

"예, 실로 밀어 끊은 정과나 말발톱 같은 백돌래나 얼음 같은 백시루나 놋그릇의 메에, 청감주, 청근채나 계란 안주 먹습니다."

천자님이 흡족하여 고개를 끄덕였다.

"그럼 너는 무슨 재주를 배웠느냐?"

"용왕국에 들어가서 일곱 삼촌한테 일곱 부술을 배웠습니다."

"그만하면 나와 같이 좌정할 만하다. 들어오너라."

천자님이 외손녀를 방 안에 들여앉히니, 날피 냄새가 역하게 풍겼다. 천자님은 얼굴을 찌푸리며 말했다.

"어찌하여 네 몸에선 날핏내가 심히 남시냐?"

"길 인도해 달라고 멍동소천국한테 말했더니, 팔목을 덥석 잡기에 부산백동 화룡장도로 팔목을 깎아 두고 왔습니다."

천자님은 화를 버럭 내었다.

"이런 괘씸한 놈이 있느냐? 내 자손이 오는데 함부로 손목을 잡다니! 마른 데의 강적(强賊)이냐, 바다의 수적(水賊)이냐? 그저 둘 수 없다."

곧 마흔여덟 상단골, 서른여덟 중단골, 스물여덟 하단골을 불러놓고 호령을 내렸다.

"멍동소천국놈이 내 자손이 오는데 겁탈하려 했으니 괘씸하다. 땅 가르고 물 갈라라. 바른 물머리로 획을 해서 물도 같은 물 먹지 말라. 길도 같은 길 걷지 말라. 사돈도 하지 않는다. 세화리 땅 다니는 자손은 간마리(구좌면 평대리 내 명당) 땅에 다니지 말고, 간마리 땅 다니는 자손 세화리 땅에 오지 말아라."

그때부터 천자님이 말한 법대로 실행이 되어 세화리와 평대리 사람들이 등을 돌리고 살게 되었다.

천자님은 백주또에게 일곱 주머니로 모든 단골들에게 풍운조화를 주도록 하여 제(祭)를 받아먹도록 했다. 2월 12일 영등손맞이 받고, 7월 12일 마불림대제 받고, 10월 12일 시만국대제, 이렇게 1년에 세 번 대제를 받는다.

금상님은 서울 남산 아양동출에서 솟아났으니, 하늘은 아버지요 땅은 어머니다. 키는 구척장신(九尺長身)이요, 얼굴은 숯먹을 갈아 뿌린 듯 거무잡잡했다. 거기에다가 눈은 봉황새 눈이요, 수염은 삼각수인데다가 무쇠 투구에 갑옷을 입고 언월도(偃月刀), 비수검(匕首劍)을 빗겨 차니 딱 보기만 해도 누구나 인정하는 천하맹장이었다.

금상님은 남산에 올라서 궁궐 안을 굽어보면서 밤낮으로 불을 피워 연기가 자욱하게 내려앉도록 했다. 백성들을 배곯게 하는 임금과 대신들에게 홍험을 주기 위해서였다.

궁궐 안에 날이면 날마다 불길한 일들이 벌어지니 상감님의 걱정은 말할 것 없고 만조대신(滿朝大臣)들도 불안해서 안절부절못했다.

하루는 임금님이 태사국(太史局)의 관원을 불러 별자리를 보라 했다.

"남산에 역적 될 만한 천하 맹장이 났습니다."

별자리를 본 관원은 이렇게 보고했다.

임금님이 크게 걱정하며 물었다.

"그놈을 잡을 방도는 없겠느냐?

만조대신이 머리를 맞대고 방책을 강구한 끝에 사방에 방을 내붙였다.

"남산에 있는 장수를 잡아 오는 자에게는, 땅 한 조각 떼어주고 제후로 봉하리라."

그날부터 팔도의 소문난 맹장들이 속속 모여들기 시작했다. 일대장(一大將)에 이군사(二軍士), 이대장에 삼군사, 삼대장에 사군사, 사대장에 오군사……. 얼마 안 가 팔도맹장 수십 명이 서울 장안이 가득하게 모여들었다.

어전에 들어가 상감의 명을 받고, 팔도맹장들은 무쇠 투구 갑옷에 언월도. 비수검, 나무활, 보래활, 기치창검(旗幟槍劍)을 메고, 일월을 희롱하며 수백만 명의 군사들을 거느려 남산을 둘러쌌다.

금상은 가만히 앉아 있다 빙긋이 웃으며 말했다.

"네놈들 같은 장수 수억만 명이 들어와도 내 눈 한 번만 번쩍 뜨고 언월도를 휘두르면 일시에 다 죽을 것이다마는, 너희들 상금이나 받아 먹게 앉아 있지."

금상은 군사들이 모여들어 자신을 잡아도 가만히 앉아 있었다. 그렇게 무쇠 철망을 씌우고 수레에 태워져 궁전 안으로 금상은 끌려갔다. 댓돌 아래로 엎지르니 상감님의 문초가 시작되었다.

"너는 어떤 장수냐?"

"소장의 아버지는 하늘이요, 어머니는 땅이니 무위이화(無爲而化), 큰 덕으로 백성을 감화시키는 금상입니다."

"장수가 되려고 하면 상감의 명을 받아야 할 것인즉, 상감의 명령 없는 장수는 역적이 아니겠느냐? 명령 없는 장수는 죽어 마땅하니, 다짐을 쓰되 상손가락을 끊어 혈서로 써라."

금상은 순순히 가운뎃손가락을 끊어 혈서로 다짐을 써 바쳤다. 다시 상감의 호령이 떨어졌다.

"저 장수의 목을 베어라."

장수들이 달려들었다. 그런데 발로 밟아도 아니 죽고, 돌로 쳐도 아니 죽고 언월도로 베어도 아니 죽으니 이런 난감한 일이 없었다. 상감은 다시 만조백관 대신들과 의논을 시작했다.

그럴싸한 의견이 나왔다. 무쇠로 집을 지어 무쇠 방을 만들고, 풀무를 걸어 숯 천 석으로 석 달 열흘만 불고 있으면, 제아무리 맹장이라도 죽을 것이라는 것이다.

곧 무쇠 집에 무쇠 방을 만들어 금상을 들어앉히고 풀무로 불기 시작했다. 금상은 얼음 빙(氷) 자, 눈 설(雪) 자를 써서, 하나는 깔고 앉고 하나는 머리에 쓰고 앉았다. 숯 천 석을 들여 석 달 열흘 동안 풀무로 불어대니, 집 네 귀에 불이 붙어 무쇠가 얼랑얼랑해 녹아갔다.

"그만 하면 죽었으리라."

무쇠 문을 열었다. 순간 금상의 호령 소리가 터져 나왔다.

"네 이놈들아, 추워서 살 수가 있느냐? 삼각수에 서리가 과짝하니 추워 살 수 없다. 좀 더 따숩게 풀무를 불어라."

순간 무쇠 문이 벌컥 닫혔다. 추워 덜덜 떠는 금상이 밖으로 나와 임금을 노려보았다.

금상은 생각할수록 화가 치밀어 견딜 수가 없었다. 무쇠 신을 신은 발로 무쇠 문을 살랑 살랑 살랑 세 번을 차니 무쇠 문이 살강하고 부서져 버렸다.

금상님은 무서워 벌벌 떠는 임금과 대신들을 뒤로 하고 궁궐에서 나왔다. 그러고는 서울을 떠나 새롭게 살 곳을 찾아야겠다고 마음을 먹고는 배 한 척을 잡아타고 항해에 나섰다. 천기를 짚어 보니 제주 남방국에 자신의 배필이 될 여인이 살고 있었다.

금상이 탄 배는 열두 바다를 건너서 제주 바다로 들어왔다. 배가 사수(泗水) 바다로 소섬(구좌면 우도)의 우묵개를 거쳐 세화리로 향하여 들어가고 있었다.

　이때 천자님은 상세화리에서 바깥에 나서 보니, 어떤 낯선 장수가 이쪽으로 들어오는 듯하여 '푸우' 하고 입으로 불었다. 그러자 금상이 탄 배는 아득하게 물러나 버렸다.

　금상님은 다시 바람을 타서 세화리 앞에 겨우 배를 붙였다. 두 돛단배를 달아 종선을 둘러타고 세화리로 내려 천자님에게 들어갔다.

　"너는 어디 사는 장수냐?"

　"소장은 서울 남산 아양동출에서 솟아난, 하늘은 아버지요 땅은 어머니라, 무위이화 금상입니다."

　"금상이 어찌하여 여기로 왔느냐?"

　"천기를 짚어보니 이곳에 사는 백주가 천정배필이 되기로 찾아왔소이다."

　천자님이 금상을 위 아래로 훑어보니 과연 손녀딸의 배필이 될 만하였다. 그래서 다시 물었다.

　"그러면 너는 무슨 음식을 먹느냐?"

　"술도 장군, 떡도 장군, 밥도 장군, 돼지도 한 마리 통째로 먹습니다."

　천자님이 눈살을 찌푸렸다.

　"고기를 먹다니, 투더럽다. 어서 나가거라. 우리와 같이 좌정 못하겠다."

　금상님은 뒷머리를 긁으며 나오려 했다. 이때 백주님이 뒤따라 나왔다. 금상이 자신의 배필이 되리라는 걸 알아본 거였다.

　"저리 가는 저 장수님아, 나하고 천정배필이면 먹던 음식 참고서 천정배필 맺어 보기 어떻겠습니까?"

　금상님은 다시 발길을 돌려 천자님 앞에 들어갔다.

　"소장이 금일부터는 먹던 음식을 참겠습니다."

　"그래? 알았다. 팥죽을 쑤어 목을 씻어라. 소주로 목욕을 해라. 청감주로 양치질 하라."

　천자님의 지시대로 하여 금상님은 백주또와 부부가 되었다. 그런데 먹던 음식을 참고 한 달, 두 달, 석 달이 지나가니 금상님은 피골이 상접하여 죽을 지경이 되어 갔다.

백주또는 보기가 너무나 딱했다. 그래서 천자님에게 들어가서 사정을 했다.

"할아버님 천자님아, 생각하고 생각하십서. 소녀 하나로 해서 천하맹장을 굶주려 죽일 수 있습니까?"

"그러면, 어찌하면 그 장수를 살릴 수 있겠느냐?"

"소녀의 의견으론 천자님과 소녀는 한상에서 상을 받고, 금상님은 따로 상을 차려서 돼지제법〔豚祭法〕을 행하면 살릴 듯하옵니다."

천자님이 생각하니 그럴싸했다.

"그럼 어서 그리 해라."

백주또가 세화리 자게동산 김좌수네 집을 굽어보니 큰 돼지가 꿀꿀대며 걸어다니고 있었다. 밤이 들자, 홀연히 암탉을 울려 목 끊게 하고, 김좌수 큰딸에게 흉험(凶險)을 주되 목이 가득 차 캉캉거리게 해 놓았다. 갑자기 큰딸이 아무것도 먹지 못하고 시름시름 앓게 되니 큰일이 아닐 수 없었다. 김좌수는 심방을 불러 점을 쳤다. 심방이 점괘를 풀이해 보고는 말을 했다.

"여기 큰 돼지가 있어 금상님이 돼지제를 받고자 합니다."

김좌수는 돼지 대가리에 물을 끼얹고 왼쪽 귀를 조금 끊어 제를 지냈다. 그랬더니 김좌수 큰딸아이는 씻은 듯이 병이 나았다.

그로부터 천자님과 백주님은 한상에 차려서 정과나 백돌래, 백시루, 백메, 청감주, 계란 안주로 먼저 상을 받고, 금상님은 뒤에 후원으로 나가서 술도 장군, 밥도 장군, 떡도 장군 차려 놓고, 돼지를 잡을 때 털, 피, 발톱을 먼저 받고 삶은 후에 열두 뼈를 받아먹게 되었다. 이렇게 먹은 후, 금상님은 소주로 목욕하고 청감주로 양치질해서 몸을 깨끗이 했다.

이렇게 해서 금상님은 천자님, 백주님과 같이 좌정하게 된 것이다.

세화리 본향 천자또 산신당

세화리 본향당 답사도 세화리 바닷가를 둘러보는 것으로 시작했다. 해안길을 천천히 운전하면서 둘러보니 월정 해안처럼 세화리 해안길도 주민들보다는 카페와 관광객이 먼저 눈에 띄었다. 옥색의 바다와 검은 화산암반이 아름답게 펼쳐지는데, 모래사장과 간간히 돌아가는 풍력발전기가 시선을 끌었다.

점심은 세화리 오일장터 근처 마을 주민이 운영하는 은성식당에서 해결했다. 따로국밥이 6천 원, 국수가 4천 원밖에 하지 않아 저렴한 가격에 조금 놀라고, 맛도 그 정도면 괜찮은 편이고 양도 적지 않아 감탄했다. 그래서 그런지 손님들도 많은 편이었다. 이렇게 주민이 운영하는 식당에서 점심을 먹는 답사의 즐거움을 오늘도 누렸다.

인심 좋은 식당에서 나와 중산간 쪽으로 위치하고 있다는 세화본향당을 찾아 나섰다. 본향당의 주소는 구좌읍 세화리 182번지이다. 그런데 제주 어느 곳에서든 벌어지는 도로 공사 탓에 위치가 헷갈려서 조금 헤매야 했다. 주변 도로를 두 번이나 빙빙 돌고 나서도 찾을 수 없자 해안마을로 가서 다시 출발해 보았다.

성산 쪽으로 난 일주도로에서 세화중학교를 지나 송당 쪽으로 난 도로로 우회전해서 10분 정도 올라가다가 왼쪽으로 절을 끼고 난 좁은 도로로 들어갔다. 사찰 한 곳을 기준으로 해서 세화본향당으로 가는 골목을 찾아야 했는데, 절이 현대식 주택 분위기여서 처음에는 그냥 지나쳐 버렸다. 나중에야 찬찬히 살펴보고서 우리가 찾던 사찰임을 알아챌 수 있었다. 이 사찰을 지나자마자 다시 오른쪽으로 된 소로로 가니 파란 슬레이트 지붕의 건축 하나가 외롭게 서 있는 것이 보였다. 그곳이 바로 세화리 본향당 천자또 산신당이었다.

산신당이라고 했지만, 평범한 집 한 채가 있을 뿐이어서 아는 사람이 아니면 신당인 줄 모르고 지나갔을 법한 풍경이었다. 다만 대문 입구에 커다란 팽나무가 한 그루 서 있고, 집 옆으로 일뤠당이 따로 있는 것이 특징이었다.

매인심방이 따로 열쇠를 관리하고 있는데 미리 연락을 하지 못한 관계로 대문을 열고 들어가 볼 수 없는 것이 조금 아쉬웠다. 그래서 담장 위에 올라서서 안을 들여다보다 사진을 찍고 내려왔다.

세화리 본향 천자또 산신당은 아픈 사람을 치료하는 데 효험이 큰 당, 영기(靈氣)가 센 당으로 알려져 있다 한다. 일제 때 일본인 관리가 당집에 불을 질렀다가 그 자리에서 즉사했다고 하는, 보통 영기가 센 당에 전해져 오는 이야기가 이 당에도 있었다. 그리고 예전에는 당신(堂神)의 머리(보통 신의 증거물이라 할 수 있는 것으로 머리 위에 올려 쓰는 머리타래를 말한다)와 장화 등이 있었는데 4·3 때 불에 타 없어졌다고 한다.

내부를 보면 벽장처럼 제단을 만들어서 아래 칸에는 신의 내력을 쓴 목판을 보관 중이라 한다. 목판은 원래 밖에 걸어두었으나 부정한 사람이 와서 건드리는 바람에 부정 타는 일이 일어났고 그 다음부터는 안에 보관한다는 것이다. 그리고 제단의 좌우로 물색을 많이 걸어놓았다. 이 당에는 천자또와 백주또, 백주또의 남편신인 금상님 해서 세 신을 모시고 있는데, 금상님은 고기를 먹는 신이기 때문에 제상을 차릴 때 하얀

산신당이라고 했지만, 평범한 집 한 채가 있을 뿐이어서 아는 사람이 아니면 신당인 줄 모르고 지나갔을 법한 풍경이었다. 다만 대문 입구에 커다란 팽나무가 한 그루 서 있고, 집 옆으로 일뤠당이 따로 있는 것이 특징이었다.

평범한 파란색 슬레이트 지붕의 세화리 본향당(위). 세화리 ㄱ는곳 일뤠당(아래).

종이로 칸을 갈라 경계를 짓는다고 한다.

굿을 할 때는 일주일 전부터 정성을 기울이는데, 소고기, 돼지고기를 먹은 사람은 굿에 참여하지 못하게 한다. 2월 영등대제일은 가장 큰 굿으로 심방 넷이 모여 굿을 하고, 7월과 10월에 하는 굿은 오인숙과 강복녀 두 심방이 진행한다고 한다.

세화리 본향당 바로 옆에는 따로 일뤠당이 있었다. 커다란 팽나무가 신목인 이 당에는 지전물색이 걸려 있는 것으로 보아 역시 사람들이 아직도 많이 찾는 것으로 보였다. 평소 신당 답사 때에는 간단하게나마 소주라도 준비해서 올리는데, 오늘은 미리 계획하지 않은 약식 답사라서 간단하게 절을 하는 것으로 예를 갖추었다.

일뤠당은 보통 산육·치병신을 모시는 당으로 7일, 17일, 27일에 제를 지낸다. 당 울타리는 사각형으로 돌담을 쌓아 시멘트로 마무리 했는데 송악으로 가득 덮여 있었다. 당 내부에는 나무가 두 그루 있는데, 이 나무들이 신목인 셈이다. 오른쪽 팽나무 밑동에는 지전, 물색, 명주실이 걸려 있고, 왼쪽에 있는 나무에는 주로 지전이 걸려 있었다.

가장 오래된 신당의 형태는 이렇게 건물이 따로 없이 신목이나 동굴, 바위를 신체(신을 상징하는 몸)로 보아 지전물색을 걸어놓는 형태이다. 그러니까 나무에 지전물색이 걸려 있으면 나무가 신체인 것으로, 지전물색은 신체를 장식하는 것으로 보아야 한다. 그러다가 비가 오나 눈이 오나 궂은 날씨에도 굿을 하기 위해서 당집을 만들었다고 볼 수 있다. 이런 당집형 신당은 집 안에 제단을 마련하고 신을 의미하는 위패를 둔다.

답사를 다녀보니 당집 형태의 신당에는 별다른 감흥을 느끼진 못했다. 퀴퀴한 냄새 때문에 휙 둘러보고 서둘러 나오고 싶을 때도 있었다. 그런데 인위적인 건축물이 없이 바위와 돌담과 신목인 나무가 있는 신당은 소박하든지 아니면 만년폭낭의 위엄이 있든지 간에 그 자체로 감동이었다. 애월의 바구사니우영 돗당처럼 너무 소박해서 오히려 감동이 오기도 하고, 와산의 베락당 신목처럼 무시무시할 정도로 가지를 뻗은 위엄에 경이로움을 느끼기도 했다.

세화 본향 천자또 산신당 당집 옆에 자리한 일뤠당 역시 신목에 지전 물색을 걸어놓은 것이 전부였지만 신목을 바라보고 당 울타리를 둘러보는 것만으로도 신당 답사의 즐거움을 맛볼 수 있어 좋았다.

문 박사의 톡톡 신화 강좌

세화리 당본풀이에 나타난
맑은 신과 부정한 신

▶ 맑은 신과 부정한 신은 어떤 기준으로 나누는가요?

인간이 신에게 바치는 제물은 그들의 식성에 따라 달라지는데, 신이 돼지고기를 좋아하느냐 싫어하느냐에 따라 '맑은 신'과 '부정한 신'으로 구분되고 신의 우열이 가려집니다. 당본풀이인 신화를 보면, 돼지고기를 먹는 신은 부정하다고 쫓겨나 다른 곳에 좌정하거나 같은 장소라도 담장 등을 통해 경계를 짓습니다. 주로 돼지고기를 먹는 신이 머무는 곳은 한라산 아래쪽 해변 마을이거나 '마파람(남풍)'이 부는 산 아래쪽입니다.

돼지고기를 먹게 된 사유를 보면 신이 돼지 한 마리를 통째로 먹어야 양이 차는 배고픈 장수이거나, 여신이 임신했을 때 돼지고기가 먹고 싶어 돼지털을 태워 냄새를 맡거나, 돼지 발자국에 고인 물을 빨아먹거나 하는 것으로 나타납니다. 그러면 미식(米食) 식성의 맑은 신으로부터 '칼토시 존경내'가 난다고 쫓겨나 크게는 한라산 아래쪽 해변 마을로, 아니면 마파람 부는 산 아래쪽에 좌정하게 되는 것이지요. 이렇게 미식의 신인가 돼지고기를 먹는 육식의 신이냐에 따라 '깨끗한 신과 부정한 신', '우수한 신과 열등한 신', '높은 신과 낮은 신' 등 지위나 서열이 가려지고 있습니다.

그런데 돼지고기를 먹는 식성은 곧 인간의 식성이기도 하지요. 그래서 돼지고기를 먹는 신은 세속적인 신, 즉 인간에 가까운 신이라 할 수 있습니다. 돼지고기를 좋아하는 신들이 대부분 어업 수호신이거나 사냥의 신인 것을 보면 생업을 보호해 주신 생업 수호신으로서 역할을 맡고 있는 것이지요. 사람들은 돗제(돼지고기를 제물로 바치는 제사)를 차려 대접하고, 나중에는 돼지고기를 나누어 먹는 것으로 마무리합니다.

어부들과 잠수들을 수호하는 해신당의 당제에서는 돼지고기나 돼지 턱뼈를 올리며, 풍어제나 영등굿에서 영감신을 위한 제상을 차릴 때도 돼지머리를 올립니다. 이렇게 해신당의 신들은 돗제를 받는 신이기 때문에 농경신으로서의 자격을 상실한 신이며, 서열이 낮고 세속화된 신이라 할 수 있습니다. 다시 말하면 인간의 생활 현장에 밀착된 신으로 '일만 잠수 일만 어부'를 보살펴주는 생업 수호신으로서의 직능을 수행하고 있는 것이지요.

세화리 당신(堂神)의 '금상님'은 잔치 이바지 제물을 받는 돈육식성의 신입니다. 마을에서 잔치를 하게 되면, 잔치 전날 신부 집에 이바지 제물을 보낼 때 당신 금상님에게 제물을 차리고 가 빌지 않으면 잔치 손님들이 복통과 설사를 일으킨다고 합니다. 그래서 세화리당을 모시는 구좌읍과 성산읍 지역에서는 돼지고기를 올리는 돗제를 합니다.

세화리당 이외에도 돗제를 하는 곳은 월정 서당, 김녕리 궤뇌기당, 그리고 각 해변에 모시고 있는 해신당들입니다.

▶ 세화당 본풀이에서 알 수 있는 사회 변화는 무엇인가요?

세화리 당본풀이에 등장하는 신들을 보면 송당 본풀이와 달라진 모습을 보이고 있습니다. 이는 사회의 변화를 반영한 모습으로 여겨집니다.

천자또는 한라산 백록담에서 솟아났습니다. 일곱 살에 학문에 달통하였으며 15세에 천신(天神)과 지신(地神)의 명을 받아 본향당신으로 좌정하였지요. 천자또는 고기를 먹지 않는 미식(米食)의 농경신으로 육식(肉食)의 신들과 대립합니다.

보통 한라산 출생의 산신들은 수렵신으로 고기를 먹습니다. 송당 본풀이에서 소천국은 밭 갈던 소를 잡아먹었다는 이유로 부인에 의해 살림을 가르기도 하지요. 금악의 황서국서도 육식의 수렵신으로 고기를 먹기 때문에 부인 정좌수 따님아기와 따로 좌정합니다.

그런데 천자또는 한라산 출생의 산신이지만 수렵신의 기능은 없습니다. 도교적 신선풍의 산신이며 농경신의 기능을 가지고 있어 송당계 산신인 하세화리의 당신 멍동소천국과 대립하지요. 천자또는 한라산계 신으로 천문지리나 풍수에 능통한 신입니다.

이처럼 한라산 출생의 천자또가 문신(文神)들의 모습을 보이는 것은 문(文)을 숭상하는 지식층이 마을의 주도 세력으로 상단골이 되면서 그들의 조상신을 수렵신에서 풍수지리와 학문에 달통한 농경신으로 변형시켜 본향당신으로 받들게 되었다고 볼 수 있지요.

백주또는 외래신이며, 일곱 개의 주술주머니로 한(恨)과 병을 다스리는 치병신(治病神)입니다. 송당 본풀이에서는 백주또가 육식의 한라산계인 소천국과 혼인하지만 세화 본풀이에서는 소천국과 대립하는 모습을 보입니다. 한라산 사냥터에서 '멍동소천국'의 인도를 받았으나, 육식의 비린내가 더러워 소천국에게 잡혔던 손목을 칼로 깎아 명주 천으로 감은 채 상세화리 외조부를 찾아가 인사를 드립니다. 천자또한테서 식성이 미식(米食)과 채식이라는 점을 인정받고 함께 좌정하게 되지요. 백주또는 일곱 주술주머니로 풍운조화(風雲造化)를 일으키는 치병신이 됩니다.

　외손녀한테서 피냄새가 나는 이유가 '멍동소천국'의 비행 때문임을 알고 천자또는 크게 노하여 단골들을 모아놓고 상세화리와 하세화리로 마을을 갈라 경계를 지을 것을 명합니다. 그리고 백주또를 외래의 장수신인 금상님과 부부 인연을 맺도록 합니다.

　금상님은 천부지모(天父地母)에게서 출생한 장수신이며, 역적으로 유배당해 온 신입니다. 술도 장군, 떡도 장군, 밥도 장군, 돼지도 전머리 통째로 먹는 육식 식성의 신이지만 백주또와 혼인하기 위해 좋아하는 고기를 먹지 않겠다고 합니다. 천자님은 팥죽과 청감주로 목을 씻게 하고 백주또와 혼인을 허락합니다. 그러나 먹던 고기를 먹지 않고 백일을 굶어가니 피골이 상접하여 아사 직전에 이릅니다. 백주또가 살려줄 것을 애걸하니 천자님은 따로 돼지고기를 올린 상을 받을 것을 허락합니다.

　외래신인 금상님은 유배지의 특성이 반영된 후대의 신화소가 삽입된 것으로 보입니다. 송당 본풀이에서는 백주또가 수렵신인 소천국과 부부가 되지만, 세화 본풀이에서는 소천국을 배척하고 오히려 외부에서 들어온 금상님과 혼인하는 모습을 보이는 것입니다. 이는 외부에서 귀향 온 죄인들에 대해서 처음에는 반감을 가지고 배타적인 모습을 보였으나 점차 지역 사회 일원으로 받아들이고, 급기야는 그들의 특성 또한 인정하는 사회 변화를 드러낸다고 볼 수 있습니다.

　'세화리 당본풀이'는 아직은 국가 형태를 이루지 못한 수렵 사회에서 농경 사회로의 이행기를 반영한 신화입니다. 이 신화는 반농·반수렵 사회인 상세화리와 반농·반어업 사회인 하세화리가 분화되는 과정의 갈등이 드러나고 있습니다. 결국 신들의 역할이 분리·조정되고 마을의 생산 경제 형태가 분화되는 것으로 갈등이 해결됩니다.

08
중문 당올레

아름다운 숲길
중문 당올레

서귀포시 월평동과 대포동

중문 지역 신당 답사는 서귀포시 월평동과 대포동을 중심으로 이루어졌다. 이곳에 있는 당들은 당올레와 주변 경관이 특히 아름답고, 주로 깊은 숲속이나 계곡에 위치해 있으면서 당 신앙의 원형을 간직하고 있다.

월평동은 행정구역상 서귀포시 대천동에 속하며, 서귀포시청으로부터 서쪽으로 약 10킬로미터 정도 떨어져서 위치하고 있다. 북쪽으로는 하원, 동쪽으로는 강정 마을이 인접해 있고, 서쪽으로는 대포천을 사이에 두고 대포동과 중문동이 이어지고 있다.

월평마을은 한라산 방향으로 급격한 경사를 이루고 있어 계곡이 깊고 농경지의 면적이 좁은 편이나 상대적으로 기후가 온화하여 비닐하우스 농업에 최적지이다. 실제로 월평 마을은 '하우스 반 주택 반'이라고 할 정도로 하우스 농업이 활발하게 이루어지고 있었다. 한때 '월평 화훼마을'이라 내세울 정도로 '하우스 화훼농업'이 활발했으나 최근에는 화훼보다는 한라봉 등 감귤 재배를 주로 하고 있다.

월평동에 있는 월평본향당은 하늘에서 귀양 온 옥황상제의 따님인 별공주아기씨를 모시고 있으며 그 뒤쪽에 위치한 진끗내일뤠당과 여드렛당은 토산에서 가지 갈라 온 당들이다.

대포동은 서귀포시 서남쪽 끝에 위치한 해안 마을이다. 과거 남제주군 중문면 대포리였으나 지금은 서귀포시 대포동으로 행정구역이 개편되었다. 마을의 포구를 '큰 개'라 하였으며, 포구 가까이 있는 물을 '큰 갯물'이라 하였는데, '큰 개'를 한자로 표기하여 '대포동'이 된 것이다.

대포동은 한라산 남쪽에 위치하기 때문에 겨울철에는 차가운 북풍을 막아주어 기후가 비교적 온화한 편이며, 여름에는 고온 다습한 날씨가 계속된다. 해안에는 용암이 식으면서 형성된 주상절리가 분포하고 있어 바닷가 풍경이 아름다운 것으로 유명하다. 특히 대포 마을 남쪽의 '동물개동산'에서 대포 해안가에 펼쳐져 있는 바다 풍경을 조망하는 것을 가리켜 '남산관해(南山觀海)'라 하여 대포십경(大浦十景)의 하나로 꼽고 있다.

대포동에는 어부당과 잠녀당이 있어 바다밭에서 목숨을 걸고 일을 하는 사람들을 보호해 주고 있다.

중문 지역의 하로산또와 신당들

중문 지역에는 한라산 산신인 '하로산또'를 모신 당과 바닷가 쪽의 어부당과 잠녀당, 토산의 일뤠당과 여드렛당들이 분포하고 있다.

하로산또는 한라산 서쪽 어깨 '소못뒌밧'에서 솟아난 아홉 형제를 말하는데 계보를 보면 다음과 같다.

장남 - 성산읍 수산리 울뤠ᄆ루하로산
차남 - 애월읍 수산리 제석천왕하로산
삼남 - 남원면 하예리 삼신백관또하로산
사남 - 서귀포 호근리 산신백관또하로산
오남 - 중문면 중문리 중문이백관또하로산
육남 - 중문면 색달리 당동산백관또하로산
칠남 - 중문면 하예리 열뤼백관또하로산
팔남 - 안덕면 감산리 고나무상태자하로산
구남 - 대정읍 일과리 제석천왕하로산

이들 중 중문동 'ᄃ람지궤'에 좌정한 신은 5남인 '중문이하로산'이다. 이 하로산또가 진궁부인과 혼인을 하여 딸을 낳았는데, 미색은 뛰어났지만 버릇이 나빠 상자에 담아 바다로 띄워보내 버린다. 그런데 바다에 버릴 때 남자의 복장으로 변복하여 보냈기 때문에 하로산또의 딸은 용궁에 들어가 남자 행세를 하게 된다. 결국에는 용궁의 셋째 공주와 결혼하여 돌아오는 일이 벌어지고 말았다.

　나중에야 속은 줄 알게 된 용궁의 공주는 눈물을 흘렸다. 그러자 이를 불쌍하게 여긴 하로산또와 진궁부인은 용궁의 공주가 자신들과 같이 자손들에게 대접을 받을 수 있게 해주었다. 그리고 두 여자가 부부로 함께 살 수는 없으므로 따로 좌정하게 한다. 이 본풀이가 바로 중문불목당 본풀이이다.

　중문불목당 본풀이는 '송당 본풀이'의 일부 내용과 거의 일치한다. 송당 본풀이에서는 아들이 바다에 버려져 용궁으로 들어가게 되고 용궁의 공주와 결혼한다는 내용이지만, 불목당 본풀이에서는 딸이 버려져 남자 행세를 한다는 것만 다를 뿐이다.

　콧둥이ᄆᆞ루 웃당은 불목당에서 가지 갈라 온 당으로 용궁의 공주를 신으로 모시고 있다. 콧둥이ᄆᆞ루 웃당 바로 아래 있는 셋당과 알당은 토산에서 가지 갈라 온 토산일뤠당과 여드렛당이다.

　토산일뤠당 본풀이 역시 '버릇없는 아들이 바다에 버려져 용궁 공주와 결혼한다'는 내용이 송당 본풀이 내용과 유사하다. 그래서 중복되는 내용은 간단하게 요약하여 소개하고자 한다.

토산일뤠당 본풀이

  금백주와 알손당 소천국 사이에 태어난 일곱째 아들이 부모께 버릇없이 군 죄로 무쇠 석함에 담겨 바다에 버려진다. 무쇠 석함은 물 위로 삼 년 물 아래로 삼 년 홍당망당 떠다니다 용왕황제국에 들어가게 된다. 소천국 아들은 용궁에서 용왕의 셋째 딸과 혼인하게 되지만 엄청난 식욕으로 음식을 먹어치워 용궁의 창고가 비어가자 용왕의 셋째 딸과 같이 쫓겨나 제주로 돌아온다.

  둘이 제주섬 하도리로 들어와 보니, 마침 어머니 백주또가 높은 동산에서 콩을 불리고 있었다. 용궁아기씨는 부술로 시어머니 눈에 콩깍지가 들어가게 했다. 백주또는 눈을 뜰 수가 없어 소리를 질렀다.

"아야, 눈이여! 큰딸아가야, 내 눈에 가시나 내어주라."

"어머니, 아무것도 없수다."

"셋딸아가, 네가 한 번 해보라."

"아무것도 안 보염수다."

"작은 딸아가, 내 눈에 어서 가시나 내어봐라."

"어머니, 아무것도 없수다."

"아이고, 눈이 아판 아무것도 볼 수가 없구나게. 누구 어시냐?"

  그때 바다에 띄워 버렸던 작은아들이 며느리와 함께 동산으로 올라왔다. 며느리가 어머님께 절을 한 후 말을 했다.

"어머니, 여기 높은 동산에 앉아 봅서. 불효자식이 내어 드리쿠다."

어머니를 높은 동산에 앉게 한 후 청부채로 너울너울 부쳐 가니 청안개가 걷어지고, 백부채로 너울너울 부쳐 가니 백안개가 걷어지고, 황부채로 허울허울 부쳐 가니 콩깍지가 치마에 도록기 떨어졌다.

"아이고, 설운 아기야. 어디서 이런 부술(符術)을 배워시니? 이 공을 어찌 갚을꼬?"

"어머니, 대신 저희도 여기 살게 해줍서. 땅 한 귀퉁이 물 한 귀퉁이 잘라주면 따로 나가 살쿠다."

"알았져. 너희는 저 웃토산에 좌정해서 자손들에게 제물을 받으멍 살라."

이렇게 해서 토산본산국과 용궁의 셋째 공주는 웃토산에 좌정하게 되었다.

얼마 지나지 않아 용궁아기씨는 아기를 갖게 되었다. 그런데 남편 토산본산국은 사냥을 한다고 한라산에 오르더니 오백장군의 딸을 첩으로 삼아 살면서 돌아오지 않았다. 임신한 용궁아기씨는 남편을 찾아 한라산으로 들어갔다.

용궁아기씨가 남편을 찾아 헤매다 보니 목이 말랐다. 그래서 돼지 발자국에 고인 물을 먹는데, 돼지털 하나가 코를 콕 찌르는 것이다. 임신한 몸으로 제대로 먹지 못해 허기진 용궁의 따님아기는 문득 돼지고기가 먹고 싶어졌다. 그래서 돼지털을 불에 태우면서 냄새라도 맡으니 부족한 대로 속이 풀리는 듯했다.

다시 남편을 찾아 길을 나섰다. 한라산 골짜기를 헤매다가 겨우 남편을 만났는데, 남편이 부인을 보자마자 얼굴을 찌푸렸다.

"어떵허연 이녁한테서 존경내(돼지 냄새)가 심하게 남서?"

"그게 아니라 당신 찾아오다가 목이 말라 돼지 발자국에 고인 물을 빨아 먹어신디 돼지털이 코를 찌르기에 그걸 불에 태워 냄새 맡으니 먹은 듯 만 듯헙디다."

"괘씸헌 일이로고. 나는 고기 먹은 부정한 여자영 같이 살 수 없다."

토산본산국은 용궁아기씨를 대정 마라도로 귀양을 보내버렸다.

토산본산국의 첩인 오백장군의 딸이 존경내가 난다고 부인을 마라도로 귀양을 보냈다는 말을 듣고 팔짝 뛰며 남편을 나무랐다.

"그만한 일로 귀양정배가 무신 일이우까? 난 하루에도 몇 백 번씩 그른 일을 허여집니다. 그리 인정 없으니 어떵 같이 삽니까? 나도 친정으로 돌아가쿠다."

토산본산국이 당황하여 첩을 붙잡았다.

"어떵허문 네 화가 풀리크냐?"

"큰 성님 귀양을 풀어줍서."

"알았져. 네 마음대로 허라."

작은 부인이 대정 마라도로 귀양을 풀어주러 가보니 용궁아기는 아들 일곱을 낳아 있었다.

"형님, 귀양 풀어주러 왔수다."

용궁아기씨가 돌아앉으면서 말했다.

"나 같은 거 귀양 풀어 무엇허리."

"형님이 안 가겠다 허믄 나도 고향으로 돌아가불쿠다."

작은 부인의 말에 못 이기는 척 일어섰다.

"알았져. 경허믄 일곱 아기 데려서 큰길로 걸어가라. 난 바닷가 성창골로 가면서 보말(고동)이나 잡아 먹으키여."

작은 부인이 일곱 아기를 업고 안고 걸리면서 돌아오다가 위미리 앞에 오니 아이들이 목마르다 징징댔다. 주변을 둘러보니 돌 틈으로 물이 솟아오르고 있었다. 물을 떠서 먹어보니 산도록하니 시원했다. 그래서 위미리 물을 고망물이라 이름 지어주고 토산으로 들어섰다. 다시 아이들이 목이 마르다고 헥헥대니 냇가의 물을 찾아 먹였다. 이 물도 산도록 시원하여 역시 고망물이라 이름을 지어주었다.

웃토산 서당팟에 와서 아이들을 세어보니 아기 하나가 없었다. 부랴부랴 하녀인 느진덕정하님을 앞세워 아기를 찾아나섰다. 아기는 남원 종정꼴에서 흙이며 돌이며 마구 입에 넣고 있었다. 흙 속에 뒹군 탓으로 눈병에 걸리고 허물이 난데다가 옴병에까지 걸렸는지 꼴이 말이 아니었다. 작은 부인은 서둘러 아기를 용궁아기씨에게 데려갔다. 용궁아기씨는 부술로 아이의 허물을 씻어주고 눈병이며 옴병이며 깨끗이 낫게 했다.

용궁아기씨와 작은 부인은 토산 웃당 일뤠당신으로 좌정하여 인간 자손들의 피부병을 고쳐주면서 건강하게 클 수 있도록 돌봐주었다.

월평동 본향 성창골당

2016년 10월 9일, 신화연구소 학술 세미나 일환으로 잡힌 당올레 기행은 서귀포시 중문 지역 중심으로 진행되었다. 당올레가 가장 아름다운 지역이라는 문무병 박사님의 말씀에 기대가 컸는데, 그 기대를 조금도 실망시키지 않았다. 길게 이어진 당올레길은 깊고 그윽하고 아름다운 하천 옆 숲길이었다.

처음에 올레길 8코스 논짓물 근처에서 시작한다는 사무국장의 잘못된 정보 때문에 한 시간 가까이 바닷가 올레길을 걸으며 헤맸는데, 그 헤맨 시간이 조금도 아깝지 않을 정도로 논짓물 근처에서 시작하는 바닷길은 아름다웠다. 덕분에 당올레를 걷기 전에 바닷가 올레를 걸으며 어수선하고 찌든 몸과 마음을 가다듬는 계기가 되었다고나 할까.

월평동 본향 성창골당은 '서귀포시 월평동 379-1번지'로 올레길 8코스 시작 지점에 위치하고 있다. 월평 알동네 송이슈퍼가 있는 버스 정류소에서 출발하여 올레길 8코스 길로 걷다가 진끗내 하천 쪽으로 내려서면 울창한 나무 사이로 큰 암반 밑에 자리한 성창골당을 볼 수 있다.

제법 나무들이 울창한데다가 커다란 고목도 바로 앞에 있었지만 신체(神體)는 바위라 한다. 바위 아래쪽에는 지전물색과 타다 남은 양초들이 그대로 남아 있었다. 다른 지역처럼 평지에 당을 마련한 것이 아니라 하천 쪽 가파른 곳에 당을 마련한 것이 특징이었다. 당 자리도 주변에 돌담을 쌓아 울타리를 만들거나 하지 않고 자연 그대로의 지형을 사용하고 있다. 지전물색이나 양초들이 없으면 이곳이 신당인 줄도 모

이 당은 월평동 사람들이 다니는 당으로 성창골 토조본향이라고도 한다. 제일은 6월과 11월 7일, 17일, 27일인 일뤠당이다. 다른 지역 일뤠할망처럼 이 당신 역시 아이를 갖게 해주고 건강하게 키우도록 돌봐주며, 피부병을 고쳐주는 신이다.

멀리 산방산이 보이는 아름다운 바닷가 올렛길(왼쪽). 성창골당으로 가는 당올레(오른쪽 위). 커다란 바위 아래 마련된 성창골당(오른쪽 아래).

를 정도였다.

　이 당은 도순동 정동ᄆᆞ들에서 가지 갈라다 모신 당으로 당신은 옥황상제 따님아기씨이다. 옥황상제 따님이 하늘에서 죄를 얻어 인간 세상에 귀양을 왔다. 아기씨는 한라산 백록담에 내려와 천기를 살피면서 지낼 곳을 찾다가 정동ᄆᆞ들 팽나무 아래 좌정했다. 정동ᄆᆞ들에 사는 마을 사람들이 옥황상제 따님아기를 모시기 시작했는데, 처녀를 모신 당이라 하여 '비바리당' 또는 '처녀당'이라 부른다. 마을이 점점 커지면서 하원동, 도순동, 월평동으로 나뉘고, 세 마을에서 함께 제를 모시다가 세 마을 단골이 같이 당에 가려면 복잡하다 하여 각각 따로 가지 갈라다 당을 마련했다 한다.

　이 당은 월평동 사람들이 다니는 당으로 성창골 토조본향이라고도 한다. 제일은 6월과 11월 7일, 17일, 27일인 일뤠당이다. 다른 지역 일뤠할망처럼 이 당신 역시 아이를 갖게 해주고 건강하게 키우도록 돌봐주며, 피부병을 고쳐주는 신이다.

월평동 진굿내일뤠당과 여드렛당

　서귀포 지역 대부분이 그렇듯이 월평동 사람들도 본향당 뒤쪽으로 토산일뤠당과 여드렛당을 따로 모시고 있다. 월평동 진굿내일뤠당과 여드렛당은 '서귀포시 월평로 70번지'에 위치하고 있다. 일뤠당과 여드렛당으로 가기 위하여 성창골 본향당에서 하천 쪽으로 걸어가니 마치 밀림 속 계곡으로 내려가는 것처럼 가파른 외줄기 길이 나타났다.

　마을에서 얼마 떨어지지 않는 이곳에 이렇게 밀림을 연상시키는 숲과 계곡이 있을 것이라 어찌 상상이라도 할 수 있을까. 전혀 예상을 하지 않고 있다가 가파르게 아래로 떨어지듯 이어진 숲속 외줄기 오솔길이 나타나자 탄성이 먼저 나왔다. 어찌나 경사가 심한지 옆에 있는 철근 지지대를 잡고 조심조심 발을 내딛는데, 짜릿한 흥분이 온몸을 감쌌다.

　가파른 내리막길이 끝나자 진끗내가 보였다. 오른쪽 숲속 깊숙한 곳에서 맑은 물이 외줄기 오솔길처럼 길게 흘러내리고 있는 하천이다.

　제주도의 하천은 여간해서 물이 흐르지 않는 건천이다. 화산토여서 비가 땅속으로 스며들어 버리기 때문이다. 그런데 서귀포 쪽은 강정천을 비롯하여 물길이 풍부한 하천들이 있다. 논농사가 거의 되지 않는 제주에서 강정은 논농사가 가능해 부자들이 많다고 '제일강정'이라는 말까지 있었다고 한다. 여기 진끗내는 강정천보다는 작지만 깊은 숲속에 맑은 물줄기가 쉴 새 없이 흘러내리는 모습이 아기자기하고 예뻤다.

　진끗내 다리를 지나자 이번엔 가파른 오르막길이 이어졌다. 나무와 바위를 움켜쥐고 올라가면서 이토록 깊숙한 곳에 당을 마련한 사람들의 정성에 대하여 생각하지 않을 수 없었다. 신을 만나러 가는 길이 험하고 위태로운 만큼 경건한 마음이 더 커졌을까.

　일뤠당과 여드렛당은 진끗내를 지나 높은 지대에 자리하고 있었는데, 아래쪽의 넓은 공간을 차지한 곳이 일뤠당이고 약간 위쪽에 있는 것이 여드렛당이다. 그런데 숲지대임에도 불구하고 바닥은 온통 바위

일뤠당 바로 옆 서쪽으로 여드렛당이 있다. 일뤠당에서 몇 걸음 위로 올라서니 왼쪽으로 여드렛당의 신목인 팽나무가 늠름하게 서 있었다. 나무만 보고서도 바로 신목임을 알아차릴 수 있을 정도로 기품이 있는 모습이다. 여드렛당 신목 역시 바위틈에 뿌리를 내리고 있음에도 우람한 몸집으로 우뚝 서서 하늘로 가지들을 뻗어 올리는 것이 힘이 넘쳐 보였다.

진끗내 일뤠당과 여드렛당으로 가는 당올레(왼쪽). 바위 틈에 뿌리를 내리고 있는 일뤠당 신목(오른쪽 위). 역시 바위 사이에 뿌리를 내리고 있는 여드렛당 신목(오른쪽 아래).

와 돌투성이였다. 그런데도 우람한 나무들이 바위들 틈으로 뿌리를 내리며 숲을 이루고 있는 풍경을 보니 이곳도 곶자왈 지대가 아닐까 하는 생각이 들었다. 제주의 허파라고도 하는 곶자왈은 화산 활동으로 생긴 화산암반들 위로 숲이 형성된 곳이다.

신목인 팽나무 아래에는 돌을 쌓아 제단을 만들었는데, 평평하게 잘 만든 제단이 아니라 주변 돌들을 대충 모아놓은 듯해서 딱히 제단이 따로 있다는 느낌은 들지 않았다. 바위 위에는 지전물색과 양초들, 그리고 많은 소주병들이 쌓여 있었다.

일행 중 누군가는 소주병들도 지전물색처럼 신당의 역사를 담고 있다고 말을 했다. 오래전부터 소주병을 들고 와 제를 지내고 나서 치우지 않고 쌓아두기 때문에 각 시기에 생산되는 소주 상표들이 다양하게 보관돼 있다는 것이다. 수많은 소주병들이 바닥에 여기저기 널려 있어 밟히기도 했는데, 신통하게도 그중에 깨진 것이 하나도 없었다.

일뤠당 바로 옆 서쪽으로 여드렛당이 있다. 일뤠당에서 몇 걸음 위로 올라서니 왼쪽으로 여드렛당의 신목인 팽나무가 늠름하게 서 있었다. 나무만 보고서도 바로 신목임을 알아차릴 수 있을 정도로 기품이 있는 모습이다. 여드렛당 신목 역시 바위 틈에 뿌리를 내리고 있음에도 우람한 몸집으로 우뚝 서서 하늘로 가지들을 뻗어 올리는 것이 힘이 넘쳐 보였다.

여드렛당도 제단이랄 것도 없이 바위 위에 지전물색과 소주병들을 놓아둔 상태였다. 보통 신목에 지전물색을 걸어놓는데, 태풍에 날려 떨어진 모양이다. 초가을에 불어닥친 태풍 차바의 영향으로 본향당 근처의 고목들이 쓰러질 정도였으니 말이다.

이 당에는 월평동 주민 가운데 동쪽 토산이나 성산 등지에서 시집 온 사람들이 주로 다닌다고 한다. 보통 일뤠당과 하나로 합쳐지기도 한다는데, 바로 옆에 따로 마련한 정성이 느껴졌다. 딸의 순결을 지키고자 했던 어머니들의 간절한 마음이 말이다.

대포동 큰개물 개당

대포동 큰개물 개당은 대포항에 위치해 있다. 주소는 '서귀포시 대포동 1308-1'에 해당하는데 '대포항 식당' 바로 앞에 있어서 찾기도 쉬웠다. '대포항 식당'에서 점심을 해결하기로 했다. 고기를 먹기 전에 신당에 예부터 갖추어야 한다는 말에 식사를 주문해 놓고 신당으로 갔다. 소주 한 잔 올리고 절을 한 후 개당에 대한 설명을 들었다.

길 바로 옆에 돌담을 둘러 자리를 마련한 개당이었는데, 대포 어부들이 다니는 당이다. 거친 바다로 나가는 이들의 무사안녕과 풍년을 기원한다고 한다. 자료에는 시멘트로 만든 제단과 석궤가 있었다고 하는데 지금은 보이지 않고 나무에 지전물색을 걸어놓은 것만 있었다.

어부들을 지켜주는 신은 고기를 많이 잡게 해주는 도깨비신으로 뱃선왕 또는 선왕도채비라고 부른다. 뱃선왕께 소주 한 잔 올리고 세 번 절을 하면서 약식 제를 지낸 후, 늦은 점심을 해결하려 '대포항 식당'으로 갔다. 시장이 반찬이라는 말도 있지만 고등어구이와 갈치조림 반찬

어부들을 지켜주는 신은 고기를 많이 잡게 해주는 도깨비신으로 뱃선왕 또는 선왕도 채비라고 부른다.
아름다운 대포항 풍경(위). 돌담이 둘러져 있는 큰개물 개당(아래).

이 일품이었다. 맛있는 반찬에 점심을 먹으며 담소를 나누다 보니 오전 강행군에 따른 피로가 싹 가시는 느낌이었다.

대포동 자장코지 잠녀당

식당에서 나온 후 대포항 옆을 돌아 자장코지 잠녀당으로 갔다. 주소는 '서귀포시 대포동 2196번지'에 해당하는데, 바닷가에 위치하고 있는 당이다. 바닷가 쪽 밭 사이로 작은 길이 하나 있는데, 그 길을 따라 가면 소나무숲이 나온다. 숲으로 들어가면 바닷가 쪽으로 내려가는 당올레가 보인다. 숲속 오솔길! 밖에서는 이런 길이 숨겨져 있으리라 전혀 알 수 없는 그윽하고 호젓한 당올레이다. 걷는 것도 즐겁고 앞서 걷는 이의 뒷모습을 보는 것도 즐거운 숲길이었다.

해녀들이 구덕에 제물을 담고 이 오솔길을 걸어 신을 만나러 가는 장면을 머릿속에 그려보며 걸어가는데, 문득 바다를 배경으로 우뚝 선 바위들이 눈앞에 나타났다. 여기저기서 감탄의 소리들이 들릴 정도로 멋있는 풍경이었다. 이쪽 대포동 바닷가는 화산 활동에 의해 흘러나온 용암들이 굳어져 형성된 주상절리 등 검은 암벽이 특히 멋있는데 자장코지 바닷가 풍경도 훌륭했다. '코지'는 솟아나온 곳을 의미하는 제주어이다.

검은 현무암 바위 위에 키 작은 나무 한 그루가 자라고 있었는데, 그

해녀들이 구덕에 제물을 담고 이 오솔길을 걸어 신을 만나러 가는 장면을 머릿속에 그려보며 걸어가는데, 문득 바다를 배경으로 우뚝 선 바위들이 눈앞에 나타났다.
잠녀당으로 가는 당올렛길(위). 현무암 바위 위 자장코지 잠녀당 신목(아래).

것이 바로 신목이라 했다. 올라가기도 힘든 바위 위에 나무가 자라는 것도 신기하고, 그 나무를 신목 삼아 지전물색을 걸어놓은 것도 참으로 경이로웠다. 신목인 이 나무 이름은 '사스레피'다.

따뜻한 지역에서 자라는 사스레피 나무는 성품이 무던해 메마르고 건조한 곳에서도 잘 자란다고 한다. 늘 푸른 잎사귀를 가진 상록수로 꽃다발을 꾸미는 데 이용되기도 하는데, 산자락이나 들녘에서는 늦가을부터 초겨울까지 까만 열매를 맺어 새들에게 먹이를 제공하고 종자를 퍼뜨린다고 한다.

그런데 사스레피 나무 열매를 먹은 새가 하필이면 저 바위 꼭대기에 똥을 싸놓은 것이다. 씨앗이 그곳에서 싹을 틔우고 뿌리 내리기는 쉽지 않았으리라. 그럼에도 바람이 실어 나른 먼지와 나뭇잎들을 대지 삼아 용케도 싹을 틔우고 뿌리를 내렸다. 바위 꼭대기에 있는 만큼 세찬 바닷바람을 온몸으로 받으며 숱한 세월을 견디었으리라. 바위와 하나가 된 듯 납작 엎드려, 바람을 거스르지 않는 마음으로 조금씩 조금씩만 가지를 키웠다. 비록 왜소한 몸집일망정 부지런히 열매를 맺어 새들에게 나눠주면서 말이다.

사스레피 나무는 척박한 땅을 일구면서도, 바다 속으로 몸을 던지며 물질을 해 자식들 먹이고 입히고 공부 시키는 우리네 제주의 어머니 잠녀들과 꼭 닮은 나무란 생각이 들었다. 그러니 기꺼이 잠녀들의 무사안녕을 빌어주는 신목이 될 수 있었으리라.

신목이 있는 바위 아래쪽에 돌을 평평하게 만들어서 제단을 마련하고 있었다. 단 위에는 양초를 피운 흔적들이 보였다. 이 당은 용왕제를 하는 당이라 한다. 용왕에게 바치는 종이를 '지'라고 하는데, 잠녀들은 이 종이에 밥 세 숟가락, 쌀, 고기, 사과, 동전 등을 넣고 실로 감아서 바다에 던진다. 보통 한 사람이 세 개 정도를 만들어 바다로 던진다고 한다. 이 당은 물질을 하는 해녀들만 다니는 당으로 일 년에 두 번 정도 제를 지내는데, 물질을 그만두게 되면 다니지 않는다고 한다.

대포동 콧등이ᄆ루 웃당, 셋당, 알당

대포동 콧등이ᄆ루 웃당은 약천사 서쪽 방향에 위치해 있는데, 'ᄆ루'가 언덕을 의미하는 제주어이므로 사람의 콧등처럼 높은 언덕에 위치해 있다는 의미로 보인다.

제주에서는 둘째에게 '셋'이라는 접두어를 붙여, '셋딸, 셋아버지'라고 한다. 그러니까 '셋당'은 웃당 바로 아래 두 번째 자리에 있다는 의미이고, 알당은 제일 밑에 있다는 의미가 된다. 대포동 콧등이ᄆ루 웃당, 셋당, 알당은 높은 언덕에서 아래로 내려가며 차례차례 위치해 있는 당들이었다. 주소는 모두 '대포동 1320번지'로 되어 있다.

콧등이ᄆ루 웃당은 대포동 본향당인데, 중문리 불목당에서 가지 갈라 온 당이다. '중문동 불목당 본풀이'에 나온 것처럼 하로산또와 진궁부인의 딸이 남자 행세를 하며 용궁에서 데려온 공주를 모시는 당이다.

밭들 사이 잘 닦인 길에서 약천사 쪽 숲으로 들어가면 신당으로 이어지는 당올렛길이 나온다. 이 길 역시 숲 속으로 길게 이어지는 오솔길로 호젓하고 그윽한 분위기가 참 매력적인 길이었다.

호젓한 오솔길을 걷다가 가파른 절벽 아래로 내려서자 콧등이므루 웃당이 보였다. 불목당 본풀이의 주인공인 용궁의 셋째 공주를 모신 웃당에는 돌담이 낮게 둘러져 있고, 돌을 쌓아 제단도 만들어져 있었다. 제단 위에는 신목인 푸조나무가 있고 나뭇가지에 지전물색을 걸어놓았다. 그리고 이곳 역시 바닥에는 제를 지냈던 소주병들이 수십 년 모아 놓은 것처럼 수북이 쌓여 있었다.

술을 사랑하는 연구소 사무국장님은 쌓여 있는 소주병을 언제 찬찬히 살펴봤는지, 제조일자가 2016년 6월 15일로 되어 있는 소주병을 발견했다는 얘기를 한다. 사람들이 다녀간 지 얼마 되지 않았다는 얘기다.

콧등이므루 웃당은 평소 지전물색이 화려하게 걸려 있는 당이라 한다. 화려한 지전물색은 제의를 했다는 근거이기도 하다. 그런데 얼마 전 강력한 태풍이 지나간 후라 남아 있는 지전물색은 얼마 되지 않았다. 남아 있는 소주병이 지전물색을 대신하여 올해의 역사를 기록하고 있는 셈이다.

이 당은 제일이 6월과 11월 7일, 17일, 27일인데 정월 보름에 세배 가는 사람도 있다고 한다. 예전에는 돌래떡(쌀로 둥글고 납작하게 만든 떡)을 해서 올렸는데, 본향 웃당에는 14개 올리고, 토산당에서 가지 갈라 온 셋당과 알당에는 28개씩 올린다고 한다.

본향당 웃당에서 돌계단을 따라 10미터 정도 내려가니 셋당인 토산 일뤠당이 나타났다. 웃당에서 셋당으로 내려가는 길은 더욱 가팔랐다. 이렇게 가파른 길을 어떻게 할머니들이 제물을 담은 구덕을 등에 지고 다니는지 의아할 정도다. 평지에 신당을 마련할 수도 있는데, 절벽 아래 가파른 곳을 골라 신당을 마련한 그 마음이 무엇일까 자꾸만 헤아려 보게 된다.

콧등이ᄆ루 셋당은 팽나무 뿌리 부분의 암반에 시멘트를 발라 제단을 만들었고, 신목인 팽나무와 반대 쪽 푸조나무에 끈을 매서 지전물색을 길게 늘어놓고 있었다.

이 당은 토산일뤠당 본풀이에 나오는 것처럼, 백주또와 소천국의 일곱째 아들이 용궁에서 데려온 막내공주를 모신 당이다. 이 신은 아이를 낳고 건강하게 기를 수 있도록 도와주며 피부병 등을 관장한다.

셋당에서 알당으로 내려가는 길은 더욱 가팔랐다. 그래서 먼저 내려간 사람이 손을 잡아 주면서 한 사람씩 조심스럽게 아래로 내려서야 했다.

콧등이ᄆ루 알당은 큰 바위 양쪽에 자리하고 있었는데, 바위 사이에 제단을 만든 모습이다. 제단 주위로는 팽나무, 푸조나무, 보리수나무들이 자라고 있었다. 끈을 매 지전물색을 걸어놓고 있었고 양초 토막과 술병들이 사방에 어지럽게 널려 있었다.

이 당은 토산여드렛당의 뱀신을 모신 당으로 동쪽에서 시집 온 여인들이 주로 다니는 당이며 따로 심방은 모시지 않는다고 한다. 순결의 여신인 뱀신을 모시는 지극한 정성이 절벽 아래 가파른 곳에 자리한 신당에서 절로 느껴졌다.

콧등이ᄆ루 웃당과 셋당, 알당을 답사하고 돌아 나오는데, 이 가파른 기슭에 당을 마련하고 제를 지내러 다녔던 제주 여인들의 정성이 가슴을 울렸다. 척박한 자연환경에서 삶을 일구어야 했던 제주 여인들은 이

콧등이ᄆᆞ루 웃당(왼쪽 위). 여러 그루의 나무가 합체가 되어 자라는 웃당의 신목(오른쪽 위). 콧등이ᄆᆞ루 셋당의 제단과 신목(왼쪽 가운데). 바위 사이에 제단을 만든 콧등이ᄆᆞ루 알당(오른쪽 가운데). 당에서 나와 돌아가는 콧등이ᄆᆞ루 당올레(왼쪽 아래).

그윽하고 호젓한 숲속 신당에서 그들의 신을 만나면서 마음을 정화하고 하루하루를 버텨낼 힘을 얻었으리라. 수난의 역사로 점철된 절해고도 제주에서 다치고 상처 입은 몸과 마음을 치유하기 위하여 없는 살림에 정성으로 제물을 마련하고 이 호젓한 당올레를 걸어 신을 만나러 갔던 것이다.

지전물색이 걸려 있는 것으로 보아 지금도 사람들이 다니고 있는 것이 분명한데, 젊은이들은 이런 신앙 생활을 더 이상 하지 않는 시대에 이젠 할머니들만이 이 길을 걷고 있을 것이다. 이제는 힘이 떨어져 후들거리는 다리로 제물을 담은 구덕을 등에 져서 가파른 길을 내려갔을 할머니들의 간절한 마음이 빛바랜 지전물색에 그대로 담겨 있으리라.

중문 지역에 있는 신당 가운데 여덟 곳을 답사하면서 아름다운 당올레를 걷고 또 걸었다. 보통 당으로 가는 당올레는 마을길이기도 하고 밭으로 가는 길이기도 했다. 그런데 오늘 답사한 당올레는 오로지 신을 만나러 가는 길 그 자체였다. 게다가 밖에서 보면 당올레가 있다는 것도 알 수 없을 정도로 숲속에 숨겨진 호젓한 길이기도 했다.

이번에 답사한 신당들은 매우 가파른 지형의 숲속에 자리하고 있는 게 특징이었다. 이는 한라산 남쪽의 가파른 산세와 관련이 있을 것이다.

제주도 지형이 한라산을 중심으로 동서로는 3에서 5도로 완만한 경사를 이루고, 남북으로는 5에서 7도로 다소 급한 경사를 이룬다. 특히 한라산에서 서귀포 쪽인 남쪽은 더욱 급하게 경사를 이루다 절벽으로 떨어져 바다에 이르는 지형이다. 그래서 신당들도 제주시나 동서 방향으로는 완만한 지형에 자리하고 있었는데, 중문 지역의 신당들은 급하게 경사를 이룬 지점에 자리하고 있었다. 그중에서도 콧등이무루웃당과 셋당, 알당은 거의 90도에 이를 정도로 가장 큰 경사를 이루고 있는 지점에 자리하고 있었다.

  다른 지역의 본향당들은 번듯한 당집을 지어놓는다든지 넓은 공간에 담장을 두른다든지 해서 자물쇠까지 채워놓는다. 그래서 마을 이장이나 매인심방한테 미리 양해를 구하고 열쇠를 받지 못하면 들어가지도 못한다. 그런데 이번에 답사한 중문 지역의 당들은 그냥 자연지물을 그대로 이용하는 소박한 모습이면서 열린 공간이었다. 그럼에도 평소 사람들이 잘 다니지 않는 숲속에 자리하고 있어 다녔던 사람이 아니면 결코 찾아가지 못하는 것이 특징이기도 했다. 신당에 다니던 어른들이 돌아가시고 나면 그들의 신과 함께 잊혀질 가능성이 높다고나 할까. 원형으로 잘 보존된 신당들이 신화와 함께 살아 숨쉴 수 있기를 바라는 마음으로 천천히 발길을 옮겼다.

문 박사의 톡톡 신화 강좌

일뤠당 신앙

▶ 일뤠당의 당신은 어떤 신입니까?

일뤠당신은 제주도 전 지역에 분포되어 있는 농경신이며 산육·육아의 신이고, 피부병의 신입니다. 일뤠당은 7일, 17일, 27일에 당에 가기 때문에 붙여진 이름이지요. 토산의 칠일신 신화를 보면, '용왕의 셋째 딸'이 송당신의 아들과 혼인하여 용궁에서 나올 때 청백적흑황의 '오색 주머니와 가루'를 가지고 옵니다.

이 여신은 한 마을의 본향당신이자 농경신으로 마을을 수호하기도 하지만, 의사가 없는 마을에서 질병 수호신 즉 치병신으로 신앙의 대상이 되고 있지요. 아이가 아프거나 몸에 부스럼이 나면 치병신인 일뤠할망을 찾아가 빌고 그 효험을 얻는 것이 제주도 치병신 신앙의 실제인 것입니다. 아기를 점지해 달라고, 건강하게 커갈 수 있게 해달라고, 아기의 피부병을 고쳐달라고 기원하는 개인 축원형 당 신앙을 '일뤠당 신앙'이라 합니다.

산육·치병신이 좌정하고 있는 '일뤠당'이 전도적으로 분포하고 있는 것은 제주도의 풍토적인 특성과 의료 혜택을 받을 수 없었던 낙후된 지역이었다는 데서 그 원인을 찾을 수 있습니다. 제주도에 유배왔던 귀향객들이 남긴 글들을 보면, "운무가 항상 음침하게 뒤덮고, 하늘이 맑게 갠 날이 적은 데다가 몹쓸 바람과 괴이한 비가 솟구쳐 일어나지 않은 때가 없으며, 찌는 듯이 덥고 축축함으로 숨이 막힐 듯 답답하다."고 호소하고 있습니다. 추사 김정희는 이러한 기후 때문에 안질과 피부병으로 고생하고, 담과 해수, 기침이 심할 때는 목에서 피가 나올 정도의 호흡기 질환을 앓았다고 합니다. 추사는 제주의 풍토병을 앓았던 것입니다.

의료 혜택을 받을 수 없었던 제주도 사람들은 병이 나면 온갖 질병을 관장하는 '일뤠할망'의 노여움이 환자에게 미친 것으로 보고 당에 가서 빌었습니다. 당굿을 하여 '일뤠할망'의 영력으로 병을 고치려 한 것이지요. 병의 치료는 약이나 침술이 아니라 '신의 노여움을 풀어야 낫는다'는 주술·종료적 치료가 제주도 당 신앙의 한 지류를 이루어 왔다고 할 수 있습니다.

일뤠당신의 기능은 지역에 따라 조금씩 다릅니다. 용궁의 공주가 해촌에 좌정하여 '용녀부인, 돈지할망, 요왕또' 등의 이름으로 일만 잠수 해녀들을 차지하는 경우는 '해전수호신'이라 합니다. 그리고 해촌이나 중산간에서 다른 신들과 함께 좌정하거나 단독으로 좌정하여 '브제또, 허물할망'으로 불리는 경우에는 농경신이자 피부병신으로 기능하지요.

용궁의 공주가 산신과 혼인을 하여 중산간 마을에 좌정하였는데 임신 중 돼지고기를 먹고 싶어 '돈육금기'를 어겼다가 남편에게 쫓겨나 '일뤠중저'가 되는 경우에는 '농경신이면서 육아와 피부병신'이 됩니다.

용궁의 공주가 남편을 따라 산간과 중산간 마을에 좌정하였다가 '돈육식성'을 가진 남편과 따로 좌정하여 '일뤠중저, 축일할망'으로 불리는 경우에는 '미식(米食) 식성의 맑은 조상'으로 농경신이자 산육신의 성격을 가집니다. 그리고 어느 지역이든 '일뤠할망 또는 삼승할망'이라고 불리는 경우도 많은데, 이 경우에는 아이를 낳고 기르는 '산육신'이자 '넋들임의 신'이라 할 수 있습니다.

토산의 일뤠할망이 좌정하고 있는 곳 옆에는 토산의 여드렛당이 있는 경우가 많습니다. 마을사람들은 일뤠당에 다녀온 뒤에 반드시 여드렛당까지 다녀와야 당의례를 마쳤다고 생각하지요. 일뤠할망이 내·외과적 치병신이라면 뱀신인 여드레할망은 신경외과적·정신적인 병인 '혼연광증'을 고쳐주는 치병신이라 할 수 있습니다.

에필로그

제주의 신들을 찾아 나서는 여정

제주의 신당은 마을의 수호신인 토주관(土主官)을 모시고 있으며 설촌 역사를 간직하고 있는 본향당을 중심으로, 아이를 낳고 건강하게 기르도록 돌봐주는 일뤠당, 처녀의 순결을 지켜주는 여드렛당, 사냥하던 사람들이 다니던 산신당, 해녀와 어부들의 무사안녕을 기원하고 바다밭을 지켜주는 돈짓당(갯당) 등으로 이루어져 있다.

이러한 신당들은 마을 공동체의 정신적 뿌리로서의 기능뿐만 아니라 자식들이 아프지 않고 건강하게 자랄 수 있도록 돌봐주십사 기도하는 성소이고, 칠성판을 등에 지고 바다로 나가야 했던 어부들과 잠녀들에게는 무사안녕을 지켜주는 생산 현장의 지킴이이기도 했다.

각 지역에 좌정한 신들은 지역에 따라 조금씩 다르지만, 주로 외부에서 들어온 외래신인 여신과 한라산에서 솟아난 남신이 결혼하는 경우가 많다. 대표적인 경우가 송당이다. 송당리 당오름에 좌정하고 있는 백주또는 오곡의 종자와 송아지, 망아지를 가지고 서울에서 제주로 내려온 '농경신'이다. 이 여신이 한라산에서 사냥을 하며 떠돌아다니던 '소로소천국'과 부부 인연을 맺고 살림을 시작하면서 '송당리'라는 마을이 시작되었다.

소천국과 백주또가 아들 열여덟, 딸 스물여덟을 낳았고 이들이 각 마을로 퍼져 다른 마을의 당신이 되었다. 이들을 송당계 신이라 한다. 이들은 주로 제주시권에 좌정하고 있는데, 대정읍 사계리 광양당과 성산읍 신풍리 웃내끼본향당, 표선읍 토산리 서편한집 등 서귀포권에도 좌정하는 경우가 있다.

애월읍 대부분 지역과 제주시 일부 지역에는 주로 '송씨할망'이라고 '송씨' 성을 붙여 부르는 신들이 많다. 광령리 자운당 송씨할망, 수산리 서목당 송씨할망, 상귀리 황다리궤웃당 송씨할망 등이다. 이들 송씨할망은 '아이를 낳게 하고 건강하게 길러주는 산육신'들이다.

한림읍과 한경면 지역에는 한라산의 수렵신인 황서국서와 부인인 정좌수 따님아기, 그리고 그 아들, 딸들이 당신으로 좌정하고 있다. 황서국서와 그 아들들은 수렵·목축신으로 물날[午日]에 제를 지내는 '오일당' 신들이다. 딸들은 축일당계의 농경·목축신으로 소의 날[丑日]에 제를 지낸다.

한라산신계 신들은 한라산 출생의 산신들이다. 한라산에서 솟아났으나 좌정할 곳을 찾아 산과 물의 혈을 밟아 내려오는 풍수신으로 하로산또와 ᄇᆞ름웃도가 있다. 하로산또는 '한라산'에 신의 존칭인 '또'를 붙인 것으로 학문이나 풍수 등 천문지리에 뛰어난 신들도 있다. 특히 세화리

당본풀이에 나오는 천자또는 한라산 백록담에서 출생한 산신으로 글에 달통한 본향당신이다. 한라산 서쪽 소못뒌밭에서 솟아난 하로산 아홉 형제들 역시 한라산신계 신들이다.

'브름웃도'는 '바람 부는 위쪽에 좌정한 신'이란 의미의 바람신 즉 풍신(風神)이다. 서귀포본향당에 좌정하고 있는 본향당신이나 보목리 조노리 본향당신이 브름웃도이다.

외부에서 들어온 신들도 있다. 대표적으로 송당과 세화의 당신인 백주또이다. 송당의 백주또는 당신의 어머니로 농경신이고, 세화당의 백주또는 일곱 개의 주술로 풍운조화를 일으키는 치병신이다. 토산에는 나주 금성산에서 들어온 미모의 뱀신이 좌정하고 있는데, 이 토산 뱀신을 모신 당들이 서귀포 지역에 퍼져 있다. 월정본향당의 신 역시 외부에서 들어온 뱀신이며, 조천의 정중부인과 김녕의 관세전부인, 성산읍 온평리의 명오부인도 서울에서 내려온 세 자매 신이다.

한경면 낙천리 소록낭모들당이나 한림읍 비양도에 있는 '송씨영감당', 제주시 도두리에 있는 '엉물당' 등의 도깨비신도 외부에서 들어온 신이다. 제주의 도깨비신은 어부들이 고기를 많이 잡게 해주는 선왕도채비, 한라산 장군선왕의 산신도채비, 덕수리와 낙천리 등지의 풀무간에서 모시는 불도채비, 공장이나 자동차를 운전하는 사람들이 모시는 기계도채비, 서귀포 지역의 뱀당에서 같이 모시는 사신도채비 등이 있다.

와산에 좌정하고 있는 본향당신은 하늘에서 내려온 신들이다. 와산 불돗당인 경우에는 옥황상제의 셋째 딸인 별공주 아기씨이고, 베락당인 경우에는 하늘에서 쫓겨난 벼락장군이다. 바닷속 용궁에서 온 신들도 있다. 토산일뤠당 당신이나 고내봉 오름허릿당의 별공주는 용왕의 딸이다. 용궁에서 온 신들은 주로 피부병 등과 관련한 치병신들로 바닷가 동네의 습한 기운 때문에 생긴 피부병을 관장한다.

'당 오백, 절 오백'이라 하는 제주의 무속 신앙과 각 마을의 신당들은 조선시대에 이형상 목사에 의해 대대적으로 파괴되었으며, 구한말 천주교 세력에 의해 탄압을 받은 후 일제시대에도 민족문화말살정책에 의해 파괴되었다. 1970년대에는 유신정권의 미신타파운동에 의해 타격을 받기도 했다. 그럼에도 아직까지 많은 신당들이 지켜져 왔는데, 최근에는 내부적 요인에 의해 또한 파괴가 가속화되고 있는 실정이다.

제주 전통 문화에 대한 교육을 받지 못한 신세대들이 전통 신앙을 '미신'의 차원에서 바라보면서 관심을 갖지 않는 세태 또한 전통 문화가 파괴되고 있는 한 요인이 되고 있다. 그리고 제주도가 주목받는 관광지가 되면서 각종 개발이 광범위하게 진행되고, 인구 유입에 따른 건축 공사가 활발해지면서 신당이 파괴되고 있다. 기존 신당이 있던 곳에 아파트가 들어서고, 학교가 지어지고, 놀이터가 만들어지고 있는 것이다.

이렇게 무속 신앙의 성소이자 전통 문화의 유산인 신당이 하나 둘 사라지는 추세는 어쩔 수 없다 하더라도 신화는 계속 이어지기를 바라는 마음 간절하다. 당올레 기행을 하고 답사기를 쓰게 된 이유이다. 그런 의미에서 이 책에 소개된 당 본풀이들이 그 역할을 제대로 할 수 있기를 바란다.

아직도 답사하지 못한 신당들이 많고 소개하지 못한 당본풀이들도 많다. 계속해서 당올레 기행을 이어가면서 후속 작업이 이루어지기를 바라는 마음이다.

신화와 함께하는 제주 당올레

1판 1쇄 발행 | 2017년 9월 29일

지은이 | 여연, 문무병
펴낸이 | 조영남
펴낸곳 | 알렙

출판등록 | 2009년 11월 19일 제313-2010-132호
주소 | 경기도 고양시 일산서구 중앙로 1455 대우시티프라자 715
전자우편 | alephbook@naver.com
전화 | 031-913-2018
팩스 | 031-913-2019

ISBN 978-89-97779-90-1 03200

＊책값은 뒤표지에 있습니다.
＊잘못된 책은 바꾸어 드립니다.